사마천 경제학

초판 1쇄 인쇄 2011년 7월 15일
초판 1쇄 발행 2011년 7월 25일

지은이 소준섭
펴낸이 이영선
펴낸곳 서해문집
이 사 강영선
주 간 김선정
편집장 김문정
편 집 허 승 임경훈 김종훈 김경란 정지원
디자인 오성희 당승근 안희정
마케팅 김일신 이호석 이주리
관 리 박정래 손미경

출판등록 1989년 3월 16일 (제406-2005-000047호)
주 소 경기도 파주시 교하읍 문발리 파주출판도시 498-7
전 화 (031)955-7470 | **팩스** (031)955-7469
홈페이지 www.booksea.co.kr | **이메일** shmj21@hanmail.net

ISBN 978-89-7483-477-7 93910

이 도서의 국립중앙도서관 출판시도서목록(CIP)은 e-CIP 홈페이지(http://www.nl.go.kr/ecip)에서
이용하실 수 있습니다.(CIP제어번호: CIP2011002944)

2천 년의 경제 바이블 《사기史記》가 전하는 부의 법칙, 경영의 지혜

사마천 경제학

소준섭 지음

Sima Qian Economics

서해문집

머리말

〈화식열전〉을 거듭 읽으면서

내가 《사기》를 처음 알게 된 지도 어언 20년이 지났다. 그러나 읽으면 읽을수록 참으로 그 깊이와 감동 그리고 철리哲理를 깨닫지 않을 수 없다.

더욱이 몇 년 전부터 〈화식열전〉을 거듭 읽으면서, 다시 한 번 사마천의 탁월함을 생각할 수밖에 없게 되었다.

사마천은 오로지 관직이나 농업에 종사하는 것만을 생각하던 시기에 사업을 일으키고 장사를 함으로써 비로소 생산과 소비를 연결할 수 있고 사회를 활성화하며 국가를 진보시킨다는 점을 발견하였다. 그는 인간들이 사회를 구성하면서 삶을 영위해 가는 핵심적인 원리를 꿰뚫어 보았고, 삶 속에서 인간들이 지니는 심리를 정확히 붙잡아 그로부터 현실적인 '경제론'을 제창하였다. 〈화식열전〉이 제시하고 있는 이 '경제론'은 오늘의 시각으로 다시 살펴봐도 그 관점과 원칙이 여전히 유효하다.

총 70편으로 구성된 〈열전列傳〉의 가장 마지막 편인 〈태사공자서太史公自序〉는 글을 쓰고 난 뒤 붙인, 일종의 에필로그에 해당하는 글로서 이 글을 제외한다면, 〈화식열전〉이야말로 《사기》 전체 구성에서 가장 뒤에 자리 잡고 있는 글이다. 따라서 사마천은 〈화식열전〉에 대한 기술로써 《사기》를 종합하고 총정리하고자 한 것으로 볼 수 있다. 즉 자신의 모든 혼을 쏟아부음으로써 자신만의 독특하고도 탁월한 인간학과 사회경제학으로서의 〈화식열전〉을 저술해 낸 것이었다.

독자들은 〈화식열전〉을 통하여 탁월한 경제학자로서의 사마천이 지닌 진면목을 확인할 수 있고, 국가가 마땅히 시행해야 할 좋은 경제정책이란 무엇인가라는 문제부터 개인들이 어떻게 부를 쌓을 수 있는가라는 치부致富의 방법까지 두루 배울 기회를 가질 수 있다. 나아가 과연 우리 인간이 무슨 원리에 의하여 삶을 영위해 나가야 하며, 또 모범적인 인물들의 전기를 통하여 어떻게 살아가는 것이 가치 있는 삶인가를 구체적으로 깨닫게 만든다.

아무쪼록 이 글이 고단한 시대를 살아가는 이 땅의 많은 사람들에게 조금이라도 마음의 양식과 위안 그리고 여유로움을 제공할 수 있게 되기를 바란다.

2011. 7. 소준섭

머리말
〈화식열전〉을 거듭 읽으면서　004

1장 위대한 경제학자 사마천

1 지금 왜 《사기》〈화식열전〉인가?　013
1 | 화식이란 무엇인가?　014
2 | 왜 역사를 알아야 하는가?　019

2 탁월한 경제학자 사마천　021
1 | 부민론　024
2 | 분업론　028
3 | 시장론　030
4 | 유통론　033
5 | 이윤론　038

3 애덤 스미스와 사마천　040
1 | 보이지 않는 손　042
2 | 민중의 편에 선 '경제자유주의'의 경제 사상　044

4 가장 나쁜 정치란 백성과 다투는 것이다　047
1 | 의리론義利論　047
2 | 선인론善因論　052
3 | 백성이 부유해져야 국가도 부유해진다　054
4 | 그러나 국가의 거시 조정정책은 필요하다　062

차례

2장 탁월한 명인과 불후의 명작

1 사마천을 알면 중국이 보인다 067
1 | 공자에 비견되는 사마천의 힘 068
2 | 치생지술의 귀감을 남기고자 070

2 탁월한 명인과 불후의 명작 073
1 | 명저가 탄생되기 위하여 073
2 | 《사기》 저술의 원칙 076

3 새장에 갇힌 상업 084
1 | 중농억상 정책 084
2 | 상업에 대한 사마천과 유가 사상의 분기점 090

4 사회풍속사의 장을 연 〈화식열전〉 097
1 | 〈화식열전〉, 최초의 지역경제론 102
2 | 거시적 고찰과 미시적 분석 104

3장 〈화식열전〉이 가르치는 부자론

1 〈화식열전〉이 가르치는 부자가 되는 일곱 가지 원칙 111

1 | 시기를 포착하라 112
2 | 적재적소의 뛰어난 용인술 114
3 | 다른 사람이 생각하지 못한 곳에 투자하라 116
4 | 시장을 예측하라 119
5 | 신뢰는 부를 쌓는 근본이다 121
6 | 근검절약하라 123
7 | 성실하게 노력하고 자신의 장점을 발휘하라 125

2 《손자병법》과 〈화식열전〉 128

1 | 사업이란 전쟁이다 128
2 | 세상의 변화를 살펴라 133
3 | 승부의 포인트 – 세勢, 절節, 시時 135
4 | 부하들과 동고동락하는 풍모 – 상재사품론 138
5 | 사람을 잘 선택하고 좋은 시기를 파악하라 142

3 인재를 얻어야 부를 얻을 수 있다
　　― 인재경제론 148

1 | 인재란 누구를 말하는가? 148
2 | 택인임세, 인재를 기용하고 형세를 이용한다 154
3 | 인간의 장점이야말로 진정한 기회다 157
4 | 산이 높으면 골이 깊다 160
5 | 과연 어떻게 인재를 기용할 것인가? 169

4 화식가, 그들이 부귀하게 된 내력 183

1 | 누구든 지혜와 능력을 다해 부자가 될 수 있다 188
2 | 엎드리면 줍고 하늘을 쳐다보면 받아라 194
3 | 춘추시대의 경제사상가 – 관중과 계연 199
4 | 한나라 시대 이전의 경제실업가 – 범여, 백규, 파과부 청 203
5 | 한나라 시대의 경제실업가 – 탁씨와 임씨 219

4장 평민 부자론-소봉론

1 평민의 관점에 입각한 사마천의 영웅관
227

2 무관의 제왕, 평민 부자 — 소봉론　233
　1｜ 누구든 부를 쌓아 왕자가 될 수 있다　236
　2｜ 대은大隱은 시장에 숨는다　241

3 상업은 평민들이 부자가 될 수 있는
유일한 길이다　249
　1｜ 공자는 왜 부를 추구할 수 없다고 했는가?　249
　2｜ 평민이 부에 이르는 길　255

4 시장에 숨은 은자隱者
　— 우리 시대의 화식가　258

〈화식열전〉 전문　264
주　291

1 지금 왜 《사기》〈화식열전〉인가?

2 탁월한 경제학자 사마천

3 애덤 스미스와 사마천

4 가장 나쁜 정치란 백성과 다투는 것이다

위대한 경제학자 사마천

1

모든 사람이 각자 자기의 생업에 힘쓰고
자기 일에 즐겁게 종사하여
마치 물이 아래로 흘러가듯이 밤낮으로 정지하지 않으며
물건은 부르지 않아도 스스로 오고
가서 찾지 않아도 백성들이 스스로 가지고 와서 무역을 한다.
이 어찌 도와 자연의 효험이 아니라는 말인가?

지금 왜
《사기》〈화식열전〉인가?

서양인과 일본인이 중국을 알기 위하여 가장 많이 읽는 책은 바로《사기》라고 한다.《사기》야말로 중국인이 자신들의 삶의 가치와 지향점을 제시하는 사서史書로서 인식해 왔으며, 이러한 측면에서《사기》는 중국인들의 정신과 문화를 역사적으로 형성시켜 온 조형자造型者였다.

그런데 흔히 일컬어지는 이른바 '사농공상士農工商', 즉 선비-농민-공장工匠-상인의 순서로 신분의 귀천을 매기던 사고방식은 중국을 비롯하여 그 영향을 받은 동북아 사회의 역사에서 오랫동안 주류적 지위를 점해 왔다. 이러한 사고방식에 과감하게 도전장을 낸 것이 다름 아닌 사마천의 〈화식열전〉이다.

사마천은 〈화식열전〉을 통하여 국가는 사적 경제 부문에 굳이 간섭을 강행할 필요가 없으며 상인에 맡겨 자유롭게 발전하도록 해야 한다고 주장한다. 이어서 그는 상인들이 적극적으로 생산과 교환의 역할을 수행하도록 인도해야 하며, 특히 국가가 상인들과 이익을 다퉈서는 안 된다는 점을 강조하였다.

그는 사회 발전에 있어서 공업과 상업 활동의 역할을 강조하였다. 또 그것이 사회 발전의 필연이라고 인식하였으며, 상공업자의 이익 추구의 합리성과 합법성을 인정하였다. 그는 특히 물질적 재부財富를 얼마나 점유하고 있는가라는 점이 곧 인간 사회에서의 지위를 최종적으로 결정하게 되며, 경제의 발전은 국가의 흥망성쇠와 밀접하게 관련을 맺고 있다는 경제사상과 물질관을 가지고 있었다.

이렇듯 〈화식열전〉에는 사마천의 탁월한 사상이 담겨 있었기 때문에 예로부터 《사기》를 읽으면서 〈화식열전〉을 읽지 않는다면 《사기》를 읽지 않은 것과 같다고 말했던 것이다.

1.
| 화식이란 무엇인가?

먼저 '화식貨殖' 이란 무엇인가?

'화식' 의 '화貨' 는 "화자貨者, 활야活也" 라 하여 '계속 변화하고 있는 것' 이라는 뜻이다. 또 《설문해자說文解字》에는 "화貨, 종패화從貝化" 라고 설명되어 있는데, '패貝' 는 잘 알다시피 고대 시대의 화폐다. 그러므로 '화貨' 는 '화폐의 변화', 즉 사고파는 활동을 가리킨다. 결국 '화貨' 는 "변화 과정에 놓여 있는 재물財物" 을 의미한다. 그리고 '식殖' 은 "식자殖者, 생야生也" 로서, 이익 혹은 이윤을 추구하는 행위를 의미한다.

즉 '화식'이란 자원의 생산과 교환을 이용하여 상공업 활동을 진행함으로써 재물의 이익을 추구하는 것을 말한다.

'화식貨殖'이라는 말이 처음 언급되는 곳은 바로《논어》〈선진先進〉이다. 공자가 자기의 제자인 안회顔回와 단목사端木賜, 즉 자공을 평가하는 대목이다.

"회야기서호, 누공. 사불수명이화식언, 억칙누중回也其庶乎, 屢空. 賜不受命而貨殖焉, 億則屢中."

"안회의 학문은 거의 완전한 수준에 이르렀는데, 다만 늘 궁핍하구나. 자공은 숙명을 받아들이지 않고 상업에 종사하였는데, 시장 동향을 잘 예측하여 거의 들어맞았다."

여기에서 '회回'는 공자의 제자 안회이고, '사賜'는 자공을 가리킨다. 흔히 이 대목을 공자가 안회를 칭찬하는 반면 자공은 비판한 것이라고 해석되어 왔다. 특히《한서漢書》에서 반고班固가 이렇게 해석한 이래 이러한 해석이 주류를 점해 왔다. 그러나 이는 반고가 철저히 유학의 시각에서 해석한 것으로서 이러한 해석은 바뀌어야 타당하다.

기실 공자는 안회와 자공 두 제자를 모두 아꼈다. 특히 "자공은 숙명을 받아들이지 않고"라는 대목에 대한 해석을 둘러싸고 그간에는 이것이 공자가 자공을 비판한 증거라는 관점이 지배적이었다.

그러나 공자가 천하를 유력하고 그의 학문이 천하에 떨치게 만든 데에는 공자를 뒤에서 물질적으로 묵묵히 도왔던 자공의 공이 대단히 컸다. 현실주의자인 공자가 학문이 높은 안회를 높이 평가함과 동시에 자공의 탁월한 재능에 대하여 낮게 평가할 리 없었다. 공자는 자공이 세상의 평판에 아랑곳하지 않고 뛰어난 상업적 능력을 발휘하여 자신을 도운 능력을 높이 평가한 것이다.

〈화식열전〉에 소개되는 '화식'의 종류에는 비단 상업만이 아니다. 그 밖에도 각종 수공업과 농어업, 목축업, 광산, 제련 등의 경영을 포함한다. 그리하여 이른바 '화식가貨殖家'란 상품 교환의 활동에 전문적으로 종사하는 사람들을 포함하여 상품의 생산과 교환을 동시에 경영하는 사람들 그리고 서비스업에 종사하거나 혹은 임대업에 종사하는 등 상품과 관련을 지닌 네 가지 직업군을 지칭한다. 따라서 〈화식열전〉을 단순히 상인열전으로 파악하는 것은 분명한 오해다.

〈화식열전〉은 천시, 지리, 인물, 풍속을 마치 살아 있는 듯 생동감 있게 묘사하고 있다. 특히 〈화식열전〉은 각 지역의 산물과 경제 수준, 경제적 조건과 특성을 자세하게 기록함으로써 당시의 경제적 상황에 대한 매우 우수한 조사통계의 가치를 지닌 신빙성 있는 경제사 자료를 제공해 준다. 사마천은 경제문제를 고찰하고 기술함에 있어 고립적으로 경제 분야를 따로 떼어 놓고 연구하지 않고 정치, 사상, 법률, 도덕 등의 문제와 결합시켜 고찰하고 조사하여 종합적인 분석과 연구를 진행하였다. 다만 그 토대는 다름 아닌 경제였고, 핵심 역시 경제였다. 경제를 일체의 사회 문제를 평가하는 기본 척도로 삼은 셈이다.

〈화식열전〉은 52명의 '화식가' 역사인물을 다루고 있다. 이 중에서 다섯 명은 역사상 유명한 경제이론가이자 동시에 사업가다. 그 외에도 황제의 총신, 봉국封國의 현인, 변두리 목장의 주인, 하층 장사꾼, 부녀자 등 각계각층의 인물을 다루고 있다.

이렇게 하여 〈화식열전〉에는 모두 71가지 종류의 사업과 활동이 소개되어 있으며, 모든 등장인물과 활동이 각 역사 시기의 구체적인 조건 속에 배치됨으로써 그 내용에 더욱 구체성과 생동성을 더해 준다. 전편이 살아 있는 '입체적인' 역사 무대가 되어 독자들로 하여금 마치 사마천이 살던 당시 그 시대로 역사의 터널을 통하여 되돌아가 사람들의 상업 활동을 두 눈으로 구경하는 느낌을 주게 한다.

이토록 등장인물이 많고 그 활동들도 대단히 번잡해 보이지만, 모든 인물들이 자신만의 독특한 특징을 지니고 있다. 그리고 그들이 전개하는 각각의 활동 역시 모두 상이하지만 동시에 마치 살아 있는 듯 생생한 모습을 드러내고 있다.

〈화식열전〉은 '열전'의 가장 마지막 부분에 배치되어 있다. 이는 사마천이 얼마나 화식의 측면을 중시하였는가를 반증하는 것이며, 따라서 〈화식열전〉은 사실상 《사기》의 총결산이라고 할 수 있다.

〈화식열전〉을 한 구절 한 구절 읽고 있노라면 경제, 즉 인간의 삶을 보는 사마천의 눈이 얼마나 현실적이면서도 민중에 대한 따뜻한 애정이 가득 담겨 있으며, 동시에 심오한 철학적 함축성을 지니고 있음을 저절로 알게 된다. 그리고 결국 인간에 대한 그의 혜안과 통찰에 탄복하지 않을 수 없게 된다.

천하 사람들이 오가는 것은 모두 이익 때문이다

인간의 삶을 꿰뚫어 보는 사마천의 통찰력은 무엇보다 그가 인간이 부를 추구하는 것을 불변의 진리로 인식했다는 점에 있다.

사마천은 "부란 인간의 타고난 성정性情이다. 그러므로 배우지 않아도 모두 바라는 바이다"라고 말한다. 그는 또 "조정에서 모든 힘을 다하여 계책을 내고 입론立論하며 건의하는 현인들과 죽음으로써 신의를 지키면서 동굴 속에 은거하는 선비들의 목적은 도대체 무엇인가? 모두 재부를 위한 것이다"라고 기술하였다. 그는 부를 추구하는 욕망을 "귀와 눈에 좋은 소리와 색깔을 모두 즐기려 하고, 입으로는 각종 맛있는 고기를 끝까지 맛보려 하는" 것처럼 인간의 본성에 속하며, 이러한 본성은 어떠한 외부적 힘으로도 결코 없앨 수 없는 것이라고 역설한다.

여기에서 "연못이 깊어야 물고기가 생기고 산이 깊어야 짐승들이 모이듯이, 사람도 부유할 때 비로소 인의가 생겨나는 것이다. 부자가 세력을 얻게 되면, 그 명성과 지위가 더욱 빛나게 되고, 권세를 잃으면 손님이 찾아오지 않게 된다. 천하 사람들이 즐겁게 오가는 것은 모두 이익 때문이며, 천하 사람들이 어지럽게 오가는 것도 모두 이익 때문이다"라는 그의 유명한 결론이 나오게 된다. 사마천은 나아가 인간의 이러한 천성적 욕망에 대하여 인위적으로 생장生長과 발전을 억제해서는 안 되며, 마땅히 그 세勢에 따라 인도함으로써 적극적으로 전진시켜야 한다고 주장한다.

현실주의자인 사마천의 냉정함은 여기에서 그치지 않는다. 곧 사마천은 재부를 형성해 나가는 과정에서 사람들의 능력 차이를 인정한다. "긴 소매의 옷을 입어야 춤을 잘 출 수 있고, 돈을 많이 가져야 장사를 잘할 수 있다"는 속담으로 설명한다. 소매가 길어야 비로소 우아한 춤을 출 수 있게 되고, 자금이 충분해야 상업을 훌륭하게 경영할 수 있다는 뜻이다. 그리고 이렇게 단언한다. "빈부의 법칙은 어느 누가 빼앗아 갈 수도 줄 수도 없으며, 지혜로운 자는 능히 부유해질 수 있고, 어리석은 자는 곧 빈곤해진다."

그러면서 사마천은 마지막 화룡점정을 찍는다.

"집안이 빈곤하고 부모가 늙었으며 처자가 약하고 어리며 매년 제사를 지내면서 제사 음식도 장만하지 못하고, 음식과 의복도 자급하지 못하면서도 아직 부끄러운 줄 모른다면 그것은 언급할 필요조차 없다. 만약 어떤 사람이 세상을 등지고 숨어 사는 선비의 청고清高한 품행도 없으면서 시종 가난하고 비천하며 그러면서도 고담준론 논하기를 좋아하고 무슨 인의도덕을 계속 운위하는 것은 진실로 수치스럽고 부끄러운 일이다!"

2. 왜 역사를 알아야 하는가?

사람들은 왜 역사를 공부하는가? 그리고 사람들은 어떠한 방법과 태도로써 역사와 현실의 관계를 파악할 것인가?

역사 앞에서 우리에게 항상 제기되는 문제다.

사마천은 이에 대한 분명한 대답을 하고 있다.

《사기》〈고조공신후자연표高祖功臣侯者年表〉의 '서序'에 "거금지세, 지고지도, 소이자경야, 미필진동, 제왕자각수예이이무, 요이성공위통기, 기가곤호居今之世, 志古之道, 所以自鏡也, 未必盡同. 帝王者各殊禮而異務, 要以成功爲統紀, 豈可緄乎?"라고 말하고 있다.

그 의미는 다음과 같다.

"지금 시대에 살면서 역사의 도리를 기억하는 것은 그것을 거울로 삼아 자기를 비춰 보기 위함이다. 하지만 지금과 이전이 반드시 일치하는 것은 아니다. 제왕들은 각기 상이한 이익에 의하여 상이한 통치방법을 충분히 제정할 수 있다. 물론 주로 성취해 낸 공업功業을 원칙으로 삼을 것이지만, 그 역시 어찌 동일할 수 있겠는가?"

우리가 역사를 이해하고 인식해야 하는 까닭은 역사를 현실을 비추는 거울로 삼아 비교하고 참조하기 위함이다. 물론 과거의 역사와 오늘의 현실이 동일할 수는 없으며, 따라서 역사를 그대로 모방할 수도 없다. 과거 역사와 오늘의 현실은 '관련성'을 지니고 있기 때문에 오늘의 거울이 될 수 있는 것이며, 그러나 동시에 '차별성'이 존재하기 때문에 '반드시 일치하는 것'은 아니다.

그리하여 역사의 경험을 부정하는 것은 어리석은 일이며, 무조건 역사 경험을 모방하는 것은 현명하지 못한 일이다.

탁월한 경제학자
사마천

사마천은 중국 역사에서 최초로 상품경제의 특징을 체계적으로 고찰하였다. 아울러 그는 경제와 정치, 경제와 도덕 풍속의 관계라는 문제도 고찰하여 생산의 발전, 교환의 확대, 부국의 경제이론을 정리해 냈다. 물론 사마천이 단지 상업의 경제적 효능만을 본 것은 아니었다. 이 표면적 현상을 통하여 그는 본질을 꿰뚫어 본 것이며, 동시에 그 본질을 가장 중요한 점으로 인식하였다. 그것은 바로 상업의 사회적 역할이었다.

또 사마천은 재부財富의 원천에 대하여 처음으로 규명한 인물이었다.

중국은 지대물박地大物博하여 각종 물산자원들이 전국 각지에 분포되어 있다.

"산서山西 지역의 목재, 대나무, 삼류, 소, 옥돌 등과 산동山東 지역의 물고기, 소금, 옻, 누에고치 실, 악기, 안료 등, 강남 지역의 녹나무柟, 가래나무梓, 생강, 목서(木犀: 금계나무), 금, 주석, 아연, 단사丹沙, 무소(犀: 코뿔소), 바다거북, 각종 진주 및 상아象牙와 짐승가죽 등, 용문龍門과 갈석(碣石: 현재 하북성 창려현) 이북의 말, 소, 양과 그것들의 털, 가죽, 힘줄, 뿔 등등"

이들 물산 자원들은 "중국 사람들이 좋아하는 것으로 일상적으로 사용되는 의복, 음식, 양생養生 그리고 장례품들이다." 그런데 인간들이 삶을 영위해 나가기 위해서는 이러한 자연자원을 필요로 하게 된다. 하지만 이러한 자연자원들이 실제로 그 가치를 다하기 위해서는 "농부의 농사를 기다려 양식을 얻어야 하고, 산택山澤을 관리하는 우인(虞人: 산림과 수택을 관리하는 사람)이 각종 재료를 개발해 내기를 기다려야 하며, 공인工人이 각종 재료를 완성품으로 만들어 내기를 기다려야 하고, 마지막으로 상인商人이 각종 물건을 무역하고 유통하기를 기다려야 한다."

이렇게 하여 사마천은 자연자원과 농우공農虞工의 생산노동이 재부의 두 가지 중요한 원천 혹은 유래라는 점을 분명히 밝히고 있다. 나아가 이 양자의 관계는 자연자원이 인간에게 이용되기 위한 중요한 경로가 "상업에 의한 유통"라는 점을 분명하게 밝히고 있다. 사마천은 재부의 원천, 즉 재부가 어디에서 기원하고 유래되었는가를 명확하게 규정하고 있는 것이다.

한편 사마천은 상이한 직업이 모두 사회를 위하여 재부를 창조한다는 사실을 주창하였다.

"농부가 자기의 생산품을 내놓지 않으면 사람들은 곧 식량을 얻지 못하고, 공인工人이 자기의 생산품을 내놓지 않으면 사람들은 곧 도구를 얻을 수 없게 된다. 또 상인이 무역을 하지 않게 되면 가장 귀중한 삼보(三寶: 식량, 도구, 재화의 세 가지 보물)의 왕래가 끊어지고, 우인虞人이 자기가 생산한 산품을 내놓지 않으면 사람들은 곧 재화 결핍에 직면하게 된다. 재화가 결핍되면 산림과 수택水澤은 더 이상 개발될 수 없다"고 하였다. 이 네 가지 측면은 사람들이 먹고 입는 것의 원천이다. 원천이 크면 곧 부유하고 풍족해지며, 원천이 작으면 곧 빈곤하고 결핍된다. 이러한 사실을 깨닫게 되면 위로는 나라가 부유해지고 아래로는 가정이 부유해진다."

상업, 공업 그리고 우虞와 농업을 이렇게 함께 논한 것은 중국 경제사상사에 있어 최초의 일이다.

그리고 사마천은 처음으로 경제에 대한 전문적인 항목을 만들어 기술하였다. 중국에서 경제에 대한 이러한 전문적인 저작물은 일찍이 존재한 적이 없었다. 사마천 이전의 사서史書들은 모두 경제사를 중시하지 않았다. 《춘추》에는 오직 '초세무(初稅畝: 춘추시대 노나라에서 논의 면적에 따라 세금을 징수하던 제도로 토지 사유 합법화의 시초로 평가된다)'라는 세 글자만이 존재하고 있으며, 더구나 그 의미 역시 매우 불분명할 뿐이다. 《좌전》이나 《국어》에서 경제에 관련된 내용은 여기저기 분산되어 있고 전혀 체계적이지 못하다.[1]

이렇게 하여 《사기》는 처음으로 〈화식열전〉과 〈평준서〉 등 전문적인 경제론을 창조하여 기술한 것이다.

사마천은 이 '전문적인 경제론'에서 먼저 상품 유통을 고찰하여 재화 증식의 경험을 종합적으로 평가하였다. 그리고 자연지리 경제와 민속을 고찰하여 상업 활동이 생산 발전을 추진하는 역할을 종합 정리하였다.

이 두 가지 측면 모두 사마천이 처음으로 창조하여 정리함으로써 탁월한 성취를 이뤄낸 것이었다.

그런데 탁월한 경제학자로서 사마천이 주창한 경제 사상은 부민론, 분배론, 시장론, 이윤론, 유통론 등의 다섯 가지의 측면에서 설명할 수 있다.

1.
부민론富民論

사마천은 부국富國과 부민富民의 관계에 있어 먼저 재부가 백성의 손에 쌓여야 한다고 주장하여 오직 백성들이 부유할 때만이 국가도 비로소 부유해질 수 있으며, 부민과 부국이란 상호 의존 및 상호 작용에 의하여 이뤄질 수 있다고 파악하였다. 즉 부민은 부국의 기초이며, 부국은 부민의 보장保障이라는 것이었다. 반면 국가가 빈곤하게 되면 인민은 극도의 재난과 고통에 빠질 수밖에 없다고 단언하였다.

이를테면 한 무제 시기에 산민령算緡令과 고민령告緡令 정책 강행으로 인하여 "중간 이상의 상인 대부분이 파산하였으며, 백성들은 맛있는 음식과 좋은 의복만 찾고 향락을 추구하여 두 번 다시 전답을 사들여 생업을 경영하지 않는" 난국이 조성되었다.

사마천은 관자管子의 사회분업에 대한 관점을 계승하여 서로 상이한 직업이 모두 사회를 위하여 재부를 창조한다는 점을 인정하였다. 그는 이렇게 기술하고 있다.

"농부가 자기의 생산품을 내놓지 않으면 사람들은 곧 식량을 얻지 못하고, 공인工人이 자기의 생산품을 내놓지 않으면 사람들은 곧 도구를 얻을 수 없게 된다. 또 상인이 무역을 하지 않게 되면 가장 귀중한 삼보三寶

의 왕래가 끊어지고, 우인虞人이 자기가 생산한 산품을 내놓지 않으면 사람들은 곧 재화 결핍에 직면하게 된다. 재화가 결핍되면 산림과 수택水澤은 더 이상 개발될 수 없다"고 하였다. "이 네 가지 측면은 사람들이 먹고 입는 것의 원천이다. 원천이 크면 곧 부유하고 풍족해지며, 원천이 작으면 곧 빈곤하고 결핍된다. 이러한 사실을 깨닫게 되면 위로는 나라가 부유해지고 아래로는 가정이 부유해진다."

상업, 공업 그리고 우虞와 농업을 이렇게 함께 논한 것은 중국 경제사상사에 있어 최초의 일이었다. 사마천에 의하면, 상업은 농업이나 공업과 마찬가지로 국민경제에 없어서는 안 될 필수적인 중요 경제 부문이다. 그는 농, 공, 상, 우 네 가지 업종은 모두 백성의 '의식지원衣食之源'으로 "원천이 크면 의식이 풍요롭고 원천이 작으면 의식이 빈곤하다. 이 네 가지가 정상적으로 발전해야 위로 나라가 부유해지고 아래로 각 가정들이 부유해진다"고 거듭 강조한다.

그는 제나라 경제발전의 역사를 사례로 제시하면서 국가의 흥성과 사회분업에 대한 처리라는 문제 간의 관계를 설명한다.

"강태공이 제나라에 봉해졌을 때 그곳은 소금기가 많은 개펄이었고 사람은 매우 적었다. 그리하여 강태공은 여자들에게 방직, 자수 등의 일을 권장하고 동시에 어업과 염업을 개발함으로써 사방의 사람들과 물자들이 모두 이곳으로 모이게 되어 마치 수레바퀴의 바퀴살이 차축에 모여들듯 왕래가 끊이지 않았다. 그 결과 천하의 모든 사람들이 제나라에서 생산된 의복과 신발과 모자를 사용하게 되었고, 동해에서 태산에 이르는 작은 나라 제후들이 모두 의관을 정제하고 공경한 태도로 제나라에 와서 알현하게 되었다.

그 뒤 제나라는 중간에 일시 쇠퇴하였으나 관중이 다시 강태공의 구업 舊業을 정돈하여 재물과 화폐를 관장하는 9등급의 관원을 설치함으로써 환공을 천하의 패주霸主로 우뚝 서게 하였으며 제후를 아홉 차례 회맹會盟하게 만들어 천하를 바른 길에 들어서게 하였다.[2] 관중 본인 역시 10분의 3의 시장세市場稅를 점유할 수 있게 되어 비록 신하의 지위에 있었지만 오히려 열국列國의 제후보다 더 부유하였다. 제나라의 부강은 위왕과 선왕의 시대까지 계속되었다."

사마천은 제나라 강태공과 관중의 공헌을 통하여 상공업이 사회 재부에 미치는 역할을 강조하고 부국富國과 부민富民이 서로 이롭고 서로 통한다는 점을 날카롭게 지적하였다.

춘추시대에 제나라는 가장 강성한 국가로 발돋움하였다. 특히 제나라 환공은 상인 출신의 관중을 임용하였다. 그리고 관중이 보좌하는 40년 동안 제나라의 상업은 크게 발전하였다. 제나라가 천하의 패자로 군림하게 된 요인은 제나라의 상업과 대외무역 발전과 밀접한 관련을 맺고 있다.

그렇다면 과연 제나라의 상업은 무엇 때문에 발전할 수 있었는가?

첫째, 제나라가 중상주의의 전통을 계승, 발전시켰다는 점이다. 원래 제나라의 토지는 염도가 높아 농경에 부적합하였다. 그런데 제나라의 시조인 강태공 여상은 조가朝歌라는 시장에서 장사를 했었고 상업에 대해서도 정통하였다. 그는 수공업과 상업을 발전시킴으로써 국가의 생존을 이어 갈 수 있다는 사실을 잘 이해하고 있었다. 그는 여자들에게 방직과 자수를 하도록 장려하여 그녀들의 기술 수준을 최고로 높임으로써 방직업을 중심으로 하는 수공업을 보급시켰다.

또 그는 해변 지역의 자연적 지리환경을 이용하여 어업과 제염업을 발전시켰다. 이러한 기초 위에 상업 경영을 확대시켜 그 수입으로 식량 생산 부족으로 초래된 재정 적자를 보충하였다. 이러한 결과로 나라의 재부가 쌓였으며 그에 따라 나라가 부강해졌다.

경제 대사大師로서의 관중은 이러한 전통의 토대 위에 개혁을 시행하였다. 제나라 환공의 패업이 성공을 거두었던 데에는 관중의 이러한 정책이 커다란 요인으로 작용했음은 두말할 필요도 없다. 관중의 정책 가운데 많은 조치는 상업과 불가분의 관련을 맺고 있었다. 관중이 원래 상인 출신이었기 때문에 그는 상품과 화폐, 무역 등의 상업적 문제에 대하여 풍부한 실재적 경험과 지식을 가지고 있었다.

또 제나라가 상업을 중시하던 전통을 지니고 있었고, 게다가 상공업이 발전하기에 좋은 지리적 환경을 갖추고 있었으므로 관중은 임용되자마자 곧바로 제나라 경제의 특성과 자신의 상업 경험을 활용하여 수공업과 상업, 대외무역을 대대적으로 발전시켰다. 그리고 그것들을 농업 발전과 동일하게 중요한 정책적 위상으로 파악하면서 제나라 경제력을 증대시키는 중요한 무기로 삼았다.

둘째, 제 환공은 능신能臣 관중을 임용하고 경제 규율을 운용하여 효과적인 경제정책을 시행하였다. 《사기》〈평준서〉에는 "제환공용관중지모, 통경중지권齊桓公用管仲之謀, 通輕重之權"이라고 기술하고 있다. 여기에서 '경중輕重'이란 상품의 귀천貴賤, 즉 가격의 높고 낮음을 가리키는 말이다. 그리하여 '통경중지권通輕重之權'이란 국가에서 상업을 경영하여 화폐를 장악하고 물가를 조정하며 공급과 수요관계를 조절한다는 의미다.

관중은 물건이 많고 값이 쌀 때는 구매를 시행하고 물건이 귀하여 값이 비쌀 때는 판매를 시행하여 물가의 균형을 맞출 수 있었다. 여기에서 말하는 물가는 주로 식량이었다. 고대 시대 식량 가격을 안정시키게 되면 민심을 안정시키는 것이었고, 이로써 경제를 살릴 수 있었다. 관중은 이미 경제적 방식을 활용하여 물가를 조절하였다. 이는 단순한 행정수단으로써만 물가에 간여하려고 했던 이전의 서주西周 시대에 비하여 커다란 진전이었다. 관중의 탁월한 상업적 능력은 제나라의 국영 상업을 크게 발전시켰다.

셋째, 관중은 상품과 밀접한 관계가 있는 화폐에 대해서도 효과적인 조치를 실시하였다. 제나라에는 금속화폐가 비교적 이른 시기에 이미 존재하였다. 관중이 시행한 국영 상업 정책에서 화폐 주조권을 국가가 보유하고 있었던 것은 당연하였다. 관중은 비록 화폐 주조권이 군주에게 집중되어야 한다고 주장했지만, 후대의 통치자들처럼 구리의 함량이 부족한 경폐輕幣를 통해 백성들의 고혈을 수탈하는 수단으로 삼지 않았다.

또 관중은 시종일관 상업을 발전시키고자 노력하였다. 그는 상업의 정상적 유통을 중시하였고, 화폐의 수량은 너무 많아서는 안 되며, 품질 또한 크게 뒤떨어지게 해서는 안 된다는 점을 잘 알고 있었다.

2.
| 분업론

사마천의 〈화식열전〉은 당시 사회경제 생활의 실제 상황에 기초하여 두 가지 상이한 분업 형식, 즉 지역 분업과 사회 분업을 기술하고 있다.

그는 각지에서 생산되는 상이한 물산들이 지리적인 지력地力을 바탕으로 각 지역의 특색 산업을 발전시킴으로써 현지 주민들의 수요를 만족시키고 있다는 점을 잘 알고 있었다. 또한 지역 분업은 물품의 품종을 풍부하게 만들고 생산량을 제고시키며 지역적 비교우위를 발휘할 수 있게 한다는 점도 알려 주고 있다. 이 점은 애덤 스미스Adam Smith의 분업론과도 유사하다.

한편 그는 《주서周書》를 인용하여 "농부가 자기의 생산품을 내놓지 않으면 사람들은 곧 식량을 얻지 못하고, 공인工人이 자기의 생산품을 내놓지 않으면 사람들은 곧 도구를 얻을 수 없게 된다. 또 상인이 무역을 하지 않게 되면 가장 귀중한 삼보三寶의 왕래가 끊어지고, 우인虞人이 자기가 생산한 산품을 내놓지 않으면 사람들은 곧 재화 결핍에 직면하게 된다. 이렇게 재화가 결핍되면 산림과 수택水澤은 더 이상 개발될 수 없다"고 기술하고 있다.

여기에서 사마천은 인간 사회란 독립된 각 생산 부문이 분업과 협력을 통하여 형성된 하나의 유기체라고 인식한다. 즉, 전체 사회의 생산 경영 활동은 마치 물과 같이 밤낮으로 쉼 없이 흐르며, 각 생산경영 활동은 일종의 자연법칙에 부합되고 순응한다는 것이다. 그리하여 농업, 임업, 공업, 상업이 사회 경제생활에 있어 각기 그 역할을 담당하는 것은 백성들의 의식주를 근본적으로 보장하는 일로서 그중 하나라도 결여되어서는 안 된다. 이것이 바로 사회적 분업이다.

사마천은 이 네 가지 분야가 공동으로 발전하고 상호 결합할 때만이 비로소 생산, 분배, 교환 그리고 소비라는 네 가지의 과정이 체계적으로 통일될 수 있으며, 이로부터 하나의 완성된 재생산체계가 만들어진다고 파악한다.[3]

사마천은 분업이란 자연적으로 형성된 것으로서 사회경제 생활은 자연 규율의 지배를 받는다는 점을 강조한다. 그러면서 사회 분업으로 인하여 인간들 사이에 서로 소유하고 있는 것을 교환하는 행위는 마치 물과 같아 자연의 도道가 아닌가라고 반문한다. 여기에서 도道란 바로 시장에서의 경제규율이다. 이 경제규율은 사회경제 생활에 있어 인간 행위의 협력을 통하여 경제를 건강한 방향으로 발전시킨다.

당시의 통치자들은 농업이야말로 재부를 창조할 수 있으며, 교환은 결코 재부를 창조할 수 없다고 강변하였다. 그리하여 상인이란 단지 중간에서 불로소득을 차지하는 사람에 불과한 존재로, 이러한 상인들은 결국 전체 경제사회에 백해무익한 '독충毒蟲'이라고 비난을 퍼부었다.

하지만 이러한 상황에서 사마천은 오히려 이 네 가지 분야가 인류 경제 생활의 기본 구조로서 모두 재부를 창조하는 적극적 기능을 지니고 있으며, 특히 상업이야말로 경제구조에 있어 가장 활발한 과정이라는 점을 역설하였다. 그리고 지역 분업과 사회 분업의 자연스러운 형성은 필연적으로 상업이라는 유통 수단을 출현시켰으며, 이로부터 잉여와 부족의 조정, 유무 상통, 화폐 유통 그리고 재부의 축적이라는 분야에 있어 상업이 지니는 중요한 가치를 강조하였다.

3.
| 시장론

시장이란 역사적 개념이다.

인류 역사 발전이 일정한 단계에 이르게 되면 사회 분업의 형성에 따라 사람들의 수요를 만족시키기 위하여 재화를 교환하는 과정에서 점차 시장이 형성, 발전된다. 사회의 발전과 국민 생활수준의 제고는 생활 수요를 갈수록 증대시키게 되는데, 이는 필연적으로 시장을 기초로 하는 상품경제의 발전을 촉진한다. 사마천은 많은 역사현상을 고찰하고 분석한 뒤 "신농씨 이전의 일에 대해서는 잘 알지 못한다"고 기술하였다.

사람들은 사회 분업으로 인하여 단일한 재화만 생산할 수밖에 없기 때문에 생활에 필요한 다양한 재화를 얻는 데 모순이 발생한다. 그렇다면 이 문제를 어떻게 해결할 수 있는가?

사마천은 이 문제가 순리적으로 해결되어야 하며, 반드시 시장을 통해야 한다고 역설한다. 즉 "상업으로써 통하게 한다(상이통지商而通之)"는 것으로, 시장을 매개로 하여 생산과 소비를 일체로 연결해야 한다는 것이다.[4] 소비의 측면에서 '농업'에서 생산된 식량과 '우虞'에서 생산된 산택 자원, '공업'에서 생산된 생산품과 생활도구들이 시장에 진입하게 됨으로써 각종 물품들이 모두 갖춰지고, 사람들은 갖가지 물건들이 구비된 시장에서 자기가 필요로 하고 원하는 상품을 마음대로 골라 생산과 생활 수요를 만족시키게 된다.

또 생산의 측면에서는 판매자가 시장에서의 판매 상황과 수요 상황을 근거로 하여 자금의 투자 방향과 생산 자원 및 노동력 자원의 배합을 적극적으로 조정한다. 이로써 적절한 규모로 상품을 생산하여 생산과 판매의 양 측면을 모두 왕성하게 만듦으로써 사회 생산과 재생산을 건강한 방향으로 발전시킨다. 그리하여 "마치 물이 아래로 흘러가듯이 밤낮으로 정지하지 않으며 물건은 부르지 않아도 스스로 오고 가서 찾지 않아도 백성들이 스스로 가지고 와서 무역을 한다."

사마천은 상품 유통이 스스로 자신의 규율을 가지고 있으며 국가는 상품의 가격 규정을 강행할 필요가 없다고 지적한다. 이 지점에서 사마천은 계연의 말을 인용한다.

"가격이 올라 일정한 수준을 넘어서게 되면 곧 떨어지게 되고, 가격이 떨어져 일정한 수준을 넘게 되면 곧 오르게 되는 법이다. 따라서 가격이 올라 일정한 수준을 넘어서게 되면 물건을 마치 인분人糞 보듯이 하여 한 점 주저함 없이 내다 팔아야 하고, 가격이 떨어져 일정한 수준에 이르게 되면 물건을 마치 진주 보듯이 하여 아무런 주저함 없이 사들여야 한다."

가격이란 시종 변화 중에 있는데, 다만 규율이 존재한다. '따라서 값이 저렴한 물건은 어떤 사람들이 나타나 값이 비싼 곳으로 그 물건을 가져가 팔려고 하고, 어느 한 곳에서 물건 값이 비싸게 되면 곧 어떤 사람들이 나타나 값이 저렴한 곳에서 물건을 들여오게 된다. 이렇게 모든 사람이 각자 자기의 생업에 힘쓰고 자기 일에 즐겁게 종사하여 마치 물이 아래로 흘러가듯이 밤낮으로 정지하지 않으며 물건은 부르지 않아도 스스로 오고 가서 찾지 않아도 백성들이 스스로 가지고 와서 무역을 한다. 이 어찌 '도道'와 자연의 효험이 아니라겠는가?"

사마천은 창조적으로 '상이통지商而通之', '상불출즉삼보절가商不出則三寶絶家(상인이 무역을 하지 않게 되면 가장 귀중한 삼보三寶의 왕래가 끊어진다)'라는 결론을 주창함으로써 상업을 독립된 사회직업으로 인정하고 가치분배 활동에 있어 유통 기능을 담당한다고 지적한다. 그러면서 동시에 상업유통의 사회물질 확대 재생산에 대한 중요성을 강조한다.

그런데 '상商'과 '고賈'는 어떠한 차이가 있는 것일까?

"행자왈상, 거자왈가行者曰商, 居者曰賈"라고 하였다. '행자行者'란 상품을 각지에 수송하여 판매하는 사람으로 이를 상인이라 하고, '거자居者'란 각 도시나 고을에서 점포를 내고 판매하는 사람으로 이를 '고賈'라고 칭하였다. '행자行者'든 '거자居者'든 모두 물건을 매매함으로써 돈을 벌고 재산을 모았다. 바꿔 말하면 모두 이익 추구를 위주로 하였다.

가격이 지나치게 낮으면 곧 상승하는 추세가 있게 되고, 지나치게 높으면 곧 하락의 추세가 존재하게 된다. 사마천은 '물의 흐름'이라는 말로써 시장경제에서의 가격 시스템인 '보이지 않는 손', 즉 가격을 일정 범주 내에서 움직이게 하는 힘을 묘사하고 있다.

사마천은 수요공급 간의 관계로써 가격의 등락을 설명하고 있으며, 나아가 이러한 수요공급 관계의 원리를 운용함으로써 상인들이 어떻게 부를 쌓을 수 있는가의 방법론을 설명하고 있다.

4. 유통론

상품 가격의 확정에 영향을 주는 요인은 여러 가지 존재하지만 그중에서도 특히 시장에서의 수요공급 관계라는 요인이 대단히 중요하다. 상품의 수요공급 관계는 시장 경쟁에 따라 끊임없이 변화가 발생하고 필연적으로 가격의 변동을 가져온다. 여기에서 사마천은 '유여有餘'와 '부족不足'

이라는 용어로 오늘날의 '공급 과잉'과 '공급 부족'의 현상을 지칭하고 있으며, '귀貴'와 '천賤'이라는 용어로 상품가격의 '고저'를 설명하고 있다.5

시장 예측의 최종적 목표는 교역의 진행을 위하여 매매관계를 수립하는 것이다. 〈화식열전〉은 이와 관련하여 다음과 같이 기술하고 있다.

"농부의 농사를 기다려 양식을 얻고 산택山澤을 관리하는 우인虞人이 각종 재료를 개발해 내기를 기다리며 공인工人이 각종 재료를 완성품으로 만들어 내기를 기다리며, 상인商人이 각종 물건을 무역하고 유통하기를 기다린다. 사람들은 단지 자기 재능에 따라 역량을 극대화하여 자기의 욕망을 만족시킨다. 따라서 값이 저렴한 물건은 어떤 사람들이 나타나 값이 비싼 곳으로 그 물건을 가져가 팔려고 하고, 어느 한 곳에서 물건 값이 비싸게 되면 곧 어떤 사람들이 나타나 값이 저렴한 곳에서 물건을 들여오게 된다. 이렇게 모든 사람이 각자 자기의 생업에 힘쓰고 자기 일에 즐겁게 종사하여 마치 물이 아래로 흘러가듯이 밤낮으로 정지하지 않는다."

이것은 일종의 소박한 자유시장 이론이다.

그런데 여기에서 '무역貿易'의 '무貿'라는 글자는 흥미로운 한자어다. 《설문해자說文解字》를 보면, '무貿'에 대하여 "역재야易財也, 종패從貝, 묘성卯聲"이라고 설명한다.

잘 알다시피 '패貝'는 화폐를 가리킨다. '묘卯'는 '묘시卯時'로 새벽 5시에서 새벽 7시까지를 말한다. 공부를 하거나 일터로 나가려면 이 시간에 일어나 준비를 하고 집을 나서야 한다. '묘시'는 이렇게 이른 시간을 가리키며, 따라서 물자를 교역하는 '무역'이란 시간을 다투는 일로서 새벽에 일찍 일어나야 함을 의미한다. 즉 사업 경영이란 모름지기 부지런히 일해야 함을 말하고 있다.

한편 자본이란 그것이 활동하는 과정 자체에서만 비로소 증식할 수 있다. 상업 자본이란 오직 화폐 형태와 상품 형태의 부단한 변화 과정에서 화폐로부터 상품에 도달하며, 다시 상품으로부터 화폐로의 교체 과정에서 비로소 자신의 가치를 증가시킴으로써 그 소유자로 하여금 이익을 획득하게 한다.

화폐의 운용 속도를 현재적으로 풀이한다면, 곧 자본 회전속도를 지칭하며, 이는 이윤의 정도를 결정하는 중요한 요인이다. 사마천은 '폐幣'라는 글자를 '무식폐無息幣'와 '재폐욕기행여유수財幣欲其行如流水'의 두 곳에서 사용하고 있다. 그런데 이 양자는 사실상 동일한 내용을 담고 있다. 즉 상품 생산경영에 사용되는 화폐의 회전속도는 빨라야 하고, 적체되어 흐르지 않는 화폐 자본이어서는 안 되며, 반드시 흐르는 물처럼 운용되어야 한다는 뜻이다. 여기에서 화폐의 회전속도가 빠르게 되면, 상품의 유통 속도도 빠르게 된다.

사마천은 결국 화폐란 수중手中에 머물게 해서는 안 되며, 신속하게 유통과정에 투입함으로써 그것을 상품으로 전화시켜야 하고, 상품 역시 수중에서 장기간 머물게 해서는 안 된다고 역설하였다.

〈화식열전〉에서 '치생治生'을 잘했던 인물로 손꼽히는 범여는 인재를 잘 기용하고 시기를 잘 포착했다. 또 물건을 비축하고 농사와 목축을 하면서 농업과 목축, 상업을 결합시켰으며, 민첩하고 유연하게 매매 전략을 채택함으로써 19년 동안 세 번이나 천금의 재산을 모을 수 있었던 것이다.

월나라 구천은 범여와 계연의 경제정책을 채택하여 10년 뒤 부강한 국가를 만들었다. 상품 매매와 관련하여 계연은 다음과 같은 세 가지 문제를 제기한다.

첫째, "어떤 물건이 수요보다 공급이 많거나 아니면 공급보다 수요가 많은 것을 알아낼 수 있다면, 곧 가격이 오를 것인가 아니면 떨어질 것인가를 능히 알 수 있다." 즉 시장의 수요공급 관계에 근거하여 상품가격의 등락을 판단한다는 것이다.

둘째, 가격조절 규율을 파악한다. "판매하는 곡식이 한 말에 20전이면 농민이 손해를 보며, 한 말에 90전이 되면 상인이 손해를 보게 된다. 상인이 손해를 보게 되면 재화가 유통되지 않아 농민이 손해를 보고 전답이 황폐해진다." 즉 물가의 합리적 조절과 통제로써 합리적인 조정의 폭 이내로 유지토록 한다는 것이다.

셋째, 수중에 지니고 있는 화폐는 "그 운용을 물이 흘러가듯 하게 하고", "수중의 물건은 가격 등귀를 기대하여 쌓아 두어서는 안 된다." 그렇게 함으로써 상품과 자본의 회전을 가속시켜야 한다는 것이다.

이러한 구체적인 상업 운용 경험으로부터 상품매매 이론이 비단 가치라는 관념에만 관련을 맺고 있는 것이 아니고 상품 유통 과정에도 이미 적용되고 있음을 알 수 있다.

한편 〈화식열전〉은 백규의 매매 원칙에 대하여 "인기아취, 인취아여人棄我取, 人取我予"라는 여덟 글자로 표현하고 있다. 즉 "사람들이 팔아 치우면 나는 그것을 사들이고, 사람들이 사들이면 나는 그것을 팔아넘긴다"는 것이다. 구체적으로 그는 "곡물이 익어 가는 계절에는 양곡을 사들이고 비단과 칠漆을 팔았으며, 누에고치가 생산될 때 비단과 솜을 사들이고 양곡을 내다 팔았다."

그는 사회에서 아직 긴급하게 수요가 형성되지 않고 일시적으로 공급이 수요보다 많아 가격이 상대적으로 저렴한 상품을 먼저 대량으로 비축하였다. 그런 연후에 사회의 수요가 왕성해져서 가격이 오를 때를 기다려 비로소 판매하였다. 상업 발전을 농업 발전의 토대 위에서 고려하는 이러한 매매 사고방식은 매우 독특한 것이었다.

사마천은 많은 구체적 사례를 인용하면서 상업 활동이 각 역사 시기의 국민경제에서 발휘했던 중요한 역할을 논증하였다. 그는 강태공, 관중, 범여, 백규 등 춘추전국 시기에 성공한 상업 사례를 열거하면서 이를 일일이 증명하였으며, 아울러 국가가 상업을 중시함에 따라 경제의 홍성이 이뤄졌던 한나라의 실제 상황도 자세하게 기술하고 있다.

"한나라가 홍기하여 국내가 통일되자 성관城關과 교량의 봉쇄를 개방하고 산택山澤의 개발에 대한 금령도 해제하였다. 이 때문에 거부巨富와 대상大商 들이 천하를 두루 다니게 되어 교역하여 유통되지 않는 물자가 없었고 공급과 수요 쌍방 모두 만족할 수 있었다.", "그러므로 관중 지역은 천하의 3분의 1을 점하고 인구는 10분의 3에 지나지 않았지만 그곳의 재부를 계산해 보면 무려 천하의 10분의 6을 점하고 있다."

이러한 토대 위에 사마천은 일관되게 전통적인 중농억상 사상에 반대하였으며, 마땅히 상인 집단과 그들이 이뤄 낸 성과를 존중해야 한다는 점을 거듭 강조하였다.

5. 이윤론

경제이익에 대한 평가 사상의 제기는 〈화식열전〉의 또 다른 중요한 공헌이라 할 수 있다.

먼저 사마천은 평균이윤율이라는 개념을 제시하고 있다.

그는 "평민으로서 농, 공, 상, 고賈를 경영할 때 매년 1만 전으로 2천 전의 이자를 받을 수 있고 100만 전의 재산을 가진 집은 매년 20만 전을 벌어들일 수 있다"라고 기술하였다. 어떤 업종이든 등량等量의 자본을 투입하면, 모두 연리 20%의 이윤을 얻을 수 있다는 것이다. 그는 이에 대하여 다시 단호하게 말한다. "기타 각종 잡일에 종사하면서 만약 2할의 이익을 올리지 못한다면, 그것은 무엇을 경영하여 재부를 추구한다고 말할 수조차 없다."

그러면서 사마천은 상업에 뛰어난 사람은 끊임없이 물건을 사고팔기 때문에 적체가 존재하지 않고 상품과 자본의 회전 속도가 빨라 이로부터 확실한 이윤이 보장된다는 점을 기술하였다. 반대로 줄곧 고수익만 노리면서 팔아야 할 때 팔지 않고 사들여야 할 때 사들이지 않는 상인은 스스로 영원히 수동적 위치로 전락하여 돈을 벌 수 있는 기회를 수없이 놓친다고 말한다.

한편 사마천은 당시의 농업, 임업, 목축업, 어업 및 경제작물 생산을 본업으로 삼아 당시의 천호후千戶侯 제후와 비교하여 다음과 같은 결론을 내렸다.

"육지에서 말 50마리 또는 소 167마리나 양 250마리, 혹은 돼지 250

마리를 키우거나, 물가에서 살면서 연간 1,000석의 고기를 양식할 수 있는 연못을 지니고 있거나, 산중에서 큰 나무 1,000그루를 벌채할 수 있거나, 안읍安邑에서 대추나무 1,000그루를 가지고 있거나, 연燕, 진秦의 밤나무 1,000그루, 촉蜀, 한漢, 강릉江陵의 귤나무 1,000그루, 회북淮北, 상산常山 이남 및 하수와 제수濟水 사이의 가래나무 1,000그루, 진陳, 하夏의 옻나무밭 1,000무畝, 제齊, 노魯의 뽕나무 혹은 삼밭 1,000무, 위천渭川의 대나무숲 1,000무, 또는 각국의 만 호 이상 도시의 교외에서 1무에 1종鍾의 수확이 있는 밭 1,000무, 혹은 잇꽃이나 꼭두서니밭 1,000무, 생강과 부추밭 1,000고랑 등, 이들 모두 그 수입은 1,000호의 영지를 가진 제후와 같다." 즉 50필의 말, 167마리의 소, 250마리의 양, 1,000그루의 목재 혹은 대추나무, 1,000무의 대나무, 칠나무, 뽕나무, 마를 지니는 것은 그 경제 이익이 1,000호의 제후와 같다는 것이다.

당시의 규정에 따르면, 1,000호는 매년 1호당 200전을 세금으로 징수하여 총 20만 전이다. 만약 자금 100만 전으로 경영시간 1년으로 계산하면, 이윤율이 20%이므로 연 이익은 20만 전으로서 천호후의 수입에 해당하는 것이다.

경영자의 이윤이라는 측면에서 그 경제이익을 평가하는 이러한 사마천의 주장은 상품경제의 운용과 발전의 과정을 설명한 것으로서 당시의 시대 상황에서 보면 커다란 진보성을 지니고 있는 셈이다.[6]

3

애덤 스미스와
사마천

<small>사마천 경제학</small>

주지하는 바와 같이 18세기 말의 위대한 경제학자 애덤 스미스는 그의 명저 《국부론》에서 "국가가 여러 경제 활동에 간섭하지 않는 자유 경쟁 상태에서도 '보이지 않는 손'에 의해 사회의 질서가 유지되고 발전된다"고 주장하였다.

먼저 애덤 스미스는 인간의 이기심을 경제행위의 동기로 파악한다.

이 점에 대하여 《국부론》은 다음과 같이 비유적으로 단언하고 있다.

"우리가 저녁 식사를 기대할 수 있는 것은 푸줏간과 술집 그리고 빵집 주인의 자비심이 아니라 자신의 이익을 챙기려는 그들의 생각 덕분이다. 우리는 그들의 박애심이 아니라 자기애에 호소하며, 우리의 필요가 아니라 그들의 이익만을 그들에게 이야기할 뿐이다."

이는 "사람마다 그 능력을 다하고 각자 힘을 다함으로써 자신의 욕구를 만족시킨다"는 사마천의 논지와 완전히 동일한 관점이다.

〈화식열전〉은 말한다.

"부富라는 것은 사람의 본성이므로 배우지 않고도 모두 이루고자 하는 바이다. 그러므로 장사壯士가 군영에 있으면서 성을 공격할 때 먼저 성벽에 올라가고 들판에서 전쟁을 벌일 때 적진에 뛰어들어 적군을 퇴각시키고 적장을 참살하며 적의 군기를 탈취하면서 날아오는 화살과 돌을 무릅쓰고 끓는 물과 불의 위험도 마다하지 않는 것은 후한 상을 받기 위함이다. 시정의 소년들이 사람들을 협박하여 물건을 약탈하고 사람을 죽이며, 간악한 짓을 하며 무덤을 파헤치고 화폐를 위조하며 남의 토지를 겸병하고 무리를 지어 강도짓을 하고 친분을 내세워 보복하고 몰래 남의 재산을 강탈하며 법을 어기는 것을 마다하지 않으면서 마치 준마가 날뛰듯 민첩하게 죽음의 심연으로 달려가는 이 모든 행동들은 재화와 이익을 위한 것이다.

조나라와 정나라의 여자들이 정성스럽게 화장하고 거문고를 연주하며 긴 소매를 휘날리고 눈짓을 보내 유혹하면서 천 리도 멀다 않고 수고를 아끼지 않으면서 손님을 맞이함에 노소老少도 가리지 않는 것은 모두 부를 추구하는 데에서 비롯된다. 풍류공자가 모자와 칼로 장식하고 수레와 말로 무리를 이루어 과시하는 것 또한 자신의 부귀한 용모를 꾸미기 위해서이다. 새를 사냥하고 물고기를 잡으며 새벽이든 컴컴한 밤이든 서리와 눈을 피하지 않고 깊은 산골짜기로 말을 달려 맹수의 위험도 개의치 않으니, 이는 맛있는 사냥감을 얻기 위함에서다.

또 도박장에서 다투어 즐거워하고 닭싸움과 개 경주를 하면서 얼굴색을 바꾸고 싸우며 재주를 뽐내고 반드시 승리를 쟁취하려는 것은 돈을 잃는 것을 두려워하기 때문이다. 의술, 방술로 먹고 사는 사람이 모든 힘을 다하여 자기 재능을 발휘하는 것은 많은 보수를 얻고자 하기 때문이다. 관청의 이사吏士가 법률 조문을 농락하여 마음대로 도장을 깎고 문서를 위조하면서 극형마저 감수하는 것은 뇌물을 받기 위해서이다. 농업, 공업, 상업, 목축에 종사하는 사람은 원래부터 재부를 추구하여 재화를 증가시키는 것이 목적이다. 이렇게 자신의 모든 지략을 짜내어 최대한 재물을 쟁탈하는 것이다."

1.
| 보이지 않는 손

애덤 스미스에 따르면, 자기 이익을 추구하는 인간들의 열정과 행위는 사회 전체의 이익과 조화를 이루는 방향으로 나아가며, 그러한 방향을 이끄는 것이 바로 이른바 '보이지 않는 손'이다. 자유경제는 이 '보이지 않는 손'에 의해 종국으로는 공공복지에 기여하게 된다.

그리하여 애덤 스미스는 생산과 분배에는 자연적 질서가 작용하여 저절로 조화되어 간다고 하는, 자연법에 의한 예정조화설을 주장하였다.

한편 〈화식열전〉은 다음과 같이 기술하고 있다.

"사람은 단지 자기 재능에 따라 역량을 극대화하여 자기의 욕망을 만족시킨다. 따라서 값이 저렴한 물건은 어떤 사람들이 나타나 값이 비싼 곳으로 그 물건을 가져가 팔려고 하고, 어느 한 곳에서 물건 값이 비싸게 되면 곧 어떤 사람들이 나타나 값이 저렴한 곳에서 물건을 들여오게 된다. 이렇게 모든 사람이 각자 자기의 생업에 힘쓰고 자기 일에 즐겁게 종사하여 마치 물이 아래로 흘러가듯이 밤낮으로 정지하지 않으며 물건은 부르지 않아도 스스로 오고 가서 찾지 않아도 백성들이 스스로 가지고 와서 무역을 한다. 이 어찌 '도道'와 자연의 효험이 아니라는 말인가?"

거의 흡사한 내용이다.

또한 애덤 스미스는 "유무有無를 상통하고, 물물교환하며, 상호 교역하려는 성향이 없다면 모든 사람은 자기가 필요로 하는 모든 필수품과 편의용품을 스스로 조달해야 한다"고 주장하였다. 그에 따르면, 국민 재부 증진을 촉진하는 가장 중요한 결정 요소는 바로 분업이며, 따라서 그의 《국부론》은 분업에 대한 논술로 시작되고 있다.

그런데 〈화식열전〉은 이 점과 관련하여 "농부가 자기의 생산품을 내놓지 않으면 사람들은 곧 식량을 얻지 못하고, 공인工人이 자기의 생산품을 내놓지 않으면 사람들은 곧 도구를 얻을 수 없게 된다. 또 상인이 무역을 하지 않게 되면 가장 귀중한 삼보三寶의 왕래가 끊어지고, 우인虞人이 자기가 생산한 산품을 내놓지 않으면 사람들은 곧 재화 결핍에 직면하게 된다"라고 기술하고 있다.

역시 동일한 내용이다.

한편 애덤 스미스의 '보이지 않는 손'의 개념에는 공공의 이익을 촉진하기 위해서 시장 참가자의 이기심뿐만 아니라 공리公利의 정신이 필요하다는 전제가 깔려 있다. 그리하여 그는 공리를 염두에 두지 않는 시장을 경멸하였고, 공정한 게임 룰에 의한 경쟁을 강조하였다.

사마천도 개인 이익의 추구를 강조하였지만, 의義의 측면을 대단히 중시하여 '의義와 리利를 동시에 중시해야 한다는' 의리병중론義利併重論을 주창하는 점 역시 양자가 동일하다.

2.
| 민중의 편에 선 '경제 자유주의'의 경제 사상

애덤 스미스보다 거의 2000년 전에 살았던 사마천은 인간 경제에 대한 예리하고도 실제적인 통찰력으로 비록 사용하는 용어는 서로 상이하지만, 이미 '자유경제'와 '분업'의 내용을 제기하고 일종의 '보이지 않는 손(사마천은 이를 '도' 혹은 '자연의 효험'이라는 용어로 설명한다)'의 역할을 강조하였다. 또한 두 사람 모두 국가와 민간 부문의 관계에 있어 바람직한 형태를 논증하였다.

사마천의 경제사상은 도덕규범하의 경제 자유주의 사상으로 평가될 수 있다.[7] 그는 〈화식열전〉에서 인간이 부를 추구하는 것은 인간의 본성이라는 점을 논술한 뒤 가장 좋은 정책이란 자연의 경제 흐름에 맡기는 '인지因之'이며, 반면에 가장 나쁜 정책은 백성들과 이익을 다투는 것이라고 강조하였다.

그는 정당한 부의 추구 활동은 마땅히 어떠한 속박도 받지 않아야 하며, 모름지기 국가기구는 인간의 영리 추구 활동에 있어 사람들로 하여금 "자기 재능에 따라 역량을 극대화하여 자기의 욕망을 만족시킬 수 있도록" 장려해야 한다고 강력하게 역설한다. 이렇게 함으로써 상품의 물가 변동과 수량 변화는 시장경제 규율에 의하여 조정되고 시장에서의 이러한 '보이지 않는 손'의 조절 아래 모든 사람이 능히 합리적인 재부를 획득함으로써 사회 경제가 가장 적합한 상태가 된다는 것이다. 그리하여 그는 이렇게 말한다.

"모든 사람이 각자 자기의 생업에 힘쓰고 자기 일에 즐겁게 종사하여 마치 물이 아래로 흘러가듯이 밤낮으로 정지하지 않으며 물건은 부르지 않아도 스스로 오고 가서 찾지 않아도 백성들이 스스로 가지고 와서 무역을 한다. 이 어찌 도道와 자연의 효험이 아니라는 말인가?"

비록 사회에서 빈부의 격차가 나타날 수밖에 없지만, "지혜로운 자는 남음이 있고, 졸렬한 자는 부족하게 되며", "수완이 있는 자는 능히 재부를 자신의 것으로 만들 수 있는 반면, 무능한 자는 가지고 있던 재산도 와해된다"는 것이다. 그러나 이러한 상황은 결국 객관적 경제규율이 가진 '자연의 효험'에 부합된다고 지적한다.

사마천의 이러한 거시적 이재理財 사상은 결국 객관적 경제규율에 대한 존중이었다. 그는 상공업 발전으로 자원의 효율을 제고提高해야 함을 주창하면서 반면에 자원과 산업부문 간 배치에 있어 국가가 그것을 인위적으로 변화시키는 것에 반대하였다.

그의 이러한 관점은 생산력 발전의 측면에서 이미 기존 도가道家의 청정무위 자연경제 사상을 훨씬 뛰어넘고 있었다.

흔히 애덤 스미스를 시장 만능주의자로 생각하기 쉽지만, 그는 오히려 일체의 독점과 특권을 반대하고 특권층에게 돌아가는 혜택을 없애려고 노력한 사람이었다. 그는 독점적 이익과 경제적 집중을 반대했으며, 동시에 공공의 복지, 학교, 사회간접자본 등에 있어 국가의 역할을 대단히 중시하였다. 그리하여 그의 이른바 '경제 자유주의', 혹은 '경제 방임'이란 억압받는 사람을 위한 '경제 자유주의'인 것이었지, 결코 잘사는 사람을 위한 '경제 자유주의'가 아니었다.

이러한 측면에서 사마천이 주장하는 '경제 자유주의'는 애덤 스미스의 주장에 대단히 근접한다.

사마천이 주장하는 '경제 방임'이란 민중의 입장에서 국가가 사적 경제에 대한 억압과 간섭 그리고 국가 독점을 해서는 안 된다는 점을 강조한 것이다. 그러면서도 사회경제에 있어 심각한 폐단과 문제점이 나타나게 될 때에는 상황에 따라 일정한 '이도利道', '교회敎誨', '정제整齊'라는 국가의 조정 조치가 필요하다고 주장한다.

그렇다면 '인지因之', '이도利道', '교회敎誨', '정제整齊'란 과연 무엇인가?

가장 나쁜 정치란
백성과 다투는 것이다

1.

| 의리론義利論

사마천은 선진시대 유가사상의 의리義利 관계에 대한 정확한 인식을 흡수한 토대 위에서 재부의 점유 상황이 인간의 사상을 결정한다는 점을 지적하였다. 그러면서 리利로써 의義를 양성하며 "예는 가짐에서 비롯하고 없음에서 폐절된다"고 주장하였다.

그는 물질 욕망은 사회 발전의 원동력이며 동시에 사회 혼란의 요인이라는 점을 지적하였고, 예禮의 기초는 물질이 풍부하여, 사람들이 물질의 만족을 얻게 될 때만 비로소 발달할 수 있다고 강조하였다. 그는 "사람이란 부유해야만 인의가 따라 생긴다"고 천명하였으며, 의義란 리利에 의하여 결정되고 물질적 토대가 도덕 수준을 결정한다는 점을 지적하였다.

그리하여 그는 중요한 도덕관념인 이른바 예禮는 인류의 정情과 성性을 토대로 하여 만들어지며, 그 내용 역시 구체적인 물질생활의 자료로 체현된다고 파악하였다. 즉 인간의 사회적 지위와 도덕관념 모두 재부의 점유 상황과 서로 연관되어 있다고 인식했다.

여기에서 사마천은 "부의 차이가 자기보다 열 배가 많으면 굴복하게 되며 백 배가 많으면 반드시 그를 두려워하고 천 배가 많게 되면 그의 부림을 당하게 되며, 만 배가 되면 그의 노복奴僕이 된다.", "곡식 창고가 충실해야 사람들은 비로소 예절을 알고, 의식이 족해야 사람들은 비로소 영욕榮辱을 안다"라고 기술했다. 즉 재부의 점유량이 다른 사람을 부리느냐 아니면 다른 사람에게 부림을 당하느냐의 여부를 가름하는 결정적인 요소이며, 동시에 예절도덕도 기실 물질적 기초와 결코 분리될 수 없는 관계라는 점을 강조하였다.

당시 '리利', 즉 재부는 장기간에 걸쳐 지배계급과 그들을 옹호하는 도덕가들에게 멸시당하고 도외시당했다. 그들에게 의義는 군자들이 반드시 지향해야 하는 최고의 도덕적 가치였는데, 이에 반하여 리利는 소인들이 추구하는 범주로 간주되었다. 공자는 "군자는 의에 기뻐하고, 소인은 리利에 기뻐한다"고 말하였다.

그러나 사마천은 과감하게 이러한 시각을 부정하였다. 그는 거꾸로 이익 추구란 인간의 천성으로 이러한 천성이란 오히려 반드시 장려되고 고취시켜져야 할 대상이며, 무조건 리를 억제하는 것은 부작용만 초래할 뿐이라고 경고하였다. 사마천은 이익을 추구하는 것이 결코 수치스러운 일이 아니며, 오히려 현실과 인성人性에 정확하게 부합한다고 강조하였다. 그러면서 이러한 이익 추구가 동력이 되어 생활수준을 제고하려는 욕구가 생겨날 때 비로소 경제생활이 활성화되고 사회도 발전할 수 있음을 강하게 주장하였다.

또한 사마천은 의義와 리利를 통일시켜 의리義利의 관계를 기술하였다. 여기에서 그는 관중의 "창고가 가득 차야 예절을 알고, 의식이 족해야 영욕을 안다"라는 사상을 계승하고 있다. 그리하여 "예절이란 소유로부터 생겨나고 결핍으로부터 없어진다.", "군자가 부유해지면 덕을 베풀게 되고, 소인이 부유해지면 힘써 노동하지 않게 된다.", "인간이란 부유해져야 비로소 인의仁義가 생겨난다"는 그의 독특한 시각을 제기하였다.[8]

사마천에 따르면 어느 사회에서든 인간의 사상 수준이란 그 사회가 얼마나 부유한가의 정도에 달려 있으며, 사회가 빈곤하고 예의가 결여되면 사회가 불안해진다. 그러므로 리利는 의義의 전제 조건이자 토대이고, 의義는 사람들이 리利를 얻은 이후에 필연적으로 추구해야 할 바가 된다.

사마천은 특히 사회도덕과 재부財富라는 양자 간의 상호 작용에 주목하였다. 그는 〈평준서〉에서 한나라 초기 70년 기간의 경제 발전 과정에서 "사람들은 모두 자신을 아끼고 범법을 두려워하였으며 예의를 숭상하고 치욕스러운 행동을 배척하였다"고 기록했다. 그러나 물질생활이 크게 나아진 후 "이 무렵 법률은 허술하였으나 백성들은 더욱 부유하였다. 그러나 엄청난 토지를 겸병한 호족들이 재산을 모아 교만을 부리고 향리에서 위세를 떨치며 횡행하면서 백성을 억압하였다. 봉읍을 가진 종실 및 대부로부터 하급 벼슬에 있는 사람까지 모두 사치스러운 생활을 추구하였고 주택과 거마車馬, 의복 모두 지켜야 할 한도를 무시하였다."

여기에서 알 수 있듯이 사회의 재부가 풍요롭게 된 뒤, 사람들은 사치를 숭상하고 서로 비교하면서 질투하여 사회도덕은 무너지기 시작하였다. 이는 재부가 사회도덕에 부정적인 영향을 주고 있다는 것을 설명한다.

이러한 현상은《사기》〈고조공신후자연표高祖功臣侯者年表〉에 더욱 분명하게 묘사되어 있다.

"한나라가 건국된 이후, 공신으로 작위를 받은 자는 100여 명이었다. 당시는 천하가 막 평정되어 크고 이름난 성읍의 백성들이 모두 이리저리 흩어져 손으로 셀 수 있는 호구戶口는 열 개 가운데 두서너 개에 지나지 않았다. 이 때문에 대제후大諸侯의 봉읍封邑은 1만 호戶를 넘지 않았고, 소제후小諸侯의 경우는 5~600호에 지나지 않았다. 그 뒤 여러 대를 지난 다음, 백성들이 모두 고향으로 돌아옴에 따라 호구가 갈수록 늘어났다. 그리하여 소하蕭何, 조참曹參, 주발周勃과 관영灌嬰 같은 자들은 4만 호에 이르렀고, 소제후의 봉호封戶도 갑절로 늘어났으며, 그들의 재부財富 역시 넉넉해지게 되었다.

그러나 그들의 자손들은 이 때문에 오히려 교만을 부리고 자만에 빠져들어 자기 조상들이 작위를 얻던 당시의 어려움을 잊어버린 채, 방탕하고 사악한 짓에 골몰하게 되었다. 그리하여 태초太初 연간에 이르기까지 100년 동안 작위를 보존한 자는 겨우 다섯 명에 지나지 않았고, 그 나머지는 모두 법을 어겨 목숨을 잃거나 나라를 망쳐 버리고 말았다."

사마천은 사물이 극에 이르면 변화할 수밖에 없다는 사실을 잘 인식하고 있었다. 만약 이러한 악습이 바로잡히지 않는다면 국가는 곧 쇠락의 길로 갈 수밖에 없으며 심지어 멸망할 수도 있었다. 진나라의 멸망이야말로 바로 그 가장 좋은 증거였다. 따라서 사마천은 사람들이 부유해지는 것과 동시에 예의도덕에 의한 제한과 조정이 필요하다는 점을 강조하였다. 그는《사기》〈예서禮書〉에서 이렇게 말하고 있다.

"예는 사람으로 말미암아 일어나는데, 사람의 삶에는 하고자 하는 욕구가 있기 때문에 하고자 하였으나 이루지 못하면 분忿이 없을 수가 없게 되며 분함에 한계가 없으면 다투게 되고 다투게 되면 어지러워지게 된다. 선왕先王은 그 어지러움을 싫어하여 예의를 제정함으로써 사람의 욕구를 적절하게 제어하고 만족시켜, 욕欲으로 하여금 물物에 대해서 다함이 없도록 하고 사물로 하여금 욕망에 의해서 모두 고갈됨이 없도록 하여 양자가 서로 보완하도록 하였으니 이로부터 예가 생기는 것이다."

여기에서 사마천은 예의가 부에 대한 사람들의 추구를 제한하는 것이 아니라, 사람들의 요구에 맞춰 나감으로써 사람들이 부를 얻은 뒤 혼란스럽게 다투지 않도록 한다는 점을 분명히 지적하였다. 사마천은 예의란 물질이 풍요로운 물질의 토대 위에서 비로소 가능해지는 것으로, 즉 부富가 있을 때 의義를 행할 수 있게 된다고 인식하였다.

결국 사마천은 리利를 중시하는 중리重利와 함께 의義를 중시하는 중의重義를 동시에 견지하고 있었음을 알 수 있다. 여기에서 사마천은 중리重利의 핵심이란 곧 부민富民으로서 모든 사람들에게 부와 이익을 추구할 것을 장려하였고, 또 중의重義의 핵심은 곧 '도덕'으로서 도덕에 의거하여 군신과 백성들을 이끌어야 한다는 점을 주창하고 있다. 그리고 그 최종적인 목적은 치국의 도道를 찾고 어떻게 국가를 흥성시킬 것인가에 있었다.

사마천은 이러한 의(義, 사회도덕)와 리(利, 재부) 관계에 대한 인식의 토대 위에 이른바 자유방임주의 경제정책을 연결시킨다.

2.
선인론 善因論

사마천은 말한다.

"선자인지, 기차이도지, 기차교회지, 기차정제지, 최하자여지쟁善者因之, 其次利道之, 其次教誨之, 其次整齊之, 最下者與之爭."

'선자인지善者因之'란 상품경제의 발전을 그대로 순응하여 방임하는 것이다. 여기에서 '인因'이란 순응과 맡기는 것을 의미한다. 그러므로 '선자인지善者因之'란 가장 좋은 경제정책은 자연에 순응하여 개인들이 생산하고 무역하는 활동을 그대로 맡기면서 간여나 억제를 하지 않는 것임을 말한다. 이에 반해 '여지쟁與之爭'은 국가가 직접 상공업을 경영함으로써 이익을 얻으며 동시에 경제의 모든 분야에 간여하여 전면적으로 상품경제를 억제하는 것으로서 '선자인지善者因之'와 대비되는 극단의 정책이다.

한편 '이도지利道之'는 개인이 경제활동을 인정하고 방임한다는 전제 아래 국가가 사람들이 어느 특정 분야의 경제활동에 종사하도록 일정하게 유도하고 격려하는 것을 말한다. 이러한 인도에는 마땅히 일정한 경제적 이익과 정치적 이익이 결합되어야 한다. 이는 농업과 공업이 균형적인 이익을 얻도록 보호하는 정책으로서 가의賈誼의 비축 정책과 조착晁錯이 펼친 '귀속(貴粟: 식량을 중시하는 정책)' 등의 조치는 모두 이러한 범주에 속한다.

'교회지教誨之'는 국가가 교화의 방법으로써 사람들로 하여금 어느 분야의 경제활동을 하도록 권장하거나 혹은 어느 분야의 경제활동은 하지 말도록 유도하는 정책이다. 이는 유가가 주장하는 예의로 욕망을 절제하는 정책이다. 승상 공손홍이 "한나라 조정 승상의 신분으로서 남루한 포의布衣를 입고 식사도 한 가지 반찬만 먹으면서 검소하며 소박하게 생활하고", 한 무제가 자신의 재산을 전쟁 비용으로 내놓았던 복식卜式의 경우를 모범적 사례로 내세우면서 백성들에게 국가에 재산을 바치도록 권했던 정책 등은 이에 속하는 것이다. 하지만 승상 공손홍의 검소함에도 불구하고 세속의 사치스러운 분위기는 전혀 바로잡지 못하였다. 오히려 공명과 이익을 좇는 풍조는 더욱더 만연해질 뿐이었고, 복식에 대한 존숭 역시 효과가 거의 없었다.

'정제지整齊之'는 국가가 행정 수단과 법률 수단으로써 사람들의 경제활동에 개입하고 개인의 경제활동에 대하여 제한하고 강제하는 것을 말한다. 이는 전통적인 중농억상 정책으로, 이것의 강화가 곧 '여지쟁與之爭'이었다.

사마천은 영리를 목적으로 생산무역 활동에 종사하는 것은 개인들의 사적 부문이며, 국가 혹은 관리들이 이러한 사적 부문에 종사하는 것은 인민과 이익을 다투는 행위로 가장 나쁜 정책이라고 인식하였다. 그는 국민경제를 관리하는 가장 '좋은', 즉 '선善'의 정책은 '인지因之'라고 역설하였다. 바로 이를 '선인론善因論'이라 지칭한다.

사마천에 의하면, 민간들의 사적 상업매매 활동에 대한 국가의 가장 좋은 정책은 경제발전의 자연 규율을 준수하여 상업활동에 개입하지 않는 것이다. 그렇게 될 때 백성들이 각자 성실하게 재부를 추구하여 생산을 발전시키게 되며, 이에 따라 국가 역시 무한대의 재부를 얻게 된다는 것이다. 그다음은 이익으로써 백성들의 경제활동을 장려하는 것이며, 다음으로는 교화 혹은 계도하는 것이고, 그 다음은 국가권력을 운용하여 조정과 제한을 하는 것이며, 가장 나쁜 정책은 바로 국가가 직접 경영함으로써 백성과 이익을 다투는 것이다.

3.
| 백성이 부유해져야 국가도 부유해진다

사마천은 백성들의 부에 대한 추구를 불변의 진리로 파악하였다.

고대 시기 인간의 이익 추구 본능에 대해서는 많은 뛰어난 글들이 이미 존재한다. 하지만 그 대부분은 인간의 이익 추구라는 현상을 어떻게 제한할 수 있을 것인가에 초점을 맞추고 있었다. 즉 중국 고대의 경제사상에 있어 한 가지 중요한 특징은 국가를 본위로 하는 경제 사상이 확고한 주류를 점하고 있다는 점이었다. 법가는 분명한 상벌賞罰 정책을 시행하여 그 이익은 국가에 환원시켜야 한다고 주장하였으며, 반면 유가는 도덕으로 교화하여 인간의 욕망을 최소화시켜야 한다고 강조하였다. 비록 그 해결 방식에 있어서는 서로 상이했지만, 결국 이들 학설의 공통점은 국가와 지배층의 이익을 지키기 위한 책략이라는 점이었다.

그러므로 개인의 관점에서 재산 관리, 즉 재산의 문제를 논의한 사람은 거의 존재하지 않았다. 혹시 개인의 관점에서 재산의 문제를 논하고 어떻게 부를 이룰 것인가를 언급하는 경우가 존재했다고 해도, 그것은 다만 유통과정의 측면에서 문제의 표피적인 측면만을 보는 것에 지나지 않았다. 이러한 상황에서 오직 사마천만이 인간의 이익 추구 활동을 제한해야 한다는 그 어떠한 주장도 제기하지 않은 채, 인간의 이익 추구란 지극히 정당하다는 점을 인정했다.

사마천에 의하면, 국가가 부유해야 백성이 부유해질 수 있는 것이 아니라 백성이 부유해질 때(부민富民), 비로소 국가도 부유해지는(부국富國) 것이었다.

간섭주의와 국가 독점이 경제 피폐의 근본 요인이다

사마천은 도가의 '청정무위'와 '여민휴식(與民休息: 장기간의 국가동란을 겪은 후에 민력民力을 보강함으로써 경제를 부흥시킨다는 의미)'의 경제사상에 의거하여 인간들의 영리 추구 활동을 자유롭게 발전시켜야 한다는 관점을 제기하였다.

그리하여 그는 "빈부의 도는 줄 수도 뺏을 수도 없다(빈부지도 막지여탈貧富之道 莫之予奪)"고 천명한다. 그는 인간의 영리 추구 활동이란 본래부터 자체적으로 내재된 규율을 지니며, 재부 증식을 존중하는 객관적 규율이 있을 때만이 비로소 국가가 부강해질 수 있다고 지적한다.

그는 한나라 초기 '문경지치文景之治'를 구체적인 사례로 제시하였다.

"한나라가 흥기하여 이미 70여 년이 지났을 때, 국가는 태평무사하여 홍수나 가뭄도 없었고, 백성들은 모두 자급자족이 가능하였다. 각 군과 현의 곡식창고는 꽉 차 있었고, 국가 창고에는 많은 재화가 보관되어 있었다."

그는 한나라 초기의 '무위' 경제정책이 경제발전에 가져온 긍정적 효과를 설명하고 이로부터 국가가 강대하고 국민이 부유해지는 좋은 결과가 나타났다는 점을 드러내었다(여기에서 지적하고 넘어갈 점은 유가의 '무위'와 도가에서 말하는 '무위'가 서로 다른 의미를 지니고 있다는 사실이다. 유가의 '무위이치

無爲而治'는 '덕치德治'의 주장을 표현한 것이고, 반면 도가의 '무위'란 "자연규율에 부합하는 것"으로 '치治'는 중시되지 않는다. 그러나 유가의 '무위'는 '치治'를 주요한 목적으로 한다).[9]

그러나 노자의 '소국과민小國寡民'을 대표로 하는 지나치게 소극적인 도가 사상에 대해서는 반대하면서 사회생산력의 발전에 따라 원시 상태로 퇴보하는 그러한 생산생활은 이미 불가능하다고 단언한다. "만약 노자의 말을 지금의 목표로 삼고자 한다면 먼저 사람들의 눈과 귀를 모두 막아버리는 방법 이외에 다른 방법이 없을 것이다." 이 모든 것은 상품 생산과 상품 교환이 없다면 어떻게 해도 실현될 수 없는 것이다.

한나라 초기 국가가 장기적으로 시행한 '휴양생식休養生息'의 거시경제 정책은 생산력의 회복과 부의 축적에 매우 유효한 긍정적 영향을 미쳤다. 이러한 '휴양생식' 정책은 황로黃老 사상에 의한 방임주의 정책으로 국가 경제의 회복과 발전에 매우 효과적인 역할을 수행한 바 있었다. 한 고조와 한 혜제부터 문경지치文景之治 시기에 시행한 요역 및 과세에 대한 경감 조치와 여민휴식與民休息의 재정정책은 한나라 중기의 번영을 가능하게 만든 토대였다.[10]

즉 문제文帝 때 백성들에 대한 전조세田租稅를 완전 면제하고 흉노 등 변경 지역에 대한 출병도 최소화했다. 또한 궁실 내 거기車騎, 의복을 증가시키지 않으면서 휘장에도 문양을 넣지 않도록 했으며, 지방의 특산공물도 바치지 않도록 하였다. 이렇게 황실에서 지출을 절제하고 검소하게 했기 때문에 귀족 관료들도 감히 사치할 수 없었고, 이에 따라 백성들의 부담은 크게 감소하였다. 이것은 이른바 '휴양생식' 정책 혹은 '여민휴식' 정책이 가져온 결과였다. '문경지치'는 실로 중국 역사상 경제발전 수준이 최고조에 올라간 성세盛世로 한 무제의 성공적인 흉노 토벌은 기실 이러한 경제력의 바탕 위에서 가능한 것이었다.

하지만 한 무제 시기에 이르러 잦은 흉노 정벌과 각종 수리水利 및 토목 사업 그리고 궁중의 호화생활 때문에 70여 년 계속되어 온 '휴양생식' 정책에 의하여 이뤄 놓은 재부는 모두 탕진되어 국고가 텅텅 빌 정도가 되었다. 이러한 상황을 타개하기 위하여 한 무제는 동중서, 장탕, 상홍양 등의 건의를 받아들여 사적 경제에 대한 국가의 전 방위적인 간섭주의를 강행하였다.

특히 재정 분야에서 속죄금의 확대, 상인들을 겨냥한 산상거(算商車: 상인들의 수레에 매긴 세금), 고민 정책(告緡: 세금을 사실대로 신고하지 않을 경우 1년 동안 국경 변경 병역에 처하고 동시에 전 재산을 몰수했다. 이와 동시에 신고하지 않은 자를 밀고하는 사람에게는 몰수한 재산의 반을 떼어 주는 정책을 시행하고 이를 고민령이라 하였다. 민緡이란 동전을 꿰는 데 사용한 끈으로서 끈에 꿴 1,000전의 동전을 1민으로 하였다), 염철의 국영화, 평준균수(평준법은 풍년 등으로 물건이 쌀 때 국가가 사들여 저장해 두었다가 가격이 오르면 내다팔아 그 차액을 국가의 수입으로 하는 정책이며, 균수법은 국가가 각 지방의 산물을 조세로 징수하여 다른 지방에 운송하여 판매함으로써 이익을 거두는 정책이다), 화폐 통제 등 재정 확대정책을 크게 강화시켰다.

객관적으로 보자면, 한 무제의 이러한 정책은 국가 재정을 충실하게 하여 국력 강화에 흔들림 없는 물적 토대를 갖추게 만들었다는 측면을 지닌다. 그러나 이와 동시에 이 정책은 일련의 부정적 측면도 초래하게 되었다. 이러한 부정적 측면에 대하여 사마천은 국가가 추진한 재정확대 정책이 "해내海內가 텅텅 비도록 고갈되고, 인구가 반감하였으며", "대농부大農府 창고에 비축해 놓은 금전도 모두 써 버렸고 세금도 모두 군사비에 사용되어 병사들을 뒷받침할 수가 없게 되었다"고 기술하였다.

한 무제 시기의 많은 재정정책 중 사마천이 가장 반대한 것은 바로 상공업 발전의 억제를 초래한 재산세 징수, 즉 산민령과 고민령 정책이었다. 사마천은 그 정책의 결과로 인하여 "중간 이상의 상인 대부분이 파산하였으며, 백성들은 맛있는 음식과 좋은 의복만 찾고 향락을 추구하여 두 번 다시 전답을 사들여 생업을 경영하지 않았다"고 신랄하게 비판하였다. 사마천에 의하면, 부를 추구하는 인간의 적극성이 억제됨에 따라 어느 누구도 소유하고 있는 재산을 확대 재생산에 사용하지 않으려 하였고, 이는 사회생산의 발전에 커다란 장애 요인이 되었다는 것이다.

그는 또 한 무제가 상홍양 등 이른바 '홍리지신興利之臣'을 기용하여 염철의 국영화와 균수, 평준 정책을 강행한 조치에 대해서도 비판의 칼날을 거두지 않았다. 즉 그러한 정책들은 결국 경제 발전의 객관적인 규율을 위반하고 그것이 "백성들의 생활에 해를 주지 않고, 시기에 따라 매매를 결정하여 재부가 증가하는" 경제 자유주의와 배치된다는 것이었다. 특히 "관리들에게 시장에서 장사시키며 물건을 팔아 이익을 도모하는" 관영 상업은 백성과 이익을 다투는 가장 나쁜 정책의 극명한 사례라고 비판하고 있다.

결국 사마천은 국가가 자연자원을 농단하고 상공업 생산을 독점하여 국가 자신의 '이익을 추구하는' 행태를 극력 반대하였고, 그러한 행태들이야말로 사회 혼란의 근원이라고 주장하였다.

물론 사마천이 한 무제의 모든 치적을 부정하는 것은 아니었다. 사마천은 〈태사공자서〉에서 한 무제 당시의 상황에 대하여 "한나라 건국 이래 성명聖明한 천자가 있어 상서로운 징조를 얻음으로써 봉선 대전을 진행하고 역법을 고치며 복식의 색깔을 바꾸고 천명을 받아 온 세상에 청화淸和한 기운이 가득 차 있습니다. 풍속이 우리와 같지 않은 해외의 종족들도 여러 차례 통역을 거쳐 변경으로 와서 조공하고 신하가 되겠다고 하는 자들이 부지기수로 많습니다"라고 기술하였다.

사실 이는 일찍이 전례가 없던 전성기의 모습이었다. 사마천은 이 점을 과소평가하지 않고, 정확히 사실대로 기술하였다. 다만 그는 한 무제의 지나친 욕심과 과도하게 국가사업을 강행하는 행태에 대하여 비판한 것이며, 이는 한 무제의 공적을 탐하고 민력民力을 과도하게 낭비하는 측면에 대한 비판이었다. 그리고 여기에서 덕치를 주창하면서 정치란 모름지기 백성들의 요구에 부응해야 한다는 사마천의 시각이 분명하게 드러나고 있으며, 아울러 문제文帝와 경제景帝 시기의 무위 정치에 대한 그리움이 여실히 표현되어 있다.

전성기에 쇠퇴의 조짐을 보다 – 사마천과 상홍양

〈평준서〉는 한 무제 시기의 "백성들과 이익을 다투는" 경제정책을 전면적으로 폭로하고 비판하는 한 편의 정제된 전투적 문헌이다.

〈평준서〉는 '백성과 다투는' 하나하나의 정책이 가져오는 갖가지 폐단과 그로 인하여 최종적으로 경제적 쇠퇴를 초래했다는 점을 상세하게 기술하고 있다. 즉 〈평준서〉는 진나라가 멸망하고 한나라가 건국된 뒤 약 70년 동안의 휴식기를 거치면서 한 무제 즉위 초까지 한나라 경제가 최고조로 발전하는 모습과 아울러 한 무제의 백성과 다투는 수탈 정치를 상세하게 기술하고 있다.

상홍양은 상인 집안에서 태어났고, 관직은 어사대부의 직위까지 올라갔다. 그는 한나라 시기의 유명한 재정 관리자로 한 무제 시기의 경제정책을 제정하고 집행한 인물이었다. 실제로 염철의 국가운영, 평준균수법은 모두 상홍양의 손을 거쳐 만들어졌다. 한 무제가 장기간에 걸친 외정과 내치를 하는 데 필요한 재정적 뒷받침은 상홍양이 '철저히 긁어모은' 재정 수입에 완전히 의존하였다.

사마천은 그런 상홍양을 자신이 맡은 바 직책에 충실한 이재가理財家라는 점을 인정하였다. 그는 〈평준서〉에서 "1년 내내 태창과 감천궁甘泉宮은 양식으로 가득 찼고, 변경에도 양식의 여유가 있었다. 각지의 화물은 균수법을 통하여 일괄적으로 운반하고 판매하여 비단 500만 필의 이익을 챙길 수 있었다. 이렇게 되자 백성이 더 이상 부가세를 내지 않아도 국가의 재정은 충분하였다"면서 상홍양의 능력을 평가하였다.

그러나 그는 〈평준서〉 말미에서 복식卜式의 말을 인용하여 "국가의 비용은 응당 정상적인 조세로 충당하여야만 합니다. 현재 상홍양은 관리를 시장의 점포에 앉혀, 장사를 해서 돈을 벌고 있습니다. 상홍양을 죽이면 하늘은 비로소 비를 내릴 것입니다"라고 기술함으로써 상홍양을 혹독하게 비판하고 있다. 사마천의 눈에 상홍양은 단지 '이익을 일으키는 신하(흥리지신興利之臣)'에 지나지 않았다.

상홍양은 재물을 긁어모으는 일에 골몰한 관리였던 데 반하여, 사마천은 "사람마다 그 능력을 다하고 각자 힘을 다함으로써 자신의 욕구를 만족시킨다"는 시장경제론을 주장하면서 생산의 발전이 중요하다는 점을 강조하였다. 바로 이러한 점이 상홍양과 사마천 두 사람 사이에 놓여 있는 근본적인 사상적 분기점이었다.

상홍양과 같은 '흥리지신'들이 억상抑商 정책을 전면적으로 추진하고 국가 독점을 시행하는 상황에서 사마천은 오히려 상인들의 활동을 분석하고 상업의 흥기는 역사가 발전하는 필연적인 '세勢'라는 점을 파악하였다. 그는 노자의 소국과민 주장을 인용하면서, "눈과 귀는 아름다운 소리나 모양을 마음껏 보고 들으려 하고, 입은 여러 고기의 좋은 맛을 보고 싶어 한다. 또한 몸은 편하고 즐거운 것을 원하고, 마음은 권세와 재능이 가져다 준 영화를 자랑하고자 한다"라 하여 인간 생활의 현실적인 이치를 설명하였다.

사마천은 〈평준서〉에서 "상홍양을 삶으면, 하늘이 비를 내릴 것이다"라는 복식의 말로써 끝을 맺고 있는데, 이는 "전성기에 쇠퇴의 조짐을 본다"는 의미심장한 의미를 담고 있다. 그러고는 '태사공왈太史公曰'이라는 형식의 평론에서 사마천은 은나라와 주나라 이래의 경제 변혁을 정리하면서 진시황과 한 문제가 추진했던 사업을 대비시킨다. 여기에서 그는 무한대의 민력 낭비란 경제 발전의 규율을 위배하는 것으로 이는 필연적으로 생산을 파괴한다는 점을 날카롭게 지적하고 있다.

〈평준서〉에 따르면, 한나라 건국 후 70년 동안 "국가적으로 전쟁이 없었고 수해나 가뭄이 들 때 외에는 백성들이 모두 풍족한 생활을 하였다. 도시나 향촌에 있는 창고도 모두 양곡으로 가득 찼으며 국고에도 재물이 충분하였다. 경성京城에 쌓인 동전은 셀 수조차 없었고 태창(太倉: 조정의 수도에 있는 중앙 창고)에는 오래된 양곡 위에 새 양곡이 다시 쌓여 창고가 가득 차는 바람에 결국 노천에 쌓아야 했고 심지어 부패하여 먹지 못하게 되기도 하였다."

사마천은 이러한 상황이 '인지因之'의 정책이 가져온 부유라는 점을 예리하게 분석하고 있다.

4.
| 그러나 국가의 거시 조정정책은 필요하다

사마천은 경제 규율과 배치되는 '여지쟁與之爭' 정책에 대해서는 단호하게 반대하였고, 그것이 인간의 욕망이라는 동력動力을 저해하고 생산의 발전도 가로막는다고 비판하였다. 여기에서 사마천은 거듭 '인욕동력설人慾動力說'이 대중들에게 유익하며 경제의 생산발전에 유리하다고 주장하고 있다.

사마천의 이러한 '인지因之' 사상은 자유무역을 주장한 애덤 스미스의 경제사상과 유사하다고 평가할 수 있다. 하지만 그렇다고 해서 사마천이 무조건 자유방임만을 주장한 것은 결코 아니었다.

사마천은 〈평준서〉에서 이렇게 묘사하고 있다.

"이 무렵 법률은 허술하였으나 백성들은 더욱 부유하였다. 그러나 엄청난 토지를 겸병한 호족들이 재산을 모아 교만을 부리고 향리에서 위세를 떨치며 횡행하면서 백성을 억압하였다. 봉읍을 가진 종실 및 대부로부터 하급 벼슬에 있는 사람까지 모두 사치스러운 생활을 추구하였고 주택과 거마車馬, 의복도 모두 지켜야 할 한도를 무시하였다. 사물이란 극에 이르게 되면 쇠락하는 것인데, 이러한 변화는 필연적이다."

사마천은 경제 번영의 배후에 새로운 두 가지 사회 모순이 잠재하고 있다는 점을 잘 인식하고 있었던 것이었다.

한 가지 모순은 바로 사회 재부의 양극 분화였고, 다른 하나는 통치계급의 사치와 교만, 향락이 극에 이르렀다는 점이었다. 따라서 사마천의 '인지因之'에 대한 찬미가 그대로 경제 방임의 정책과 동일하지는 않다. '극에 이르면 쇠퇴한다'는 발전 추세와 국가의 전체적 이익을 위하여 사마천 역시 적절한 '이도지利道之'와 교회지敎誨之'에 찬성하고 있다. 즉 사마천은 사회경제에 있어 심각한 폐단과 문제점이 나타나게 될 때에는 상황에 따라 일정한 '이도利道', '교회敎誨' 그리고 '정제整齊'의 조치가 필요하다고 말하였다.

그리하여 사마천은 경제를 흥성시키고 발전시키는 데 있어 국가의 거시 조정정책이 때로는 긍정적인 역할을 수행한다는 점을 인정하였다.

예를 들어 〈평준서〉에서 사마천은 "상홍양은 하급관리가 곡식을 바치면 상위의 관직을 받을 수 있고 죄인이 재물로 속죄할 수 있도록 건의하였다. 또 백성들이 감천궁에 곡식을 바칠 수 있고 그 수량에 따라 요역 면제 및 종신 면제를 받을 수 있도록 하였으며 아울러 재산세도 징수하지 않도록 건의하였다. (중략) 그리하여 산동의 조운漕運은 매년 600만 석이 증가하여 1년 안에 태창과 감천궁의 각 곡식 창고가 모두 가득 찼고, 변경에도 양곡이 남아돌았다. 따라서 백성들에게 조세를 중세하지 않고도 천하의 재정이 풍족하게 되었다"라고 기술하고 있다.[11]

즉 사마천은 국가의 경제조정 정책이 경제를 흥성하게 만듦으로써 부국부민의 긍정적 역할을 한다는 점을 인정하였던 것이다.

1 사마천을 알면 중국이 보인다
2 탁월한 명인과 불후의 명작
3 새장에 갇힌 상업
4 사회풍속사의 장을 연 《화식열전》

탁월한 명인과 불후의 명작

2

예절이란 재부가 풍요로울 때 생기는 것으로
일단 재부가 소실되면 예절 또한 없어지는 것이다.
연못이 깊어야 물고기가 생기고
산이 깊어야 짐승들이 모이듯이
사람도 부유할 때 비로소 인의가 생겨나는 것이다.

사마천을 알면 중국이 보인다

지금으로부터 2000년 전 사마천은 실로 풍부하고 심오하며 체계적인 정책을 주장하였다. 그러면서도 동시에 다양한 분야의 이론을 논증하면서, 거시 범주의 '부국론富國論'과 '선인론善因論' 그리고 미시 범주에 있어서의 '치생론治生論'을 〈화식열전〉이라는 하나의 학설체계에 담아냈다.

중국의 고대 시기부터 근대에 이르기까지 많은 상점들은 '도주사업陶朱事業'이나 '단목생애端木生涯'라는 족자를 걸어 놓고 그들을 존숭하면서 일종의 신앙처럼 숭배하였다.[12] '도주陶朱'란 범여를 가리키며, '단목端木'이란 공자의 제자 자공을 말한다. 백규는 중국 상업의 창시자로 모셔지면서 숭배의 대상이 되었다. 범여와 자공, 백규는 바로 〈화식열전〉에서 사마천이 상업 활동에 있어 마땅히 본받아야 할 모범으로 삼아 높이 칭송하고 평가했던 인물들이다.

〈화식열전〉은 범여에 대하여 "범여는 19년 동안에 세 차례 천금千金의 재산을 모았는데, 두 차례에 걸쳐 가난한 친구들과 멀리 사는 친척들에게 나누어 주었다. 이것이야말로 앞에서 말했던 이른바 '그 재산으로써 은덕을 널리 베푸는 군자'가 아니겠는가!"라고 칭송하고 있다. 한편 자공은 공자의 제자로서 유학, 관리, 상인의 삼위일체가 집약된 인물이었다. 그는 부유해진 뒤 그 부로써 공자의 주유周遊 천하를 지원하여 공자의 학문과 정치주장을 널리 알리고 실현되도록 힘썼다. 사마천은 〈화식열전〉에서 "공자의 이름이 능히 천하에 떨칠 수 있었던 데에는 자공의 도움이 결정적인 역할을 하였다. 이야말로 부자가 세력을 얻으면 명성과 지위가 더욱 빛난다는 것이 아니겠는가?"라고 기술하고 있다.

이렇듯 사마천의 〈화식열전〉은 후대의 상인들에게 대단히 심대한 영향을 지속적으로 미쳤다.

1.
공자에 비견되는 사마천의 힘

《사기》이전에도 중국에는《상서尙書》,《춘추春秋》,《좌전左傳》,《국어國語》,《전국책戰國策》등의 사서史書가 존재하였다. 하지만 그것들은 기록되어 있는 역사적 사실의 범주가 협소하고 내용이 지나치게 간단하며, 특히 제왕 개인의 활동을 주로 반영하고 있었기 때문에 광범위한 사회적 의미를 담아내지 못하고 있었다. 이러한 상황에서 고금을 관통하고 동시에 전 방위적으로 사회의 역사를 반영하여 완성한《사기》는 사람들의 시야를 넓혀 자신들의 역사를 진정으로 이해하도록 한 것이었다.

사마천의《사기》는 역사 기술과 해석의 분야에 있어 중국 역사상 절대적 권위를 지녀왔다. 예를 들어, 지금도 어떤 특정한 역사 인물이나 사건에 대하여 학자들이나 신문 논설에서 "《사기》에는 이렇게 기록되어 있다"는 방식으로 설명하는 경우를 자주 보게 된다. 그만큼《사기》가 어떤 주장을 논증하는 중요한 근거로서 결정적인 권위를 지니고 있는 셈이다.《사기》는 비단 정확성 측면만이 아니라 그 '해석'이나 '시각'이라는 측면에 있어서도 절대적인 권위를 지닌다.

이를테면 흔히 항우가 진나라의 서울을 점령했을 때 아방궁을 불태운 것으로 알려져 있다. 현재 우리나라에서 이와 관련된 많은 책들은 그렇게 묘사하고 있다. 하지만《사기》〈항우본기〉에는 이 대목에 대하여 "소진궁실 멸삼월불멸燒秦宮室 滅三月不滅"이라고 기록되어 있다. 사마천은 분명히 '진나라의 궁실'을 불태운 것으로 기록하고 있지, 아방궁은 언급조차 하지 않는다. 사실 아방궁은 완공되지도 못한 궁궐이었다. 이처럼《사기》는 정확성의 측면에서 대단한 권위를 지닌다.

뿐만 아니라《사기》의 전편에 걸쳐 펼쳐지는 사마천의 예지에 빛나는 철학관과 인생관은 지식인을 포함하여 중국의 모든 민중들에게 지속적으로 강력한 영향을 미쳐 왔다. 나아가 문학 분야에 이르기까지 그 영향은 실로 엄청난 것이었다. 예를 들어, 중국에서 전기傳記 문학은 지금까지도 사마천의 수준을 뛰어넘지 못했다고 평가된다. 당송팔대가 가운데 한 명으로《신당서新唐書》와《신오대사新五代史》를 저술한 구양수歐陽修조차도《사기》의 '신수(神髓: 정수, 정화)'를 배우는 것이 목표라고 말했을 정도이고, 명나라 시기 문학평론가인 애남영艾南英은 "천고문장千古文章 중 오직 사마천만이 있을 뿐이다"라고 기술하였다.[13]

결국 사마천이라는 인물은 그 자체로 하나의 중국 문화와 전통을 포함해 중국의 전 역사를 조형造形시켜 온 자양분이다. 중국인들은 비록 현실 세계에서 《사기》가 묘사하는 다양한 인물군人物群들이 보여 주는 삶의 궤적과 가치를 스스로 실천할 수 없을지라도 마음속으로는 항상 그러한 가치를 숭앙하면서 지향해 왔다고 할 수 있다.

본래 사마천은 《사기》를 저술한 목적이 공자의 《춘추》를 계승하는 데 있다고 스스로 밝힌 바 있다. 후세 역사의 실천 과정은 사마천의 그러한 꿈이 충분히 실현되었다는 사실을 알려 주고 있다.

공자가 중국에 미친 엄청난 영향력은 이미 충분히 인정되고 있다. 그런데 사마천이 안긴 영향력 또한 매우 심대한 것이라는 사실 역시 평가되어야 한다. 바로 이러한 측면에서 필자는 〈화식열전〉을 경전經典의 범주로 끌어올려 '상경商經'이라고 칭했던 것이다.[14]

2.
│ 치생지술의 귀감을 남기고자

사마천은 〈태사공자서〉에서 〈화식열전〉을 저술한 이유에 대하여 다음과 같이 설명하고 있다.

"벼슬이 없는 일반 백성들이 국가의 법에 저촉되지 않고 또 백성들의 생활에 해를 주지 않았으며, 매매는 시기에 따라 결정하였다. 이렇게 그의 재부는 증가하였고, 총명한 사람 역시 취할 바가 있다고 여겼다. 이에 〈화식열전〉제69를 짓는다."

사마천은 국가를 부강하게 하고 가정을 부유하게 하는 상인 활동의 의미를 충분히 인정하면서 범여, 자공, 백규, 의돈, 오지과, 파과부 청, 탁씨, 정정, 공씨, 병씨, 도간, 사사, 임씨 등 거상들의 전기를 기술하고, 그들을 위하여 당시 천시받았던 그들의 정치적 현상을 비판하고 있다.

사마천은 백규의 입을 통하여 상인을 역사상 가장 위대한 정치가나 군사 전략가들과 같은 반열에 올려 지혜와 용기, 인仁 그리고 강强의 품덕品德을 논하였다. 백규는 말하였다.

"나는 경영을 할 때는 이윤(伊尹: 상나라 탕왕 시기의 명재상)이나 강태공이 계책을 실행하는 것처럼 하고 손자와 오기가 작전하는 것처럼 하며 상앙이 법령을 집행하는 것처럼 한다. 그러므로 변화에 시의적절하게 대처하는 지혜가 없거나 과감한 결단을 내릴 용기가 없거나 구매를 포기하는 인덕이 없거나 비축을 견지할 강단이 없는 사람은 비록 나의 방법을 배우려 한다고 해도 나는 결코 알려 주지 않겠다."

생산의 발전이라는 역사의 측면에서 살펴보면, 상인 계층의 출현은 농업과 수공업의 분업을 전제로 한다. 상인이란 직접 생산에 종사하고 있지는 않지만, 각지의 물산을 교류시킴으로써 전체적으로 생산의 발전을 촉진시키는 중요한 역할을 수행하였다. 사마천은 이렇게 상인이 사회의 발전에 있어 커다란 공헌을 하며, 따라서 상인을 인류 사회의 정화精華로 파악하였다. 그러므로 〈화식열전〉은 다른 열전에서처럼 전형적인 인물 형상에 대한 묘사에 중점을 두지 않고, 고금의 화식 인물들을 전체적으로 서술하면서 그들의 치생지술治生之術을 후세의 귀감으로 남기고자 하였다. 그리고 그것은 바로 생산 발전에 대한 주창이었다.

농공상우 네 가지 업종이 발전하는 관건은 상인에 의한 유통이다. 그러나 상업은 최종적으로 농업과 수공업의 생산에 의존한다. 그러므로 사마천은 다시 "본부위상, 말부차지, 간부위하本富爲上, 末富次之, 奸富爲下라고 규정한다.

본부本富란 농업, 임업, 목축업의 생산에 의한 부의 축적을 지칭한다. 사마천은 전국 각지의 물산에 대한 긴 기술을 통하여 본부에 의하여 생산된 항목을 열거한다. 말부末富는 상업 경영에 의한 재산 축적을 가리키며, 간부奸富란 사기나 남을 윽박질러 부를 축재하는 것으로서 도굴이나 인장 위조 등이 이에 해당한다. 본부를 경영하는 사람은 "시장을 기웃거릴 필요가 없고 타향으로 바삐 뛰어다닐 필요 없이 가만히 앉아서 수입을 기다리기만 하면 된다. 비록 관작은 없지만 처사의 명분을 지니면서 오히려 풍부한 향유를 누릴 수 있게 된다." 명성이 높을 뿐만 아니라 수입 역시 안정되어 있기 때문에 가장 좋은 것이다.

말부는 자금 회전이 빠르다. "가난하면서 부를 얻고자 할 때, 농업이 공업만 못하고, 공업이 상업만 못하다." 다만 상업 경영은 자본이 필요하고 위험 부담도 크기 때문에 오직 능력 있는 자와 재주 많은 자만이 경영할 수 있다. 그러므로 사마천은 두 번째로 좋다고 말한 것이다. 간부는 위험을 무릅써야 하고 때로는 목숨도 위태롭기 때문에 가장 좋지 않다고 말하는 것이다.

혹자는 사마천의 이러한 분류를 이유로 사마천 역시 사농공상의 직업 귀천 사상이나 중농억상 정책을 취한 것으로 간주하려는 시각도 존재한다. 그러나 사마천의 이러한 분류는 치생지술을 분석하여 후세 사람들이 고찰하여 선택할 수 있도록 분석한 것이며, 통치자들의 중농억상 정책과 전혀 궤를 달리한다는 점을 놓쳐서는 안 된다.

탁월한 명인과
불후의 명작

1.
| 명저가 탄생되기 위하여

사마천의 집안은 대대로 역사를 기록하는 태사太史의 직책을 수행하는 가문이었다. 본래 그의 아버지 사마담은 공자의 《춘추春秋》에 버금가는 사서 편찬을 자신의 평생 임무로 생각하였다. 그러나 그 뜻을 이루지 못하고 운명하기 직전 아들 사마천에게 자신의 꿈을 대신 이뤄 줄 것을 부탁하면서 눈을 감았다. 사실 아버지의 학문적 수준도 대단히 높은 것이었다. 〈태사공자서〉에 나오는 '육가론(六家論: 음양가, 유가, 묵가, 법가, 명가, 도가의 육가를 논한 글)' 은 기실 사마담의 작품이다.

    사마천은 열 살에 이미 고전을 암송할 정도의 천재성을 보였다. 아들의 재능을 알아 본 아버지는 아직 열 살에 지나지 않던 사마천의 손을 잡고 당대 유명한 유학자이던 복생伏生과 공안국孔安國을 찾아가 아들을 제자로 삼아 달라고 청하였다. 훗날 사마천이 궁형宮刑이라는 치욕의 천형을 받고 자살까지 생각했으나 끝내 다시 마음을 다잡게 만든 것도 바로 불후의 명저를 남겨 달라는 아버지의 유언 때문이었다.

한편 사마천은 스무 살이 되던 해부터 천하 유력에 나서 전국 각지를 돌며 역사 인물의 사적들을 직접 살피고 백성들의 구체적인 삶을 면밀하게 관찰하고 체험하였다. 공자의 고향인 곡부曲阜도 방문하고, 한신의 고향인 회음淮陰을 비롯하여 맹상군이 살던 설薛 땅, 굴원이 몸을 던졌던 멱라강汨羅江 등등을 직접 답사하였다. 사마천은 당시 시대에서 가장 많이 천하 답사를 실행한 인물이었다. 그리고 '발로 뛴' 그 기록들은 이후 《사기》에 주옥 같은 문장으로 다시 생생하게 살아났다.

물론 이 과정에서 사마천이 두 눈으로 직접 목격한 민중들의 다양하고 생생한 삶의 모습은 뒷날 〈화식열전〉에 그대로 반영되어 탁월한 경제론으로 승화되었다. 하지만 이 무렵에도 학문을 게을리 하지 않고 당대 최고의 학자인 동중서로부터 공양학公羊學을 배웠다.

사마천은 약 7년간에 걸친 천하 답사를 마치고 장안에 돌아와 낭중郎中이라는 무관의 직책을 받고 파촉 지방을 경략하였다. 이는 그에게 군사와 병법 그리고 전쟁이라는 문제에 대한 사유思惟를 하도록 만든 계기이기도 하였다.

38세 되던 해 그는 정식으로 태사령에 임명되었다. 그리하여 그는 국가가 소장하고 있는 각종 전적典籍과 문헌 자료들을 두루 열람하고 조사할 수 있게 되었다. 그의 《사기》 저술 활동은 이 무렵부터 본격화되었다고 추정된다. 또 그는 당대의 인물들을 최대한 직접 만나 교류하였다. 매일같이 궁궐에서 만날 수 있는 고관대신들은 물론이고 이광 장군을 비롯하여 임안任安과도 교류하였고, 〈유협열전〉에 기록되어 있는 곽해와 같은 초야에 묻힌 인물들도 직접 만났다. 그의 실록정신은 철저한 조사와 연구, 현지답사 그리고 비교 검토를 통하여 탄생할 수 있었던 것이다.

반고班固는 《한서》에서 사마천에 대하여 평하기를 "기문직, 기사록, 불허은, 불은악, 고위지실록其文直, 其事核, 不虛美, 不隱惡, 故謂之實錄"이라고 하였다. 즉, "사마천의 문장은 공정하고, 그 역사 기록은 정확하며, 거짓으로 좋은 말을 지어내지 않고, 나쁜 일을 숨기지 않는다. 그리하여 가히 실록이라 할 수 있다"는 뜻이다.

사마천이 55세 되던 해, 마침내 《사기》가 완성되었다. 이 불후의 명저를 저술하기 위해서는 장장 16년이 필요했다. 이렇듯 《사기》는 전적으로 사마천이라는 출중하면서도 그 누구보다도 성실했던 한 인간의 평생에 걸친 노력에 의해 가능했던 명품이다.

물론 《사기》는 그의 생전에 세상에 알려지지 않았다. 그의 예리한 평가는 누구도 피해 갈 수 없었지만, 특히 그의 비판의 칼날은 한 무제의 정치에 대해서도 여지없이 신랄했기 때문에 《사기》를 완성하고도 아직은 "명산名山에 숨겨 보관해야" 했다. 그리고 그가 세상을 떠나서야 비로소 세상의 빛을 보게 되었다.

무릇 명성을 날리고자 함은 자신이 그 명예를 누리고자 하는 것이 인지상정이다. 그러나 사마천은 생전에 그 명성을 누리는 것을 바라지 않고 오로지 역사에 자신의 이름이 남겨지지 못하는 것만을 한으로 여겼다. 더구나 그는 후손도 없어 삼족을 멸하는 권력의 보복으로부터도 자유로울 수 있었다. 그렇기 때문에 그의 문장은 결코 권력에 구애되지 않고 세속의 평판에 휘둘리지 않으면서 진실에 토대하여 자신의 영혼을 불사름으로써

《사기》라는 명문名文을 창조한 것이다.

결국 《사기》라는 명품은 훌륭한 부친, 한 천재 사가史家의 존재, 그가 당한 비극적인 천형天刑, 태사령이라는 직업적 조건 그리고 그의 피나는 노력과 헌신, 특히 개인적 이해보다는 역사적 삶을 중시한 사마천이라는 불세출의 인물이 있었기에 비로소 이 세상에 빛을 볼 수 있었던 것이다.

2.
| 《사기》 저술의 원칙

공자는 "백이, 숙제는 과거의 원한을 기억하지 않았기 때문에 남을 원망하는 일은 거의 없었다"라고 말하였고, 또 "인덕仁德을 추구하면 곧 인덕을 얻었으니 또 무슨 원한을 가질 것이 있겠는가?"라고 하였다. 그러나 나는 백이의 마음에 대하여 대단히 비통함을 느꼈으며, 그들이 쓴 일시(軼詩: 고사리를 캐어 먹으며 불렀던 시 채미가採薇歌를 가리킴)를 읽어 보고 의아함을 느끼지 않을 수 없었다.

결국 백이, 숙제는 수양산에서 굶어 죽었다. 그런데 과연 백이, 숙제가 남을 원망하는 뜻이 전혀 없다고 할 수 있을 것인가?

누군가 이렇게 말했다. "하늘의 뜻, 즉 천도天道란 사사로움이 없으며 언제나 착한 사람의 편이다." 그렇다고 한다면 백이, 숙제는 과연 착한 사람이었는가? 어진 덕을 쌓고 품행을 바르게 했음에도 마침내 굶어 죽은 것은 무엇을 뜻하는 것인가? 공자의 70제자 중에 공자는 오직 안회顔回를 가리켜 학문을 즐기는 사람이라고 칭찬했는데, 정작 안회는 끼니조차 제대로 이어 갈 수 없었으며 지게미와 쌀겨로도 배를 채우지 못하고 마침내 일찍 세상을 떠났다. 하늘이 착한 사람에게 지불하는 대가가 이런 것이란 말인가!

그러나 도척盜拓은 날마다 무고한 사람들을 죽이고 사람의 간으로 회를 쳐서 먹었으며 포악한 수천 명의 무리를 이끌고 천하를 어지럽혔지만 끝내 아무 천벌도 없이 제 목숨을 온전히 누리고 살았다. 그는 도대체 무슨 덕을 쌓았고, 어떠한 선을 행했다는 말인가?

이 몇 가지의 예는 가장 분명하게 설명하고 있다. 지금에 이르러서도 그 행위가 법도를 준수하지 않고 오직 나쁜 짓만 일삼으면서 법을 어겨도 도리어 평생토록 향락을 누리면서 부귀하게 살아가는 일이 대대로 이어지고 있다. 반면에 사는 곳도 신중하게 선택하고 말 한마디를 하는 데도 해야 할 때만 비로소 하며, 길을 가는 데도 큰길로만 가고 공정한 일이 아니면 하지 않는 사람들이 오히려 재앙을 만나는 일이 부지기수다.

나도 진실로 너무나 곤혹스럽다. 만약 이것을 천도라고 한다면, 과연 천도란 도대체 옳은 것인가 아니면 그른 것인가(천도시야, 비야天道是耶, 非耶)?

사마천은 '임안에게 보내는 서신'에서 《사기》를 저술하는 목적에 대하여 이렇게 토로하고 있다.

"저도 제 분수를 모르고 서투른 문장에 스스로를 맡기고자 하여 천하에 산실散失된 사적史籍과 전문傳聞들을 수집하고 전대 인물들의 사적事跡을 고증하며 그들의 흥망성쇠의 이치를 고찰하여 위로는 황제黃帝의 상고시대로부터 아래로는 오늘에 이르기까지의 역사를 총 130편으로 기술했던 것입니다. 저는 이를 통하여 천도天道와 인사人事의 관계를 탐구하고(구천인지제究天人之際) 고금의 역사 발전 변화를 통달하여(통고금지변通古今之變) 마침내 하나의 일가견을 이루고 독자적인 체계를 이루는 저작을 완성하고자 했습니다."

1 | 역사의 주체는 바로 인간이다 – 구천인지제究天人之際

사마천은 인간 중심의 역사를 기술함으로써 인간을 역사의 주체로 자리매김한 위대한 역사가였다.

먼저 사마천은 결코 일의 성패成敗로 영웅을 논하지 않았다. 그는 정치적으로 좌절한 항우를 〈본기〉에 포함시켜 전기를 기술하였고, 역시 실패로 돌아간 진섭을 〈세가〉에 포함시켜 두 사람의 역사적 지위를 그 성패와 관계없이 높이 평가하였다.

공자는 평생 포의布衣의 선비로 천하를 주유했지만 결국 받아 주는 나라도 없이 물러가 제자를 가르치고 책을 저술하였다. 그런 공자를 사마천은 〈세가〉에 포함시키면서 공자에 대하여 "고산앙지 경행행지高山仰止 景行行止", 즉 "높은 산처럼 사람들로 하여금 우러러보게 하고, 큰길처럼 사람으로 하여금 따라가게 한다"며 최고의 존경을 표현하였다. 굴원 역시 모함을 받고 멱라강에 몸을 던져 죽어야 했지만, 사마천은 그의 인품이 가히 "일월日月과 빛을 다툴 정도"라고 칭송하였다.

뿐만 아니라 사마천은 소진이나 경포, 한신, 위표, 팽월, 전횡 등의 인물들이 비록 종국에는 모두 실패하여 비참하게 죽어갔지만, 그들이 역사에 남긴 공헌을 높이 평가했다.

이처럼 사마천의《사기》는 수많은 역사 인물을 기술하면서 다양한 측면에서 역사에서 인간의 활동이 차지하는 중심적인 역할을 설명한다. 이 점에 있어 실로 사마천이야말로 역사 관념에 있어 인본주의의 전통을 세웠다고 할 수 있다.[15] 즉 역사학에 있어 이성 시대의 막을 열어젖힌 것이다.

특히《사기》는 구체적 역사인물의 운명에 대한 고찰을 통하여 특정 역사적 사건의 성패를 하늘에 돌리는 관점에 대하여 부정적인 사마천의 시각을 분명하게 드러내고 있다.

〈몽염열전〉에서 사마천은 이렇게 기술하고 있다.

몽염은 죽기 전에 길게 한숨을 짓고 말하기를 "내가 하늘에 무슨 죄를 지었기에, 잘못도 없이 죽어야 한다는 말인가!" 라고 한 후, 한참 있다가 천천히 말하였다. "나의 죄는 참으로 죽어 마땅하다. 임조에서 공사를 일으켜 요동에 이르기까지 장성을 만여 리나 쌓았으니, 그러는 동안 지맥地脈을 끊어 놓지 않을 수 있었겠는가! 이것이 바로 나의 죄다." 그러고는 약을 삼키고 자결하였다.

태사공은 말한다.

"나는 북쪽 변경 지방에 갔다가 직도直道를 통해서 돌아왔는데, 길을 가면서 몽염이 진나라를 위해서 쌓은 만리장성의 요새를 보니, 산을 깎아내리고 골짜기를 메워 직도를 통하게 하였다. 이것은 참으로 백성의 노고를 가벼이 여긴 것이다. 왜냐하면 진나라가 제후들을 멸한 초기에는 천하의 민심이 아직 안정되지 못하였고, 상처를 입은 자들도 아직 낫지 않았으나, 몽염은 명장名將이면서도 이러한 때에 강력히 간언하여 백성의 궁핍을 구제하고 노인과 고아를 부양하여, 모든 백성들에게 평화를 주려고 힘쓰지 않았기 때문이다. 오히려 시황제始皇帝의 야심에 동조하여 공사를 일으켰으니, 그들 형제가 죽임을 당한 것도 또한 마땅하지 않은가! 어찌 지맥을 끊은 것에다 죄를 돌리려고 하는가?"

한편 항우는 자신이 패배한 원인을 하늘에 돌렸다.
"지금 결국 이곳에서 포위되는 지경에 이르렀으니 이것은 하늘이 나를 망하게 만든 것이지 결코 내가 작전을 잘못해서가 아니다. 오늘 기왕 죽지 않으면 안 될 상황이지만 나는 죽기 전에 그대들을 위하여 한나라 군과 일전을 벌이겠다. 지켜보라! 나는 반드시 한나라 군사들을 세 번 꺾어 그대들을 위해서 포위를 뚫을 것이다! 그리고 적장敵將을 참살할 것이다! 또한 적군의 깃발을 쓰러뜨릴 것이다! 그리하여 그대들에게 하늘이 나를 망하게 하는 것이지 내가 작전을 잘못한 때문이 아님을 알게 하고 싶도다!"

그러나 사마천은 이러한 항우의 '변명'을 부정하고 항우 스스로의 문제로 인하여 패배했음을 냉정한 필치로 기술하고 있다.

"항우가 관중을 버리고 초나라 고향 땅을 그리워하며 의제를 죽이고 스스로 왕이 된 것은 사람들이 용납할 수 없는 일이었지만, 항우는 도리어 왕후들이 자신을 배반한 것을 원망하였다. 이렇게 하고서도 다른 사람이 배반하지 않기를 바라는 것은 실로 너무 어려운 일이다!

항우는 자신만의 공로를 과시하면서 오직 자신만의 지혜를 믿고 옛사람을 본받지 않았다. 그러면서 패왕의 사업이 이미 이뤄졌다고 생각하고 무력으로 천하를 정벌하고 경영하려 하였다. 결국 5년 만에 자신의 국가를 멸망시키고 스스로 몸은 동성에서 죽으면서 그때까지도 깨닫지 못하고 스스로 자신을 견책하지 않았으니 그것은 실로 잘못된 일이었다. 끝내

'하늘이 나를 망하게 한 것이지 결코 용병用兵의 죄가 아니다' 라는 핑계를 대었으니, 어찌 큰 오류가 아니겠는가?"

또 하, 은, 주, 진 왕조의 흥망성쇠에 대해서도 사마천은 다음과 같이 분석한다.

"우虞, 하夏의 흥함은 선과 공을 쌓은 지 수십 년, 덕으로 백성들을 윤택하게 하고, 하늘을 대신해서 정사를 행하다가 하늘에 의해서 시험을 받은 연후에 제위帝位에 올랐다. 탕왕湯王과 무왕武王은 계契와 후직后稷으로부터 인을 닦고 의를 행한 지 10여 세대, 약속도 하지 않았는데 800여 명의 제후가 맹진盟津에서 모였지만, 오히려 아직 때가 되지 않았다고 여겼고, 때가 성숙된 연후에야 비로소 탕왕이 걸桀을 유배시키고 무왕이 주紂를 죽였다.

진나라는 양공襄公 때부터 일어나기 시작하여 문공文公과 목공繆公 때 명성을 드러냈고, 헌공獻公과 효공孝公 이후 점차 육국六國을 잠식한 것이 100여 년이 되었고, 진시황秦始皇에 이르러 비로소 육국을 병합하였다. 우, 하, 상商, 주周가 그와 같이 덕을 쌓고, 진나라가 이와 같이 노력했던 사실은 모두 천하를 통일하는 것이 이처럼 어렵다는 점을 말하고 있다."

여기에서 사마천은 하, 은, 주 그리고 진 왕조가 수립될 수 있었던 요인은 인의를 펼치고 덕을 쌓으며 노력한 결과로 이는 하늘의 뜻이 아니라 바로 사람에 의한 것이라는 점을 분명히 밝힌다.

마찬가지로 그 멸망에 대한 분석에서도 사마천은 사람이 스스로 초래한 것이지 결코 이른바 천명에 의한 것이 아니라는 점을 명백하게 지적하고 있다.

2 | 이 세상에 변하지 않는 것은 없다 – 통고금지변通古今之變

《사기》는 전편에 걸쳐 계속하여 '변화'에 대하여 이야기하고 있다.

사마천은 〈평준서〉에서 이렇게 말한다.

"사변다고 이역반시. 시이성물칙쇠, 이극이전, 일질일문, 종시지변야事變多故而亦反是. 是以物盛則衰, 時極而轉, 一質一文, 終始之變也."

"어떤 사물도 극에 이르면 곧 쇠퇴하게 되는 것이고, 쇠락이 가장 밑바닥에 이르면 또다시 변화하여 한 시기에 기풍이 질박하면 다른 한 시기는 풍속이 사치하여 양자가 서로 시종 변화하는 것이다."

여기에서 사마천은 단호한 결론을 내린다.

"무이고운, 사세지류, 상격사연, 갈족괴언無異故云, 事勢之流, 相激使然, 曷足怪焉."

"다른 까닭이 있어서가 아니고, 사물과 형세의 변화가 서로 작용하여 이러한 결과를 낳은 것이니, 이는 전혀 이상할 것이 없다."

사마천의 '통고금지변通古今之變'의 기본 방법은 '종기종시(綜其終始: 역사의 전 과정을 종합적으로 관찰한다. 〈12제후연표〉)'와 '원시찰종(原始察終: 처음부터 끝까지의 전 과정을 고찰한다. 〈태사공자서〉) 그리고 견성관쇠(見盛觀衰: 성쇠전변의 내재 관계를 파악한다. 〈태사공자서〉)', 혹은 승폐통변(承蔽通變: 과거에 폐단이 있으면 변통한다. 〈태사공자서〉)이다. '종기종시'와 '원시찰종'은 역사 사건의 요인, 경과, 결과 등을 모두 나열하여 전 과정에 대한 종합 고찰을 진행하는 것이며, '견성관쇠'와 '승폐통변'은 현상의 겉모습을 꿰뚫어 그것의 발전 추세를 파악하려는 것이다.

결론적으로 사마천의 '통고금지변'은 역사의 전 과정에 대한 분석에 의해 현상을 통하여 본질을 볼 수 있도록 노력하고 그 변화의 진정한 원인과 결과를 찾아내는 것이다. 특히 사마천은 국가의 흥망성쇠 변화를 분석할 때 그것과 경제 요인을 분명하게 결합시켜 경제적 각도로부터 이러한 역사적 사건의 원인을 해석하고자 하였다. 진나라 흥망의 요인에 대한 분석에서 이 점이 잘 드러나 있다.

《역경易經》의 기본 정신은 곧 '변變'이다. 그리하여 사마천의 '통고금지변' 사상은 명백하게 《역경》의 영향을 받아 《역경》의 '통通'과 '변變' 사상의 계승과 발전으로 볼 수 있다. 원래 사마천은 《춘추》를 숭앙하였다. 이렇게 하여 결국 《춘추》와 《역경》은 《사기》의 전편에 걸쳐 상호 표리表裏로 되어 하나가 나타나면 하나가 숨고 하나가 숨으면 하나가 나타났다.[16]

역사가로서의 사마천은 《춘추》를 준칙으로 삼고 천인관계에 대한 탐색을 통하여 전대前代의 성패흥망의 이치를 기술하고 고금의 변화를 분석한 대작 《사기》를 후세에 길이 전하였다.

3

새장에 갇힌
상업

1.
중농억상 정책

억상抑商 정책의 사상적 맹아는 춘추시대부터 형성되기 시작하였다.

제나라 관중은 백성을 사농공상의 네 등급으로 구분하였는데, 그중 상업은 말위末位에 위치했다. 이는 상업에 대한 억압의 의미를 지니고 있었다. 하지만 그렇다고 해서 이때 명확한 억상 정책이 시행된 것은 아니다. 전국시대에 이르러서야 비로소 명확한 정책과 사상으로서의 '억상'이 출현하였던 것이다.

진나라의 상앙은 "국지소이흥자, 농전야國之所以興者, 農戰也", "국대농전이안, 주대농전이존國待農戰而安, 主待農戰而尊"이라고 주장하였다. 그 뜻은 "국가의 부강은 농업생산과 군사력에 달려 있다. 오직 농업이 발전하고 군사력이 강력해야 국가는 비로소 안전할 수 있고, 군주도 비로소 존귀할 수 있다"는 것이다.

그러므로 반드시 농업을 본업으로 해야 한다는 것이었다. 그에 의하면 상업은 식량을 생산할 수 없고 오히려 식량을 낭비하기 때문에 국가 부강에 아무런 유익함이 없으며 농민들이 농업과 전쟁에 종사하는 적극성을 해치게 된다. 백성들이 '상업으로 능히 부귀해질 수 있음'을 목격하고 반드시 농업을 회피하게 된다는 것이다. 이러한 인식 아래 상앙은 변법變法을 전면적으로 시행할 때 상인들이 번성하지 못하게 하는 중농억상 정책을 강력하게 시행하였다.

그리하여 일체의 비농업 활동을 엄금했으며, 여관 경영도 금지함으로써 이른바 '간사한' 백성들의 기식寄食 행위를 금했다. 뿐만 아니라 백성들이 마음대로 이주하는 것을 금지시킴으로써 전심전력 오로지 농업에 종사하도록 하였다. 또 집안에 농업에 종사하지 않는 남자가 있으면 모두 부역 부담을 지우도록 함으로써 농업 이외의 직업에는 종사하지 못하도록 하였다.

상앙의 뒤를 이은 인물은 바로 한비자였다. 그는 상업을 더욱 낮게 평가하여 상업을 사회의 '다섯 가지 독충' 중 하나로 지목하였다.

상앙과 한비자의 이러한 억상 정책은 물론 사회경제의 발전에 커다란 장애요인으로 작용하였지만, 한편으로는 봉건 체제의 자급자족 경제를 기본으로 하는 봉건 체제의 요구를 분명하게 반영하는 것이기도 하였다.

상농제말上農除末**과 균수평준**均輸平準
전국시대 진나라 효공은 상앙의 변법을 시행하여 농업 생산에 전력을 기울였다. 그러면서 곡물과 직물의 공납이 많으면 부역을 면제하였고, 상업에 종사하면서 게으르고 가난한 자는 가차 없이 관비로 삼았다. 농업을 중시하고 상업을 철저하게 억압하는 이러한 극단적 조치는 역설적으로 원래 유목민족이었던 진나라 백성들을 농경민족으로 전환시키는 과정에서 효과적인 정책이었다. 이로부터 진나라의 국력은 급속하게 강대해졌다.

진시황은 천하를 통일한 뒤 이러한 중농억상 정책을 더욱 강화, 극단화시켰다. 그리하여 "병역이나 노역을 피해서 도망간 사람, 데릴사위로 들어간 사람, 장사하는 사람 등을 징발하여 육량陸梁 지역을 공격하고 계림桂林, 상군象郡, 남해南海 등의 군郡을 설치하였으며, 죄를 지어 유배 보내야 할 사람들을 파견하여 지키도록 하였다."

이로써 상인은 심지어 범죄자 취급을 당해야 했다.

진시황은 진시황 28년 낭야琅邪를 순시하면서 그곳에 낭야대를 세우고 거기에 '상농제말上農除末'이라는 문구를 새기는데, '제말除末'이란 '말末', 즉 상업을 억제한다는 뜻으로서 '상농제말'이란 곧 중농억상 정책을 의미한다.

한편 한나라도 진나라의 제도를 계승하여 중농억상의 경제정책을 국책으로 삼았다. 이에 따라 상인은 천민으로 간주되었고, 보통 백성의 호적을 지닐 수 없었으며 별도의 호적을 만들어야 했다. 이것이 이른바 시적市籍이었다. 뿐만 아니라 상인들은 여러 측면에서 인신모욕을 당해야 했다.

《사기》〈평준서〉는 "천하가 평정된 후, 한 고조는 상인들에게 비단옷을 입지 못하게 하고 수레를 타지 못하게 금하였으며 아울러 그들에 대하여 중과세를 부과하였다"고 기술하고 있다. 이로써 상인들의 이익을 감소시키고 지위를 억제하고자 했던 것이다. 효혜제 시기에는 천하가 안정되기 시작하여 상인을 제한하는 법령을 완화시키기도 하였지만, 상인의 자손은 여전히 관청의 공직을 맡을 수 없도록 금지되어 있었다. 경제景帝 시기에 조착晁錯은 황제에게 글을 올려 '농업을 파탄시키고 나라를 어지럽히는' 상업에 대한 억제를 건의하였다.

"상고商賈로서 큰 자는 물자 비축으로 갑절의 이익을 보고, 작은 자는 길가에서 판매하면서 그 이익을 가지고 날마다 도시를 돌아다니다가 국가의 납세 독촉을 틈타 물건을 갑절로 팝니다. 그러므로 그 남자들은 밭을 갈거나 김매지 않고 여자들은 누에를 치거나 명주를 짜지 않아도 화려한 무늬가 있는 옷을 입고 좋은 곡식과 고기를 먹습니다. 농업에 종사하는 고통이 없어도 천 전, 백 전의 소득이 있습니다. 그 부가 크기 때문에 왕후와 서로 교제하며 힘은 관리를 능가하고 이로써 이익을 서로 다툽니다. 천리를 놀러 다니는 수레가 꼬리를 물고 좋은 수레와 훌륭한 말을 타고 비단신을 신고 비단옷을 입고 있습니다. 이것이 상인이 농민을 겸병하는 까닭이며 농민이 떠돌게 되는 이유입니다.

지금 법률에서는 상인을 천하게 여기나 상인은 이미 귀하고 귀해졌습니다. 법률에서는 농부를 우대하나 농부는 이미 가난하고 천하게 되었습니다. 그리하여 세상에서 귀하게 여기는 것을 국가에서는 천하게 여기고 관리들이 낮게 여기는 것을 법에서는 높게 여깁니다. 위아래가 상반되고 좋고 나쁨이 일그러지고 어긋나서 국가를 부유하게 하고 법률의 위신을 세우고자 하여도 할 수 없으니, 현재의 임무는 백성을 농업에 힘쓰게 하는 것 만한 게 없습니다."

나아가 한 무제 때에는 국가 주도로 균수평준과 염철 전매 등의 제도를 강행하였고, 이어서 상인의 재산을 몰수하는 등 수차에 걸쳐 상인들에게 결정적 타격을 가하여 상업은 사실상 질식 상태에 놓여야 했다.

하지만 이렇듯 사회 전체적으로 상인을 천시하는 압도적 분위기 속에서도 사마천은 오히려 상인이 점하고 있는 중요한 경제적, 사회적 역할을 간파하였다.

《주서周書》는 "상인이 무역을 하지 않으면 3보寶의 왕래가 끊긴다"고 지적하면서, 상업을 농업, 공업, 임업과 함께 "백성들이 입고 먹는 것의 원천이다"라고 천명한다. 사마천이〈화식열전〉의 서두에 이러한 말을 굳이 인용한 것은 상업이 지니고 있는 중요성을 논증하기 위해서였다.

오늘날에서도 마찬가지이지만, 사마천이 살던 시기 역시 각지에서 생산되는 상품은 백성들의 생활에 필요한 것이든 아니면 사치품이든 모두 반드시 상업에 의하여 '통通'해야 했다. 따라서 이러한 사회에서 상업은 일종의 직업 범주로서 급속한 속도로 발달하게 되었다. 비록 법령에 의하여 상인을 천시하는 정치적 압박이 광범하게 존재했지만, 사실 상인은 이미 부귀해져 있었다.

이러한 시기에 사마천은 용감하게 화식가들을 위한 열전을 기술하였고, 여기에서 상인이라는 존재의 역사성과 합리성을 강조한 것이었다.

'새장'에 갇힌 '상품 세계'

그러나 당시의 봉건 왕조가 이른바 중농重農 정책을 시행한다고 했지만, 그렇다고 해서 그것이 농민이나 농업 그리고 농촌을 중시한다는 정책은 결코 아니었다. 그것은 다만 농민, 농업 그리고 농촌에 대한 권력의 절대적인 통제에 대한 추구였을 뿐이었다.

진시황 이래 한 무제를 비롯한 그 후계자들은 경제 성장의 가장 활발한 요소인 상품생산, 분업, 교환을 일종의 '새장' 속에 가두었다. 그리하여

'상품 세계'는 권력의 경제적 보충물로서 어떤 때는 출현했다가 어떤 때는 사라졌다. 관료권력 체제는 결코 그것과 분리될 수 없었다. 권력은 그것을 필요로 할 때 언제든지 그것을 현실 세계로 불러내 다시 장치하였다.

비록 공업과 상업은 당시 시대 상황에서 비록 가장 중요한 조세원租稅源이 아니었지만, 언제든지 그 집단의 '작은 금고'가 될 수 있었다. 즉 봉록 외의 별도로 챙길 수 있는 '딴 주머니'였던 것이다. 예를 들어, 고을 관리가 성문을 한 번 돌 때마다 '10만 전'이 자신의 주머니 속에 들어왔다. 바로 그러한 것들이 존재하기 때문에 관료 집단들은 모두 매우 여유롭게 생활을 영위할 수 있었다.

하지만 권력은 결코 그것이 강성해져서 권력과 금력을 서로 교환하는 이른바 '권력과 금력의 교역(권전교역權錢交易)'이나 금력이 '자치自治'의 단계까지 성장하는 것은 용인하지 않았다.

한나라 효혜제 때 가의賈誼는 황제에게 상업 억제에 대하여 이렇게 건의하였다.

"옛 사람의 말에 '한 사람의 농부가 밭을 갈지 않으면 누군가가 굶주림을 당하고, 한 사람의 직녀가 길쌈을 하지 않으면 누군가가 추위를 당한다'고 했습니다. 그러나 지금은 농업을 등지고 수공업과 상업만을 좇아서 식량을 소비하는 자가 매우 많으니 이는 천하의 대잔大殘이며, 분에 넘치고 사치스러운 풍속이 나날이 자라나고 있으니 이는 천하의 대적大賊입니다."《한서漢書》〈식화지食貨志〉

2.
상업에 대한 사마천과 유가 사상의 분기점

공자는 리利에 대하여 거의 언급하지 않았고, 맹자는 극단적으로 리利를 비난하였다. 유가 사상은 의義와 리利 양자가 반드시 배치되는 것으로 파악하였다. 또 한나라 시기 대표적인 유학자였던 동중서는 예의로써 인욕人慾을 억제해야 한다고 주장하였다. 한편 법가는 농경과 전쟁을 논하면서 상인 활동에 대해서는 분명하게 반대하였다.

이러한 전통은 한나라 초기의 수십 년 동안 계속 이어져 상인의 사회적 지위는 매우 낮았고, 이는 법률상으로도 규정되어 있었다. 이렇게 하여 숭본억말崇本抑末 정책은 전국시대부터 한나라 시대에 이르기까지 전통 사상으로 자리 잡았고, 봉건통치 계급은 상공업을 말업으로 간주하면서 그에 대한 억압을 전면적으로 시행하였다.

한나라 초기의 법률은 상인에 대하여 관직을 얻을 수 없고 전답 소유도 하지 못하도록 규정하였다. 이는 상인의 정치적 진출은 물론이고 나아가 농업 분야로 나아가는 출로조차 완전히 봉쇄한 것이었다.

하지만 사마천은 이러한 상황에서 오히려 화식 활동을 칭송하고, 인간의 욕망, 즉 인욕人慾이야말로 물질 재화를 창조하는 원동력이라는 사실을 주창하였다. 그는 이러한 점에 대하여 〈화식열전〉에서 차분하게 기술했을 뿐 아니라, 사람들마다 돈을 벌어 치부致富하도록 적극적으로 고취하였다. 그는 치생지술을 제안하였고, 나아가 '소봉론素封論'을 제기하였다. 그러면서 인의의 허구성에 대해서는 가차 없이 비판의 칼날을 들이댔다.

다만 사마천은 결코 유가사상이 강조하는 예의를 배척하지 않았다. 오히려 그의 많은 글 중에서 이익만을 추구하는 행위에 대하여 신랄하게 비판하고 있다. 사마천의 도덕관념 중 의義와 리利는 상호 모순이면서도 동시에 또 서로 결여될 수 없는 부분이었다. 그는 이 중에서 어느 한편만을 고집하여 의義만 말하거나 리利만 말하는 것은 모두 폐단이며 마땅히 상호 조정되고 통일되어 양자가 병존해야 한다고 인식하였다.

부富와 리利에 대한 사마천의 이러한 관점은 바로 의리관義利觀이다.

사마천은 사상이 경제활동을 제약하는 역할을 결코 경시하지 않았고, 예의로써 사람들을 교화시키고자 하는 유가 사상의 방안에 대해서도 찬성하였다. 그는 "자기 이익에만 따라 행동하게 되면, 수많은 원한이 생긴다《맹자순경열전》"라는 사실을 잘 알고 있었다. 그러므로 그는 예절로 욕구를 절제해야 한다고 주장하였다.

그는 "인간의 생활에는 욕망이 반드시 있는데, 하고자 하였으나 이루지 못하면 분忿이 없을 수가 없게 되며 분함에 한계가 없으면 다투게 되고 다투게 되면 어지러워지게 된다"고 지적하면서, 그러므로 선왕先王은 "예의를 제정하여 사람의 욕구를 적절하게 만족하도록 하고 원하는 것도 적절하게 제공함으로써 욕欲으로 하여금 물物에 대해서 끝까지 추구함이 없도록 하고 사물로 하여금 욕망에 의해서 모두 고갈됨이 없도록 하여 양자가 서로 협조하고 발전하도록 하였으니 이것이 바로 예가 만들어진 연유다《사기》〈예서〉"라고 기술하였다.

또한 사마천은 이른바 '간부奸富'에 대하여 반대하면서 "법을 어기는 자들은 법망의 허술함만을 노리니, 도덕과 예절에 의거하여 그들을 교화할 수 없게 되었다. 오직 모두 엄형중벌嚴刑重罰에 의해서만 비로소 그들을 다스릴 수 있다(《태사공자서》)"고 주장하였다. 즉 교화로써 이루지 못할 경우에는 마땅히 형법이라는 수단으로 엄하게 다스려야 한다는 것이었다.

사실 사마천의 상품경제 발전 주장은 대단히 깊은 의미를 지니고 있는 것이었다. 상품경제의 발전은 사회경제의 발전을 촉진하는 것이며, 동시에 사회생산의 분업을 촉진하는 것이다. 반대로 상품경제에 대한 억압은 자연경제 수준에 장기적으로 머물게 함으로써 결국 사회 발전에 장애를 조성하는 요인이었다.

따라서 사마천은 한나라 초기에 시행한 "성관城關과 교량의 봉쇄를 개방하고 산택山澤의 개발에 대한 금령도 해제한 조치"에 대하여 긍정적으로 평가하였다. 그렇게 함으로써 "거부巨富와 대상大商들이 천하를 두루 다니게 되어 교역하여 유통되지 않는 물자가 없었고 공급과 수요 쌍방 모두 만족할 수 있었다"고 분석하고 있다. 그가 보기에 가장 좋은 경제정책이란 이렇듯 자연 법칙에 맡겨 국가가 간섭하지 않는 것이었다.

이러한 사마천의 사상은 이후 상공업 발전을 주장한 중국 명청대明淸代 사상가인 황종희, 고염무, 왕부지 등과 맥을 같이한다. 기원전 2세기에 이미 이렇듯 탁월한 사상이 논리적으로 정리되고 있다는 점에 대하여 참으로 놀라움을 금할 수 없다.

공자에 대한 사마천의 평가

당시 시대에서 이익 추구란 유학에서 말하는 이른바 '도道'에 부합되지 않는 것이었다. 《논어》는 공자가 이利에 대해서 거의 말을 하지 않았다는 점을 기록하고 있으며, 또 "군자는 의義에 즐거워하고, 소인은 이利에 즐거

위한다"고 기술하였다.

《맹자》〈양 혜왕〉에는 양 혜왕과 맹자의 대화를 소개하고 있는데, 맹자는 양 혜왕에게 인의에 대해서만 얘기할 것을 요구하고 이익에 대해서는 말하지 말아 달라고 요구한다. 이렇듯 공맹의 도道는 이익을 말하는 것을 반대하였다. 이익을 말하는 것을 반대한다는 의미는 곧 '이익을 말하는 것'에 그 존재 의미가 있는 상인에 대한 반대라는 뜻을 지니고 있었다.[17]

현재 《사기》 연구자들을 비롯하여 많은 사람들은 사마천이 공자를 특별히 존경했다고 분석한다. 그 이유로 제시하는 논거로는 왕이나 제후도 아니었던 공자를 먼저 〈세가世家〉 편에 편입시켜 찬술했다는 점을 든다. 그리고 공자가 《춘추》를 저술한 점을 본받아 《사기》를 저술했다는 사실에서 사마천이 공자를 존숭했다는 중요한 증거로서 제시하고 있다.

사실 〈태사공자서〉를 살펴보면, 곳곳에서 《춘추》에 대하여 사마천이 얼마나 높이 평가하고 있는지가 잘 드러난다.

"모름지기 《춘추》는 위로는 삼대 성왕의 도를 밝히고 아래로는 윤리 법칙을 수립하여 인간사의 기강紀綱을 판별합니다. 그것은 혐의를 분별할 수 있고 시비를 판명하여 사람으로 하여금 머뭇거리지 않고 일을 결정하게 합니다. 또한 좋은 사람이 될 것과 좋은 일을 할 것을 장려하고 악한 사람과 악한 일을 징벌하며, 현능한 사람을 존중하고 못난 사람을 물리치게 하며 이미 망해 버린 국가는 그것의 국명을 보존하고, 이미 끊어져 버린 후대는 그것을 계승시키며 뒤떨어진 지역을 구제하도록 하며, 이미 폐기된 일을 다시 일으켜 세웁니다. 이 모든 것은 왕도의 가장 중요한 강령입니다."

"어지러운 세상을 수습하여 태평세대로 되돌려 놓는 데는 오직 《춘추》

에 의지할 수밖에 없습니다. 《춘추》는 단지 수만 자이지만, 그것의 대의大義는 수천 조항입니다."

"나라의 군주는 《춘추》를 알지 못하면 안 됩니다. 만약에 알지 못하면 눈앞에 아첨하는 소인이 있어도 알아내지 못하고, 뒤에 난신적자亂臣賊子가 있어도 그것을 판별해 내지 못합니다. 만약 신하가 《춘추》를 읽지 않게 되면 일상사에 임해서도 적절하게 처리할 수 없고, 돌발적인 사건을 당해서는 더더욱 대처할 방법을 알지 못하게 됩니다.

군주나 아버지로서 《춘추》의 대의에 통달하지 못한 자는 반드시 씻을 수 없는 최악의 더러운 오명을 뒤집어씁니다. 또 신하로서 《춘추》의 대의에 통달하지 못하면 반드시 찬위와 시해의 법망에 빠져 사죄死罪를 받게 됩니다. 그들은 마땅히 해야 할 일로 여기고 행하지만 대의에 부합되는지의 여부를 모르기 때문에 사관이 그에게 허튼 말을 한다고 해도 그는 도리어 반박하지 못합니다.

예의의 요지에 통달하지 못하면 군주는 군주답지 못하고 신하는 신하답지 못하며, 아비는 아비답지 못하고 자식은 자식답지 못하는 상황이 됩니다. 군주가 군주답지 못하면 곧 신하가 그를 범하게 되고, 신하가 신하답지 못하면 곧 신상에 주살을 당하게 됩니다. 그리고 아비가 아비답지 못하면 곧 은정이 없고, 자식이 자식답지 못하면 곧 불효한 패륜아가 됩니다.

이 네 가지 행위는 천하에서 가장 큰 과오입니다. 이 '천하의 가장 큰 과오'라는 죄명이 씌워지게 되면 오직 받아들일 수밖에 없고 이를 사양할 길이 없습니다. 그러므로 《춘추》라는 이 경전은 명백히 예의의 대종大宗입니다."

또 사마천은 〈태사공자서〉에서 아버지의 말을 인용하여 이렇게 기술하고 있다.

'나의 선친께서는 '주공이 죽은 뒤 500년 만에 공자가 태어났다. 그리고 공자가 서거한 뒤 오늘에 이르기까지 다시 500년이 흘렀다. 과연 어떤 사람이 성세盛世를 계승하고《역전易傳》을 정리하며 위로《춘추》를 잇고《시》,《서》,《예》,《악》의 정화를 소화시킬 수 있겠는가?' 라고 말씀하셨다. 이렇게 할 뜻이 있는가? 이렇게 할 뜻이 있는가? 내가 어찌 이 역사적 중임을 사양할 수 있겠는가?"

뿐만 아니라 〈공자세가〉의 말미에서도 사마천은 공자에 대하여 지극한 존경의 평가를 붙인다.

"《시경》에 이런 말이 있다. '높은 산처럼 사람들로 하여금 우러러보게 하고, 큰길처럼 사람으로 하여금 따라가게 한다(고산앙지 경행행지高山仰止 景行行止).'

비록 내가 공자의 시대로 돌아가지 못하지만 마음속으로 항상 그를 동경하고 있다. 나는 공자가 남긴 책을 읽어 보고, 그 사람됨이 얼마나 위대한가를 보고 싶었다. 노나라에 갔을 때 공자의 묘당과 그가 남긴 수레와 의복 그리고 예악기물禮樂器物을 참관하였다. 유생들은 공자의 옛집에서 시간에 맞춰 예절을 연습하고 있었고, 나는 시간이 가는 줄 모르고 그곳에 머물러 떠날 수가 없었다.

자고이래로 천하에 군왕에서 현인에 이르기까지 너무도 많은 사람들이 있었고, 살아 있을 때는 한때 영화로웠지만 죽은 뒤에는 그것으로 끝이었다. 공자는 평민이었지만 10여 세대를 이어 학자들이 그를 존숭한다. 위로 천자와 왕후로부터 중원에서 육예六藝를 공부하는 사람들은 모두 공자를 표준으로 하여 시비를 판단하고 있으니, 공자는 진실로 가장 높이 솟아 있는 성인이라고 말할 수 있겠다!"

분명 사마천이 공자를 존경하였던 점은 부인할 수 없다. 그러나 사마천은 다른 여느 사람들처럼 공자를 맹목적으로 따르거나 교조적인 추종을 하지 않았다. 〈화식열전〉에서도 공자의 가르침을 우회적으로 비판하고 있다. 이를테면 공자를 빛낸 데에는 공자가 그토록 경시하고 비판했던 부富와 이익利益을 축적한 제자 자공의 공功이 대단히 컸다는 점을 기술함으로써 기막힌 아이러니를 이야기하고 있다.

〈유림열전〉에서는 동중서나 공손홍 등 당대 대표적 유가사상가들의 위선을 신랄하게 비판한다. 즉 사마천은 상황에 따라서, 사안별로 달리 평가하고 있는 것이다. 이로부터 사마천이 복안을 가졌다는 평가도 나온 것이며 지식인의 자세가 어떠해야 하는가를 보여 준다.

사마천은 어떤 개인에 대한 총체적 평가 대신 사안별로 기술하고 무리하게 평가하는 대신 사실fact을 가감 없이 그대로 기술함으로써 독자와 후세인들에게 그 평가를 맡기고 있는 것이다.

사회풍속사의 장을 연 〈화식열전〉

〈화식열전〉은 전국 각지의 사회 경제상황 및 풍속에 대한 최초의 전면적이며 체계적인 총정리라고 평가할 수 있다.

사마천의 사회풍속사에 대한 기술은 기존 문헌과 현지답사의 토대 위에서 이루어졌다. 춘추전국시대에 각지의 풍속에 대한 수집은 제도적인 보장에 의하여 관련된 문헌기록이 형성되었으나, 진나라 말기 대혼란의 와중에 상당량의 문헌들이 흩어지고 없어졌다. 또한 〈화식열전〉 이전 시기의 사회풍속 문헌은 모두 단편적이고 체계적이지 못하였다.

사마천은 역사학의 시각으로 "천하에 흩어진 옛 사실을 망라하고" 그것을 체계적으로 정리했으며, 이론적으로 그것들 간에 내재하는 관계를 추적하였다. 이는 선진 시대부터 한나라 초기까지의 사회풍속사에 대한 최초의 정리이자 총결산이었다. 사마천은 《시경》과 《서경》 등 고문헌과 《여씨춘추》, 《회남자淮南子》 등의 문헌에 의거하여 각지의 사회풍속을 분석하였고, 자신이 현지를 답사하고 수집한 자료를 이용하였다. 사마천은 당시 시대에서 천하를 가장 많이 답사한 인물이었다.

그는 〈태사공자서〉에서 자신의 '천하 답사'에 대하여 기술하고 있다.

"스무 살이 되어서는 남쪽으로 유력遊歷하여 장강과 회하淮河에 갔고, 일찍이 회계산에 올라가 우혈禹穴을 찾아 살피고 순 임금이 묻혀 있는 구의산九疑山을 조사하였다. 그리고 원수沅水와 상수湘水를 건넜다. 다시 북쪽으로 길을 떠나 문수汶水, 사수泗水를 건너 제齊와 노魯의 대도시에 이르러 현지의 학사 대부들과 학술을 토론하고 공자가 궐리闕里 등지에 남긴 유풍을 관찰하였으며, 추현鄒縣 역산嶧山에서 거행된 고대 향사鄕射를 참관하였다.

파鄱, 설薛, 팽성彭城 등지에서 일련의 곤란을 당하였으나 다시 양梁, 초楚를 거쳐 고향으로 돌아왔다. 이때 천遷은 낭중郎中으로서 한나라 조정의 사명을 받들어 서쪽으로 가서 파촉巴蜀 이남 방면을 토벌하고 남쪽으로 가서는 공邛, 작筰, 곤명昆明 등의 지방을 경략하고 비로소 조정으로 돌아왔다."

사마천은 자신이 직접 다녀온 곳에 대한 현지 조사와 분석에 대단히 자부심을 지니고 이를 기술하고 있다. 예를 들어 〈오제본기〉 말미에 사마천은 자신의 실지 답사와 관련하여 이렇게 말하고 있다.

"나는 일찍이 서쪽으로는 공동空桐에 이르고 북쪽으로는 탁록涿鹿을 지나왔으며, 동쪽으로는 바다까지 가고 남쪽으로는 장강長江과 회수淮水를 건넌 적이 있었다. 그곳의 고로故老들이 자주 황제, 요, 순 임금을 칭송하는 곳에 가 보면 그곳의 풍교風敎는 다른 곳에 비해서 과연 달랐다."

사회풍속에 대한 체계적 분석

〈화식열전〉에서 사마천의 위대한 공헌 중 하나는 곧 전국 각지의 사회풍속에 대한 이론적인 분석과 연구로 사회풍속사의 체계를 이루었다는 점이다. 반고班固는 《한서漢書》 중에 〈지리지地理志〉를 편찬하였는데, 여기에서 그는 지역 구분과 각지의 풍속에 대한 기술 방식에 있어서 사마천을 그대로 모방하였다.

사마천은 각지 사회풍속을 서술할 때 물산, 기후, 지리, 수토水土 등 자연조건과 역사 전통, 정치 변천, 인구이동, 지연관계 등의 인문사회 조건을 언급하고 있으며, 동시에 그것들의 내재 관계를 분석하였다.[18]

사마천은 자연지리 환경이 사회풍속에 커다란 영향을 미친다는 점을 거듭 기술하고 있다. 관중 지역은 "비옥한 평야가 천 리이고", "그 백성들은 농업과 오곡 재배를 즐겨 하고 좋지 않은 일을 감히 하지 않는다." 파촉 지역은 "역시 비옥한 들판으로서 잇꽃, 생강, 주사朱砂와 돌, 구리, 철, 대나무 그리고 목재로 만든 기구器具들이 풍부하게 생산된다. (중략) 통하지 않은 곳이 없다." 삼하三河 지역은 "토지는 협소하고 인구는 많아서 (중략) 민간의 풍속은 자질구레하고 검약 인색하다." 제의 지역은 "옥토가 천 리를 넘으며", "그 풍속은 조용하고 활달하다. (중략) 천성이 온건하고 무게가 있으며 의지가 굳어 쉽게 마음을 바꾸지 않는다."

사회풍속에 대한 역사 전통의 영향 측면에서도 사마천은 정밀한 분석을 하고 있다. 이를테면, 관중 지역은 "공류公劉는 주나라 사람들을 빈邠 지방에 인솔해 왔고, 대왕大王과 왕계王季는 또 기산岐山으로 이주하였으며 문왕이 풍豊을 경영하였고 무왕은 호鎬를 다스렸다. 그러므로 이곳 백성들은 아직 선왕이 남긴 유풍을 보존하고 있다."

종種, 대代는 "진晉나라가 분열되기 전부터 그들의 포악함은 오랜 두통거리였다. 그러나 무령왕武靈王이 그들의 상무 정신을 더욱 북돋았기 때문에, 이곳의 풍속에는 조나라의 유풍이 남아 있다." 중산은 "땅이 척박하고 인구가 많은데다가 사구沙丘 일대에서 음란함으로 행했던 지역의 후손들이 있는데, 이들의 풍속은 조급하고 투기에 능하며 이익을 보는 것으로 먹고 살았다." 추鄒와 노魯는 "아직도 주공의 유풍이 남아 있어 유학자를 좋아하고 예의제도가 완비되어 있다."

사마천에 의하면, 정치 변동 역시 사회풍속에 직접 영향을 미친다. 관중 지역의 사회풍속 변화는 주로 진나라의 국력 변화에 영향을 받았다. 진나라가 변두리에서 옹雍으로 옮겨 정도하고, 다시 옹에서 역읍櫟邑으로 도읍을 옮겼으며, 다시 역읍에서 함양咸陽으로 도읍을 옮겼다. 그러다가 한나라 때 다시 장안으로 정도하였는데, 이러한 정치 변동으로 인하여 관중의 풍속은 "선왕이 남긴 유풍을 보존하여 농업과 오곡 재배를 즐겨하고 좋지 않은 일을 감히 하지 않는" 것에서 "백성들은 놀이와 기이한 일에 습관이 들었고 상공업에 종사하는" 것으로 변화되었다.

추와 노 지역은 본래 "주공의 유풍이 남아 있어 유학을 좋아하고 예의제도가 완비되었지만", "노나라가 쇠해지자 이곳 사람들은 장사를 좋아하고 이익을 추구하였는데 낙양의 주나라 사람들보다 더욱 적극적으로" 되었다.

한편 인구 이동은 이주민과 현지 주민 간에 상호 교류가 발생함으로써 현지 풍속이 변화한다. "전국시대 말기에 위나라 도읍은 복양에서 야왕野王 지역으로 옮겼는데, 야왕 사람들이 기개를 좋아하고 임협을 행하는 것은 위나라의 유풍이다." 남양南陽은 원래 "하나라 사람들의 집단 거주지"

인데, "진나라 말기에 불궤지민不軌之民이 남양으로 강제 이주되었고 (중략) 각종 잡사를 벌이기를 좋아하고 상업을 경영하는 사람이 매우 많다."

동시에 여러 다른 방식의 인구 이동 역시 풍속에 영향을 미친다.

종種, 대代는 "오랑캐와 인접하여 자주 침략을 당하였다. 그곳 사람들은 서로 강직함을 자랑하며 호기를 부리고 임협任俠이 되어 불법 행위를 일삼으며, 농사나 상업에는 종사하지 않았다. 그러나 북쪽 오랑캐와 인접해 있어 군대가 자주 출동하기 때문에 (중략) 주민은 갈족이나 이족처럼 성질이 고르지 못하였다."

지연地緣 관계는 상이한 지역의 풍속에 유사성을 만든다. 지연 관계로 인하여 인접하는 두 지역의 사회풍속은 종종 유사성과 일치성이 나타나게 된다. 이와 관련하여 사마천 역시 분명하게 지적하고 있다.

"천수天水, 농서隴西, 북지北地, 상군上郡은 관중 지역과 유사한 풍속을 지니고 있다.", "정鄭과 위衛의 풍속은 조趙와 비슷하지만 양梁과 노魯에 가깝기 때문에 약간 장중하고 기개를 숭상한다."

아울러 특수한 지리 위치와 교통 상황 역시 사회 풍속에 여러 모습의 영향을 미친다. 사마천은 이렇게 지적하고 있다.

"진나라 문공과 목공 시대에 이르러 옹에 정도하였는데 이곳은 농과 촉의 화물이 반드시 지나가는 길로 수많은 상인층이 형성되었다. 헌공 때 역읍으로 도읍을 옮겼는데, 역읍의 북쪽에서 융戎, 적狄과 대치하였고 동쪽으로는 삼진三晉과 서로 통하여 역시 대상인들이 많았다."

"파촉 지역은 많은 산으로 사방이 막혔지만 다행히도 천리에 걸쳐 만들어진 잔도棧道가 있어 능히 사방으로 통할 수 있고, 한중의 포야褒斜에서 파촉으로부터 관중으로 가는 통로의 입구만 장악한다면, 충분히 현지의 남는 산품으로써 부족한 물건을 바꿀 수가 있다."

"진陳은 초楚와 하夏가 만나는 곳에 위치하며 물고기와 소금을 유통하여 상업에 종사하는 사람이 많다."

1.
〈화식열전〉, 최초의 지역경제론

사마천은 각 지역의 경제 상황을 분석할 때 그 지방의 민속 특징도 함께 기술하고 있다. 그는 먼저 관중 지역의 자연조건과 경제 특징 그리고 민속 특징을 분석한다. 그는 관중의 자연조건이 "견汧현과 옹雍현 동쪽부터 황하와 화산華山에 이르기까지 비옥한 평야가 천 리이고 우虞와 하夏 이래 이곳은 가장 좋은 땅으로서 제1등급의 세금을 부과하였다"라고 기술한다. 매우 비옥하여 농업 발전에 적합하다는 것이다.

이어서 "이곳 백성들은 아직 선왕이 남긴 유풍을 보존하여 농업과 오곡 재배를 즐기고 좋지 않은 일을 감히 하지 않는다"고 기술함으로써 관중 사람들이 일반적으로 농업에 종사하면서 소박하게 살고 있는 풍속을 소개하고 있다. 또 관중은 농과 촉과 교류하는 교통요지로서 교통이 대단히 편리하기 때문에 상업 발전에 양호한 지리적 자연조건을 구비함으로써 상업이 매우 발전하고 백성들도 부유할 수 있게 되었다는 점에 대하여 기술하고 있다.

사마천은 동일한 방식에 의하여 다른 지역의 상황도 분석한다.

독자들은 사마천의 분석을 통하여 각 지역의 지리적 자연조건과 그곳에서 생산되는 상품들이 서로 상이하며, 이로 인하여 각지의 생산 경영방식 역시 달라진다는 점을 알 수 있다. 이렇게 하여 각 지역에 서로 상이한 경제적 특징이 형성된다. 동시에 상이한 지역의 자연지리 환경은 각 지역 문화의 상이한 특색을 형성하는 중요한 조건이라는 점을 알려 준다.

이를테면, 추鄒와 노魯 지역은 원래 "산림과 소택沼澤의 자원은 없으며, 땅은 협소하고 사람은 많기 때문에" 농업 발전에 부적합하지만, "아직도 주공의 유풍이 남아 있어 유학자를 좋아하고 예의제도가 완비되어 있기" 때문에 그곳 사람들은 줄곧 뽕과 마麻를 심어 농업에 종사하고 있다. 이는 문화 풍속이 생산 경영방식에 대하여 큰 영향을 미치고 있다는 사실을 증명해 준다. 그러나 추와 노 지역은 인구는 많고 땅은 비좁아 농업으로써 부를 이룰 수 없기 때문에 갈수록 사람들이 상업에 의한 부의 축적이라는 길로 갔으며, 심지어 상업 전통으로 유명한 주나라 사람들보다 더욱 적극적으로 되었다.

추와 노 지역 사람들이 생산경영 방식을 변화시켜 농업을 포기하고 상업에 종사한 것은 후퇴가 아니라 오히려 일종의 진보다. 왜냐하면 그들은 과거의 풍습과 전통에 얽매이지 않고 그 지역의 실제 상황에 근거하는 생산경영을 훌륭하게 발전시켰기 때문이다.

이것이 사마천이 말하는 '가장 좋은 정책은 '인지因之', 즉 상황에 적절하게 따르는 것'이다. 사마천은 태공망을 대단히 흠모하였다. 태공망은 "땅은 소금기가 많은 개펄이었고, 인구는 매우 적은" 제나라의 실제 상황에 근거하여 "여자들에게 방직, 자수 등의 일을 권장하고 동시에 어업과 염업을 개발함으로써" 제나라를 부강하게 만들었던 것이다.

사마천은 이러한 경제 지리와 민속에 대한 분석을 통하여, 인간들이 생산경영 활동에서 각 지역의 실제 상황에 근거하여 현지에 적합한 생산경영을 발전시켜야 한다고 역설하였다. 그럼으로써 자연자원을 더욱 잘 이용할 수 있으며 그럴 때 비로소 그 이익도 극대화될 수 있음을 우리에게 알려 주었다.

2.
│ 거시적 고찰과 미시적 분석

사마천은 전국 각 지역의 경제 조건을 기술하면서 거시적 고찰과 미시적 분석을 결합시켜 상이한 측면과 시각으로 전국 각 지역을 심층적으로 분석하였다.

거시적 측면에서 그는 기후, 물산, 경제생활 등의 정황에 의거하여 전국을 산동, 산서, 강남, 용문갈석의 4대 대지역으로 나누었다. 그러나 각지의 풍속 및 그 상호관계가 매우 복잡하게 착종되어 있기 때문에 사마천 스스로도 이러한 구분이 단지 개괄적이라는 점을 밝히고 있다.

사마천은 〈화식열전〉에서 이렇게 기술하고 있다.

"초와 월 지역은 땅은 넓고 인구는 적으며 쌀밥과 어류를 식용으로 하며 화경수누火耕水耨하고 있다. 과실과 어패류는 외지에서 구입할 필요가 없이 능히 자급자족할 수 있다. 지리 조건이 풍부한 먹을거리가 있게 만들어 기근 발생을 걱정할 필요도 없다. 바로 이러한 이유로 인하여 사람들은 그럭저럭 아무렇게나 게으른 태도로 살아가기 때문에 저축도 하지 않고 대부분 가난하다. 그러므로 양자강과 회수淮水 이남은 추위에 떨고 굶주리는 사람도 없지만 동시에 천금千金의 재산을 가진 부자도 없다.

　기수沂水와 사수泗水 이북은 오곡과 뽕, 마의 재배와 가축 사육에 적합하지만 땅은 협소하고 인구는 많으며 자주 수해와 가뭄의 재해를 당하기 때문에 사람들은 물자를 비축해 놓는 일에 익숙하다. 그러므로 진秦, 하, 양, 노의 백성들은 농사짓기를 좋아하고 농민들을 존중한다. 삼하三河, 완宛, 진陳 지역 역시 그렇지만 동시에 상업에도 종사한다. 제와 조 사람들은 매우 총명하고 기묘한 계책을 잘 내어 총명한 기지로써 재리財利를 얻는다. 연燕과 대代의 백성들은 농사와 목축을 하면서 또 양잠에 종사한다."

　이는 각지 사회풍속에 대한 개략적 기술로서 사마천은 "천하 각지의 물자는 부족한 곳도 있고 남는 곳도 있으며, 백성들의 풍속 역시 그에 따라 약간씩 상이하다. 산동에서는 해염海鹽을 먹고 산서山西에서는 지염池鹽을 먹으며 5령 이남과 사막 이북 등의 많은 지방에서 역시 소금이 생산되었다. 지역으로 인하여 달라진 대체적인 사정은 이와 같다"고 덧붙인다.

　미시적 측면에서 사마천은 각지 조건의 특징과 상호 간 내재 관계에 근거하여 4대 대지역을 다시 구분하여 관중, 파촉, 삼하, 발갈勃碣, 제, 추, 노, 양, 송, 3초, 구의九疑에서 담이儋耳까지 소지역으로 나누었고, 아울러 세밀한 분석을 덧붙이고 있다.

　관중 지역은 "아직 선왕이 남긴 유풍을 보존하고 있고", 도읍으로 된 뒤 "사방 사람들이 마치 수레바퀴 축에 바퀴살이 모이는 것처럼 모여들어 매우 작은 곳에 인구는 많아 함양 백성들은 놀이와 기이한 일에 습관이 들었고 상공업에 종사하였다."

　파촉 지역은 "많은 산으로 사방이 막혔지만 다행히도 천 리에 걸쳐 만들어진 잔도棧道가 있어 능히 사방으로 통할 수 있고, 한중의 포야褒斜에서 파촉으로부터 관중으로 가는 통로의 입구만 장악한다면, 충분히 현지의 남는 산품으로써 부족한 물건을 바꿀 수가 있다." 삼하三河 지역은 "그 풍속이 자질구레하고 검약 인색하다."

발해와 갈석碣石은 "땅은 요원하고 인구는 희박하며 늘 호인의 침략과 약탈을 당한다. 조와 대代 지역과 풍속은 매우 비슷하다. 그곳 사람들은 독수리처럼 민첩하고 사나우며 두뇌가 비교적 단순하여 사려하는 것에 능하지 못하다."

제齊는 "그 풍속이 조용하고 활달하며 지식이 풍부하고 논의를 애호하며 천성이 온건하고 무게가 있으며 의지가 굳어 쉽게 마음을 바꾸지 않는다. 무리를 지어 대진할 때는 겁을 내지만 오히려 혼자서 무기를 들고 베고 찌르는 일에는 용맹스럽다. 그러므로 적지 않은 사람들이 강탈로써 삶을 도모하는 것 역시 대국의 기개라 할 수 있다."

추鄒와 노魯는 "아직도 주공의 유풍이 남아 있어 유학자를 좋아하고 예의제도가 완비되어 있으며 (중략) 노나라가 쇠해지자 이곳 사람들은 장사를 좋아하고 이익을 추구하였는데 낙양의 주나라 사람들보다 더욱 적극적이다."

양梁과 송宋 지역은 "그 풍속이 아직 선왕의 유풍을 유지하고 있어 중후하고 충실하며 군자들이 많다. 사람들은 농사를 좋아한다."

서초西楚 지역은 "그 풍속이 용감하고 사나우며 경솔하다. 사람들은 쉽게 화를 내며 천성은 각박하여 재산을 모은 사람이 극히 적다." 동초東楚 지역은 "그 풍속이 서徐, 동僮 지역과 비슷하다. 구朐와 회繪 두 곳의 북쪽은 풍속이 제나라와 같다. 절강 이남은 곧 월 지역이다." 남초南楚 지역은

"그 풍속이 서초西楚와 대단히 비슷하다." 구의九疑와 창오蒼梧에서 남쪽으로 담이까지는 "그 풍속이 강남과 대체로 비슷하다."

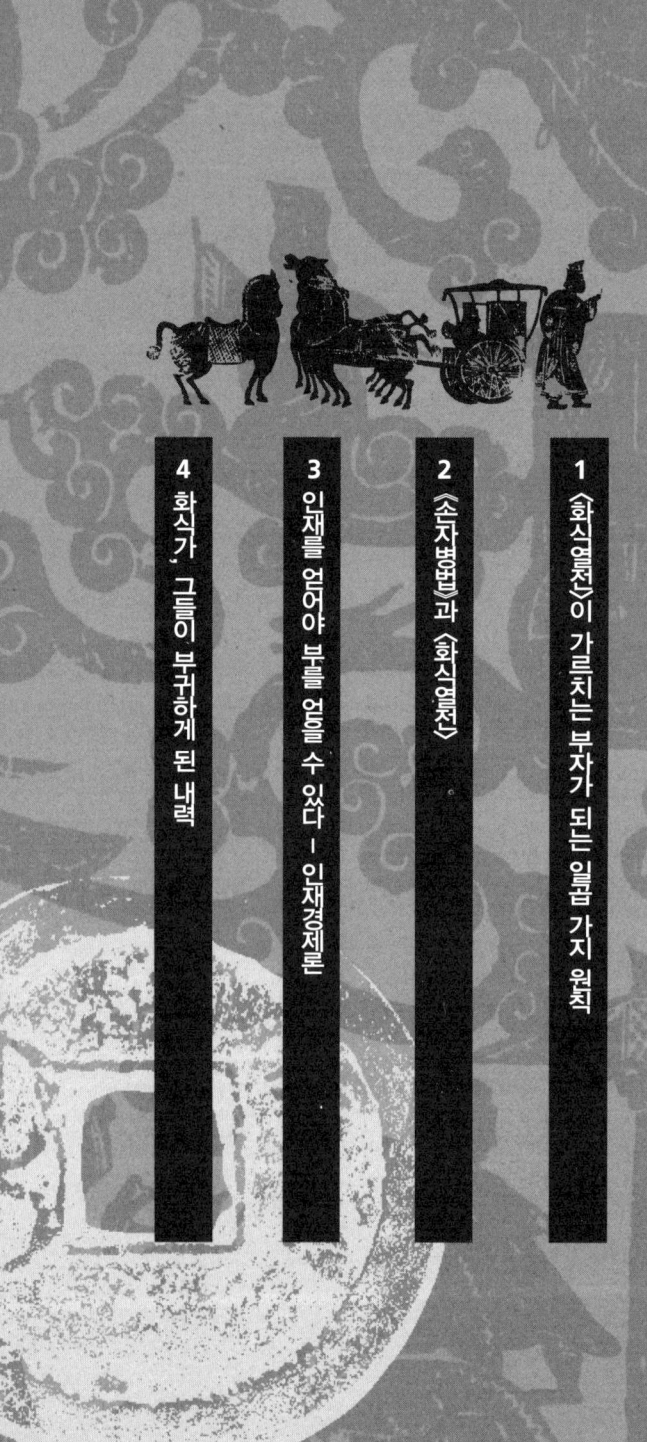

1 《화식열전》이 가르치는 부자가 되는 일곱 가지 원칙

2 《손자병법》과 《화식열전》

3 인재를 얻어야 부를 얻을 수 있다 ― 인재경제론

4 화식가, 그들이 부귀하게 된 내력

3 〈화식열전〉이 가르치는 부자론

나는 경영을 할 때는
이윤이나 강태공이 계책을 실행하는 것처럼 하고
손자와 오기가 작전하는 것처럼 하며
상앙이 법령을 집행하는 것처럼 한다.

〈화식열전〉이 가르치는
부자가 되는 일곱 가지 원칙

사마천이 〈화식열전〉에서 '화식가'의 대표로서 선택하여 기술한 인물은 다만 10여 명뿐이다. 〈화식열전〉의 대표로 선택되는 데는 엄격한 제한이 존재하였기 때문이다.

〈화식열전〉에서 언급되고 있는 화식가는 당시의 수많은 화식가들 중에서도 대단히 우수했던 군계일학의 상인이었다. 그들이 상업 경쟁에서 탁월한 수완을 발휘할 수 있었던 것은 반드시 남보다 뛰어난 장점을 지니고 있었기 때문이다.

사마천은 이들에 대하여 자본과 실력 축적 과정에서 각자가 지니고 있는 갖가지 장점을 기술하여 사실적으로 묘사하고 있다. 이들은 모두 '사람들이 생각하지 못한 방법으로 승리(기승奇勝)'를 거두었던 것이다.

사마천의 눈으로 보기에, 사업 현장에서의 이들은 전쟁터에서 계책을 내고 천 리 밖의 승리를 결정하는 모사謀士와 지자智者들에 비하여 전혀 뒤지지 않았다.

1.
시기를 포착하라

사마천은 〈화식열전〉에서 상업을 경영함에 있어 "때를 아는 지시知時", "때에 맡기는 임시任時", "때를 잡아내는 취시趣時"가 반드시 준수해야 할 원칙이라는 점을 지적한다.

이른바 '시時'는 주로 시장 상황의 변화를 가리킨다. 무릇 시장 상황이란 천변만화의 복잡다단한 과정으로서 오로지 그 복잡한 현상에서 변화의 추세와 규율성을 찾아낼 때 비로소 '여시축(與時逐: 때에 맞추어 따라가다)'이 가능해진다.

그런데 '시時'에는 자연적 시기와 정치적 시기 그리고 시장에 있어 상품가격 등락의 시기가 있다. 저렴한 물건을 구매하고 값이 나가는 물건을 판매하는 최적의 시기를 포착하기 위해서는 반드시 시기에 대한 분석이 필요하게 되며, 이것이 현대에서 말하는 '상품 동향의 예측'이다.

그렇다면 과연 이러한 시기를 어떻게 포착할 수 있는 것인가?

이 문제에 있어서 핵심적인 관건은 무엇보다 시장에서 상품의 가격 변화 규칙을 파악하는 것이다. 시장 상품의 가격 변화를 예측하고 시기를 포착하여, 시기가 도래했을 때 그것을 놓치지 않아야 하는 것은 전쟁과 동일한 이치다. 적이 생각하지 못한 곳에 모습을 드러내고, 상대가 준비하지 못한 곳을 공략함으로써 일거에 상품을 시장에 투입하는 것이다. 그리고 다른 상인들이 아직 미처 상황을 파악하지 못하고 있을 때, 다른 사람들이 생각하지 못한 상품을 수집하고 비축하여 때를 기다리다가 정확한 시기에 시장에 내놓는다.

그런데 어느 상품의 가격이 극에 이르면, 생산자들은 더욱 생산에 박차를 가하여 결국 시장이 포화상태가 되고 가격은 자연히 하락하게 된다. 가격이 바닥에 이르게 되면, 생산자들이 감소하여 서서히 그 상품이 희귀해진다. 그리하여 계연은 "가뭄이 들 때 배를 준비하고, 홍수가 들 때 수레를 준비하였고", 범여는 '여시축與時逐' 했으며, 백규는 "때의 변화를 살피는 것을 즐겨 하였다." 이 모두 시장 상황에 대한 정확한 파악을 강조하고 있으며, 시장 수요를 조사하여 '시기에 맞춰 비축하고' 수요공급의 규율을 활용하여 큰 이익을 얻는다는 점을 말하는 것이다.

이 전략을 가장 효과적이고 성공적으로 구사한 사람은 바로 주나라의 백규와 선곡 임씨다.

백규는 '때(시기)'의 변화를 즐겨 관찰하고(낙관시변樂觀時變) "사람들이 버리면 나는 취하고, 사람들이 취하면 나는 준다(인기아취, 인취아여人棄我取, 人取我予)"는 원칙에 따라 곡물이 익어 가는 계절에 그는 양곡을 사들이고 비단과 칠漆을 팔았으며 누에고치가 생산될 때 비단과 솜을 사들이고 양곡을 내다팔았다. 백규는 상품이 계절에 따라 시장에 나타나는 이러한 틈을 교묘하게 이용하여 커다란 이익을 얻었다.

선곡 임씨가 구사한 치부致富의 방식은 백규와 그 방법은 달랐지만 효과는 동일하였다. 임씨는 전쟁 상황에서 가장 필요한 것은 곧 식량이라는 점을 잘 알고 있었다. 그래서 진나라 말기 "호걸들이 모두 앞을 다투어 금과 옥을 차지할 때", 임씨는 반대로 땅굴을 파고 그곳에 식량을 저장하였다. 과연 전쟁이 계속되자 "백성들이 농사를 짓지 못하여 쌀값이 만금에 이르렀다." 이때 임씨는 저장된 식량으로 호걸들의 금은과 바꿔 큰 재산을 모았다.

그러나 다른 부자들은 모두 앞을 다투어 사치했으나 임씨는 오히려 자신의 신분을 낮추고 겸손했으며 절약을 숭상하면서 스스로 힘써 농사와 목축업에 종사하였다. 논밭과 가축도 다른 사람들은 앞을 다투어 모두 싼 값으로 매입하였지만 오직 임씨만은 비싸고 우량한 것을 매입하였다. 그들 가문은 몇 대에 걸쳐 모두 대부호로 살았다.

〈화식열전〉은 계연에 대하여 "한즉자주, 수즉자거, 물지이야旱則資舟, 水則資車, 物之理也"라고 기술하고 있다. 여기에서 '이理'는 상업 활동 자체의 규율성을 가리킨다. 상인은 시기를 기민하게 포착해야 하고 예측력을 강화시킬 때만 비로소 그 '이理'에 적응할 수 있으며 상업이라는 전쟁에서 승리할 수 있는 것이다. 가뭄이 들 때 미리 선박 용품을 준비하고 비축해야만 수해가 발행했을 때 그것을 팔아 큰 이윤을 남길 수 있다. 홍수가 발생한 그때가 되어서야 뒤늦게 선박용품을 마련하려 한다면 이미 최적의 이윤 획득 시기를 놓친 것이다.

이밖에 범여와 교요 역시 사업의 시기를 포착하는 데 정확하였다. 교요는 국가가 변경을 개척하는 기회를 이용하여 목축업을 발전시켜 소와 말, 양이 만 필이었고, 식량은 만 종으로 계산하였다.

2.
| 적재적소의 뛰어난 용인술

《사기》〈유경숙손통열전〉에서 사마천은 속담을 인용하여 이렇게 말한다.

"천금의 갖옷은 여우 한 마리의 겨드랑이 가죽만으로 만든 것이 아니고, 높은 누대의 서까래는 한 그루의 나뭇가지만으로 만든 것이 아니듯이, 하, 은, 주 삼대의 태평성대는 한 사람의 지혜로 이룬 것이 아니다."

무릇 천하의 모든 일은 많은 현재賢才를 필요로 하는 것이다.

고객을 만족시키기 위해서는 먼저 자기의 일꾼, 즉 직원을 만족시켜야 한다.

직원을 만족시키기 위해서는 반드시 적재적소, 적절한 직원을 적절한 자리에 배치해야 한다. 적절한 직원을 적절한 자리에 배치하는 것에는 이른바 '인물을 알아보는 혜안'을 지녀야 한다. 고객의 수요에 의거하여 직원의 장단점을 파악하고, 그런 연후에 장점을 키우고 단점을 극복할 수 있도록 적절하게 사람을 기용하고 일을 맡겨야 한다.

〈화식열전〉은 수미일관하게 사람을 잘 알아보고 기용함으로써 부를 쌓은 경우를 기술하고 있다.

사람을 잘 알아보고 적재적소에 쓸 수 있는가의 여부와 믿을 수 있는 조력자를 고르는 능력 역시 화식가의 능력을 가늠하는 중요한 기준이다. 범여는 사람을 선택하는 데 능했으며, 연로했을 때는 자손에게 맡겨 경영하도록 하여 거만巨萬의 부호가 되었다.

도간刀間의 경우는 더욱 전형적이다. 제나라의 풍속은 노예를 낮고 비천하게 여겼지만, 오직 도간은 그들을 아끼고 중시하였다. 교활하고 총명한 노예는 주인들이 골치 아프게 생각하는 대상이었지만, 오직 도간만이 그들을 받아들이고 또 이용하여 그들을 파견함으로써 자기를 위하여 고기잡이나 제염을 하도록 하거나 혹은 상업에 종사하게 하여 이익을 얻도록 하였다. 그러면서 노예들을 관리들과 교류하게 하였고, 갈수록 그들에게 커다란 권한을 맡겼다. 마침내 그가 이러한 노예들의 힘에 의하여 가문을 일으키고 커다란 부를 쌓아 재산이 수십만 금에 이르렀다.

그러므로 "관직을 받느니 차라리 도간의 노복이 되겠다"라는 속담까지 있게 되었다. 이는 도간이 노복 스스로의 부를 쌓게 하면서 동시에 자신을 위하여 모든 힘을 다하도록 만들었다는 뜻이다.

도간은 교활한 일부 노예들의 본성을 활용함으로써 노예들 스스로도 부자가 되었고 자신 역시 엄청난 거부가 되었다. 일부 성격이 좋지 못한 사람이라도 좋은 지도자가 이끄는 그러한 '상황'과 '교육'의 힘에 의하여 자신에게도 이익이 있고 다른 사람에게도 이익을 주는 일을 해낼 수 있게 되는 것이다.

또 사사師史는 당시 "가난한 사람들이 부자들을 본떠 항상 자기가 외지에서 장사를 더 오래 했다고 자랑하면서 많은 사람들이 고향 마을을 여러 차례나 지나쳤지만 집에 가지 않았는데, 그는 이러한 사람들을 고용하여 각자 일을 맡겨 재산이 7천만 금에 이를 수 있었다."

사마천은 이러한 사례를 통하여 상인들이 용인用人에 능하고 부하들이 그들을 신뢰하게 하며 그들이 지니고 있는 장점을 최대한 발휘하게 함으로써 마침내 재부를 획득할 수 있었음을 강조하고 있다.

3.
│다른 사람이 생각하지 못한 곳에 투자하라

성공한 화식가는 반드시 효과적인 전략을 지니고 있었다. 상업 전략에는 반드시 장기적인 긴 안목이 필요하다. 결코 일시적인 이익에 매몰되어서는 안 된다.

〈화식열전〉은 이에 대한 생동감 있는 이야기를 소개하고 있다.

촉군蜀郡 탁卓씨의 선조는 본래 조趙나라 사람으로 야금업을 통하여 부호가 되었다. 진나라 군대가 조나라를 멸망시키고 탁씨를 강제로 이주시켰다. 탁씨는 포로로 잡히고 약탈을 당하여 부부가 직접 수레를 끌며 새 이주지로 옮겨 갔다. 그곳으로 이주한 다른 사람들은 앞을 다투어 인솔하는 진나라 관리에게 뇌물을 바치고 최대한 가까운 곳에 살고자 간청하면서 가맹현에 거처하였다.

그러나 탁씨는 "이곳 토지는 협소하고 척박하다. 문산汶山 아래에는 드넓고 비옥한 전야田野가 있고 땅속에는 토란이 자라나 능히 양식으로 할 수 있어서 무슨 일이 일어난다고 해도 죽을 때까지 전혀 굶지 않는다고 들었다. 그곳에 사는 많은 사람들이 거리에서 일을 하고 있어 상업을 하기에 유리하다"고 생각하여 일부러 먼 곳으로 이주할 것을 요청하였다. 결국 탁씨는 임공 지역에 배치되었는데, 마음속으로 크게 기뻐하였다. 그리고 곧 철이 생산되는 산에 가서 광물을 채굴하여 풀무질하고 주조하였으며, 인력과 재력을 기묘하게 운용하고 심혈을 기울여 경영하였다.

결국 그는 큰 부자가 되어 전滇과 촉 지역의 사람들 모두 그에게 고용되었다. 그리하여 집의 노복이 천 명에 이르렀고, 자신의 집 안 전원에서 사냥을 즐겨 이러한 향락이 능히 한 국가의 군주에 비견되었다.

탁씨가 이렇게 큰 부호가 된 것은 그가 장기적인 안목을 지녔기 때문이었다. 그리고 이러한 안목은 그가 정보를 정확하게 파악하고 있던 데에서 가능했다.

사마천이 기술한 '화식가'들은 모두 비범한 상업적 안목과 용기를 지니고 있었다.

범여는 교통의 편리라는 점이 상업 성공의 선결 조건이라는 사실을 인식하고 당시 천하의 교통 요지인 도라는 곳을 선택하였다. 전쟁이 발생하여 정국이 매우 불안해지자 다른 부자들이 감히 한나라 황실에 자금을 빌려 주지 못하고 있을 때, 오직 무염씨만은 "천금을 기증하여 열 배의 이자를 받았다." 전쟁 상황은 과연 무염씨의 예측대로 들어맞아 오초칠국의 난은 진압되었다. 1년 안에 무염씨는 원금의 열 배로 받게 되었고, 이로 인하여 그의 재산은 관중 전체의 부와 맞먹게 되었다.

역발상의 지혜

제나라의 풍속은 노예를 낮고 비천하게 여겼지만, 오직 도간刀間은 그들을 아끼고 중시하였다. 교활하고 총명한 노예는 주인들이 골치 아프게 생각하였지만 오직 도간만이 그들을 받아들이고 또 이용하여 그들을 파견하여 자기를 위하여 고기잡이나 제염을 하도록 하였고 혹은 상업에 종사하게 하여 이익을 얻도록 하였다. 그러면서 노예들을 관리들과 교류하게 하였고, 갈수록 그들에게 커다란 권한을 맡겼다. 마침내 그가 이러한 노예들의 힘에 의하여 집을 일으키고 치부하여 재산이 수십만 금에 이르렀다. 그러므로 "차라리 관직을 받느니 도간의 노복이 되겠다."라는 속담은 도간이 노복 스스로의 부를 쌓게 하면서 동시에 자신을 위하여 모든 힘을 다하도록 만들었다는 뜻을 가지고 있다.

선곡 임씨의 선조는 독도督道 지방에서 양식 창고를 관리하는 관리였다. 진나라가 멸망할 때 진나라에 반기를 들고 일어선 호걸들이 모두 금,

옥, 보물을 탈취하였으나 임씨만은 땅굴을 이용하여 곡식을 저장하였다. 그 뒤 항우와 유방이 형양에서 오랫동안 대치하고 있었을 때 부근 백성들이 농사를 지을 수 없었기 때문에 쌀 1석 가격이 1만 전으로 뛰자 호걸들의 금, 옥, 보물이 모두 임씨에게로 넘어왔다. 임씨는 이때 커다란 재산을 모았다.

다른 부자들은 모두 앞을 다투어 사치했으나 임씨는 오히려 자신의 신분을 낮추고 겸손했으며 절약을 숭상하면서 스스로 힘써 농사와 목축일을 하였다. 논밭과 가축도 다른 사람들은 앞을 다투어 모두 싼 값으로 매입하였지만 오직 임씨만은 비싸고 우량한 것을 매입하였다. 그들 가문은 몇 대에 걸쳐 모두 커다란 부호로 살았다.

도간은 이른바 '역발상'의 투자를 실천했던 셈이다. 사람들이 생각하는 상식을 뛰어넘어 그 상식 뒤에 있는 본질을 꿰뚫어 보고 남이 도저히 생각할 수 없는 대상에 과감한 투자를 결행하는 비범함으로써 부를 획득할 수 있었던 것이다.

4.
│ 시장을 예측하라

무릇 사업의 성공이란 시장에 대한 정확한 예측으로부터 비롯된다.

중국 춘추시대 때 '억億'이라는 글자는 '예측豫測'의 의미로 사용되었다. 대유학자 주희朱熹는 이 '억億'에 대하여 "의탁야意度也"라고 풀이하였

다.[19]

이른바 시장 예측이란 곧 시장의 공급과 수요 변화에 영향을 미치는 요인들에 대하여 조사 분석하고 그 발전 추세를 예측함으로써 시장의 수요 공급 변화를 파악하는 것이다.

자공, 계연, 백규 등의 상업 활동에 대한 〈화식열전〉의 구체적인 기술은 바로 이러한 시장예측 이론을 성공적으로 운용한 사례다.

자공은 "물건이 희귀해지면 비싸진다"는 원칙에 근거하여 상품의 수요공급 관계로부터 시장의 변화를 예측하였으며 이에 따라 정확하고 시기에 타당한 결정을 내렸다. 그는 정확한 시기를 포착하여 가격이 저렴할 때 매입하고 가격이 등귀했을 때 판매하여 상품과 화폐의 상호 전화轉化를 통하여 재부의 증식을 거둠으로써 시장 운용을 성공적으로 진행한 전형적 사례를 제시하였다.

또 계연은 천시天時의 변화와 농업생산의 수준에 근거하여 자신의 경영 방식을 예측하고 이를 실행에 옮겼다. 그는 "농업생산은 6년에 한 번 풍년이 들고 6년에 한 번 가뭄이 들며 12년에 한 번 큰 기근이 있다"고 지적하였다. 그는 농업의 풍작과 흉작을 미리 알고 식량 수요공급의 추세를 예측하여 풍작이 들 때 사들여서 비축하고 수해나 흉작, 가뭄이 들 때 판매하였다.

백규는 목성의 운행을 농업 생산의 작황과 연결시켜 시장의 변화를 예측하였다.

5.
| 신뢰는 부를 쌓는 근본이다

백규는 이익을 많이 내고자 할 때는 낮은 등급의 곡물을 사들였고, 곡물의 비축을 늘리고자 할 때는 높은 등급의 종자種子를 사들였다. 당시 곡물은 시장에서 가장 근본이 되는 상품이었고, 소비자의 대부분은 평민들이었다. 그런데 평민들의 요구는 별로 높지 않았고 단지 굶주림만 면하면 그만이었다. 돈을 아끼기 위하여 그들은 질이 약간 떨어지는 곡물을 샀다. 따라서 상인의 입장에서 비축해야 할 곡물은 하등 곡물이었다.

또한 소비자가 모두 평민이었기 때문에 백규는 언제나 박리다매의 경영 책략을 택하여 가격을 높이지 않았다. 대신 상품 유통 속도와 판매 속도를 빨리 하는 방법으로 더욱 많은 이익을 얻었다.

당시에도 많은 상인들은 높은 이익을 손에 넣기 위하여 매점매석하여 일시에 가격을 높였다. 하지만 백규는 식량이 부족할 때 곡물 가격을 올리는 것에 반대하였다. 그는 박리다매가 장기적으로 부를 쌓는 방법이라는 기본원칙을 견지하면서 눈앞의 이익만 생각하는 상인은 결코 큰돈을 벌지 못할 것이라고 강조하였다.

한편 백규는 농민의 생산을 중시하고 그것을 자신의 상품 조달 원천으로 삼았다. 그는 농민에게 우량 품종을 공급하면서 장석두, 취상종長石斗, 取上種의 주장을 제기하였다. 이 말의 의미는 농민이 풍년을 바란다면 반드시 상등上等의 종자를 사들여야 한다는 것이다. 상등의 고급 종자를 사들여야만 곡물의 생산이 증가하여 더 좋은 가격에 팔 수 있는 것이다. 백규는 이렇게 장기적인 안목에서 신뢰를 바탕으로 상업 경영을 농업생산

발전의 토대 위에서 운용하고 상업을 통하여 농업생산을 촉진하며 농업생산의 발전을 통하여 상업경영을 추진하였다.

한편 사마천은 선곡 임씨가 상품의 품질을 매우 중시했음을 기술하고 있다. "논밭과 가축도 다른 사람들은 앞을 다투어 모두 싼 값으로 매입하였지만 오직 임씨만은 비싸고 우량한 것을 매입하였다." 상품의 품질이 이렇게 중요하기 때문에, 그는 계연의 입을 빌어 "쉽게 부패하거나 부식되는 물자는 절대로 오래 비축하거나 희귀한 물건을 쌓아 두고 이익을 노려서는 안 된다"고 경고하였다.

사마천은 상품의 품질에 주목하여 '무완물務完物'을 강조한다.

사회적 수요를 만족시킬 수 있는 상품이라야 비로소 큰 이익을 낼 수 있는 법이다. 사마천은 "비축의 이치란 물건을 완전하게 하는 것(완물完物)"임을 강조한다. 여기에서 '완물'이란 우수한 상품을 지칭하는 용어로, 상품의 품질을 우수하게 만드는 것은 수량 증가로 연결된다. 우수한 상품은 비축에 용이하고 또 상업의 신뢰도도 높여 상품판매의 물질적 기초가 된다. 인간들은 상품을 구매할 때 항상 '좋은 품질의 물건'을 바라기 마련이다. 물건의 품질이 좋을 때(물미物美) 상품은 쉽게 판매할 수 있고, 유통 속도도 빠르게 되며, 경영자 역시 큰 이익을 얻게 된다.

그러나 빨리 변질하는 물건은 최대한 빨리 유통시켜서 결코 수중에 오래 두지 말아야 한다. 이러한 물건은 조금이라도 머뭇거리게 되면 곧 변질되어 그 가치가 상실되거나 파괴되어 경영자의 크나큰 손실로 이어진다.

결국 상품의 품질은 동일 상품의 경쟁에서 중요한 의미를 지닐 뿐만 아니라 상업자본의 운용 과정에서 반드시 고려해야 할 중요한 요인이다.

또 사마천은 "탐고삼지, 염고오지貪賈三之, 廉賈五之"라 하여 "탐욕스러운 상인은 당장 이자를 높게 받아 본전의 10분의 3을 벌고, 깨끗한 상인은 공정하게 장사를 하지만 결국은 신용을 얻어 10분의 5를 벌게 된다"라고 말하였다. 즉 정직한 상인은 소비자의 이익도 잘 고려하여 신용을 지키면서 성실하게 좋은 품질의 상품으로 승부함으로써 결국 커다란 이익을 얻게 되고 큰 부호가 될 수 있다는 것이다.

6.
근검절약하라

평범함 속에 진리가 있는 법이다.

근검절약이야말로 재원財源을 늘리고 지출을 줄이는 첩경이다.

사마천은 근검절약이 화식에 있어서 불변의 정도正道라고 강조한다. 사마천은 〈화식열전〉에서 백규, 조 병씨, 사사, 선곡 임씨 등등 근검절약하는 수많은 거부巨富를 열거하고 있다. 사마천이 '본부위상本富爲上'이라고 기술하면서 농업을 가장 높은 위상에 위치시키는 중요한 원인은 전통의 영향 외에 농업에 종사하는 것이 가장 고된 노동이 필요하며, 따라서 농업에 의한 부의 축적이 가장 어렵다는 점 때문이었다. 그러므로 사마천이 농업을 높이 평가하는 것은 근검절약이라는 미덕에 대한 그의 높은 평가에서 비롯된다.

《사기》는 이러한 근검절약의 좋은 전통을 소개하고 있다.

《사기》〈월왕구천세가〉는 범여가 "구천과 20여 년 함께 일을 도모하여 오나라를 멸하고 회계의 치욕을 갚았으며, 북쪽으로 출병하여 회하를 건너 임치와 진晉에 이르러 중국을 호령하고 주 왕실을 존귀하게 함으로써 구천은 패자가 되었고, 범여는 상장군이 되었다"고 기술한다. 이때 범여는 40여 세였다. 그는 월나라를 떠나 제나라에 들어가 "해변에서 농사를 지었는데 고생을 하며 온 힘을 다하여, 아들과 함께 생산에 노력하였다. 오래되지 않아서 곧 재산이 수십만 금에 달하게 되었다. 제나라 사람들이 그가 현명하다는 평판을 듣고서 그를 상국相國으로 삼았다. 범여는 그 인장을 돌려주고, 재산을 나누어 친구와 마을 사람들에게 주고, 귀중한 보물만 챙겨서 몰래 빠져나갔다.

도陶 지방에 이르러 그는 스스로 '도주공陶朱公'이라고 칭하고, 아들과 함께 농사를 짓고 가축을 기르며, 물건을 사서 쌓아 놓았다가 시기를 기다려 되팔아 1할의 이윤을 남겼다." 도주공 범여의 부는 이처럼 피땀으로 이뤄진 것이었다.

백규는 "재산을 움켜쥘 시기가 오면 마치 맹수와 맹금이 먹이에게 달려드는 것처럼 민첩하였지만", "음식을 탐하지 않았고 욕망의 향수를 절제하며 기호嗜好를 억제하고 극히 소박한 옷만 입으면서 매년 그를 위해 일하는 노예들과 동고동락하였다."

사사는 "백 대의 수송용 수레를 가지고 있었고 천하의 각 군국 무역에 있어 그가 일찍이 가보지 않은 곳이 없었다."

조曹의 병씨는 "야금업으로 흥기하여 수만 금의 부호가 되었다. 그러나 그의 집은 부자형제가 규약을 제정하여 엎드리면 줍고 하늘을 쳐다보면 받아서 천하의 모든 곳에 고리대금업과 무역을 하지 않은 곳이 없었다."

그들은 재산이 왕후와 비견될 정도였지만 오히려 검소한 생활을 유지하였다.

 선곡 임씨는 그 부가 몇 대에 이르렀지만 "자신의 신분을 낮추고 겸손했으며 절약을 숭상하면서 스스로 힘써 농사와 목축 일을 하였다. 그는 가훈을 정하여 자신의 밭농사와 목축에서 생산된 것이 아니면 입지도 먹지도 아니하고 공적인 일이 완결되지 않으면 절대로 술을 마시거나 고기를 먹지 않았다." 그리하여 그는 마을에서 본보기로 되었고, 부유해져 황제로부터도 존중받았던 것이다.

7.
성실하게 노력하고 자신의 장점을 발휘하라

〈화식열전〉은 말한다.

 "절약과 검소 그리고 노동은 재산을 늘리는 정확한 길로서 부자들은 기묘한 책략으로 승리를 거두었다. 원래 농사는 가장 우둔한 업종이나 진양秦楊은 농사로써 그 지역에서 가장 큰 재산을 모았다.

 도굴盜掘은 본래 법을 어기는 일이지만 전숙田叔은 그것으로써 부를 일으켰다. 도박은 비열한 업종이지만 환발桓發은 도리어 이를 통하여 부를 이루었다. 행상을 하며 물건을 파는 것은 대장부가 하기에는 천직이지만 옹雍의 악성樂成은 오히려 그것에 의지하여 부유해졌다. 동물의 유지를 판매하는 것은 치욕을 느끼게 하는 일이지만 옹백雍伯은 이 일로써 천금의 이익을 얻었다. 장醬을 파는 일은 아주 작은 장사에 지나지 않지만 장씨張氏는 이로 인하여 재산이 천만 금이 되었다.

칼을 가는 일은 보잘것없는 평범한 기술이지만 질씨邸氏는 대귀족처럼 진수성찬을 먹을 정도의 생활을 누렸다. 이들은 모두 하나의 일에 전심전력하여 비로소 부를 모을 수 있었던 것이다(차개성일소치此皆誠壹所致).

이러한 까닭으로 재물이 없는 빈민은 오로지 힘써서 일할 수밖에 없고, 재물이 있으나 많지 않을 경우에는 곧 지략으로 조그만 재산을 취하며, 부유한 사람은 기회를 노려 투기를 함으로써 큰 재산을 모으게 된다. 이것이 재산을 얻는 통상적인 방법이다!(시이무재작력, 소유투지, 기요쟁시, 차기대경야 是以無財作力, 少有鬪智, 旣饒爭時, 此其大經也)"

여기에서 '역力'은 '역작力作', 즉 "힘써 노동하다"는 뜻으로 사람마다 모두 지니고 있다. 따라서 '힘써서 노동하고 검약하는 것'은 치생治生의 정도다. '지智'는 '계모計謀'로서 자본을 필요로 한다. '시時'는 커다란 '시운時運'으로서 대자본과 큰 지혜를 필요로 한다.

물론 '역작'만으로 커다란 부를 이룰 수는 없다. 다만 '성실하게 노력하여(성일誠壹)' 힘써서 일한다면 반드시 재산을 모을 수 있다. 또 지혜를 활용하고 시장에 투입한다면, 이는 곧 '무재작력無財作力'으로부터 '소유투지少有鬪智'을 성취할 수 있게 한다. 마지막으로 재력이 풍요로운 상황에 이른 경우라면, 이제 '기묘한 계책'을 내어 큰 기회를 창조하는데, 이것이 바로 '기요쟁시旣饒爭時'다.

결국 '역작力作'과 '성일誠壹'은 치생의 보편적 원칙이며, '투지鬪智'와 '쟁시爭時'는 부를 획득하는 데 필수불가결한 조건을 창조한다.

그리하여 사마천은 어느 한 사람이 '성실하게 노력만 한다면', 어떠한 직업에 종사하든 거기에 지혜와 계책을 활용함으로써 반드시 부유해질 수 있다고 말한다. 그는 '사람들에게 무시당하는' 일련의 직업 사례를 열거하면서 이를 증명한다.

따라서 "직업에 귀천이 없다"는 명제는 일찍이 사마천이 이미 천명했던 셈이다.

《손자병법》과
〈화식열전〉

1.
사업이란 전쟁이다

〈화식열전〉에서 백규는 이렇게 말한다.

"나는 경영을 할 때는 이윤이나 강태공이 계책을 실행하는 것처럼 하고 손자와 오기가 작전하는 것처럼 하며 상앙이 법령을 집행하는 것처럼 한다. 그러므로 변화에 시의적절하게 대처하는 지혜가 없거나 과감한 결단을 내릴 용기가 없거나 구매를 포기하는 인덕仁德이 없거나 비축을 견지할 강단이 없는 사람은 비록 나의 방법을 배우려 한다고 해도 나는 결코 알려주지 않겠다."

백규는 자신의 치생지술治生之術이 춘추전국시대의 병가와 법가 사상 및 학술에 대한 연구와 활용으로부터 비롯되었다는 점을 말한다. 이 글은 물론 백규의 치부致富에 대한 구체적인 경험을 언급하고 있지만, 동시에

병법학에 의하여 화식의 대강大綱을 논하는 사마천의 시각이 분명하게 드러난 대목이기도 하다.

〈태사공자서〉에서 사마천은 자신의 조상이 군공軍功을 세운 것을 자랑스럽게 기술하면서 자신이 병가兵家의 후손이라는 사실에 대단한 자부심을 드러낸다.

"조나라로 간 사마천의 조상 중 일파는 검술 이론을 전수하여 명성을 날렸는데, 괴외蒯聵는 바로 그의 후손이다. 진秦나라로 간 사마착司馬錯은 장의와 논쟁을 벌였는데, 진나라 혜왕은 사마착에게 군사를 이끌고 촉을 공격하도록 하였고, 사마착은 이를 함락시킨 뒤 촉군 군수로 임명되었다. 사마착의 손자 사마근은 무안군 백기白起를 수행하였다. 사마근과 무안군은 조나라 군대를 대파하고 장평에 주둔한 조나라 군사들을 생매장시킨 후 진나라로 돌아왔다. 진시황 시대에 괴외의 현손玄孫 사마앙은 무신군武信君의 부장으로 있었는데 조가朝歌를 순찰하였다."

뿐만 아니라 자신 역시 20세 청년 시절 전쟁터를 누비며 낭중郎中의 직책을 맡아 몸소 전쟁의 세례를 받았음을 묘사하고 있다.

"낭중으로 한나라 조정의 사명을 받들어 서쪽으로 가서 파촉巴蜀 이남 방면을 토벌하고 남쪽으로 가서는 공邛, 작筰, 곤명昆明 등의 지방을 경략하고 비로소 조정으로 돌아왔다."

병가의 후예이자 자신이 직접 전쟁에 참전했던 경험은 그로 하여금 병법에 심취하게 만들었고, 더욱이 태사령이 된 뒤 그는 많은 병법서를 쉽게 접근할 수 있는 좋은 환경에서 각종 병법서를 독파할 수 있게 되었을 것이다.

군사는 전쟁에서 결정되고 사업은 시장에서 결정된다

군사의 승패는 전쟁터에서 결정되고, 상인의 승패는 시장에서 결정된다. 군사 투쟁은 정치적인 대결로서 피아간 쌍방의 격렬한 힘겨루기가 진행되며, 상업 경쟁은 경제적인 대결로서 시장 고객의 쟁탈에 집중된다.

상업의 경쟁이란 사실상 일종의 전쟁이다. 전쟁과 상업은 그 기본적 전략원리에 있어서 공통의 성격을 지닌다.

먼저, 양자 모두 일종의 투쟁이다. 이 투쟁의 주체는 모두 사람이며, 적자생존과 우승열패의 원칙에 의하여 진행된다. 다음으로 양자 모두 승리를 추구하며, 승리를 위해서는 분명한 가치관과 방침, 목표를 지녀야 한다. 그리고 이 투쟁은 모두 지피지기를 중시해야 하고, 지휘와 협력, 통제 등의 조직관리가 잘 이뤄져야 한다. 마지막으로 이 투쟁은 치밀한 전략 전술이 구사되어야 한다.

결국 상품경제는 일종의 경쟁 성격을 지닌 경제 형태이고, 전쟁이란 인류 역사상 가장 잔혹한 경쟁의 형태인 셈이다. 전쟁과 상업이 지니는 이러한 공통점은 상인이 처음부터 병법에 대하여 관심을 가질 수밖에 없는 근본적인 이유다.

병법가들은 "이익이 있을 때 움직이고, 이익이 없으면 머문다(합우리이동, 불합우리이지合迂利而動, 不合迂利而止)"라는 점을 강조한다. 그러면서 "좋은 계책을 채택한 뒤, 유리한 상황을 만들어 작전 실행을 돕는다(계리이청, 내위지세, 이좌기외計利以聽, 乃位之勢, 以佐其外), 《손자병법》"

이 '이익'이라는 말이 곧 상가商家의 생명이다. 병가兵家는 "아직 싸우지 않고도 미리 승리를 안다"를 강조하면서 "승리를 예측하는 것이 보통 사람들의 식견을 뛰어넘지 못한다면 고명하다고 할 수 없다"고 지적한다. 상가商家에 있어서도 이익을 예측하는 일에서 보통 사람들을 뛰어넘을 수 있는가의 여부는 경영의 성패를 좌우하게 된다.

병가는 "작전을 잘 구사하여 승리를 거두면 사람들이 그것을 알지만, 사람들은 그 속에 있는 오묘함을 알지 못한다. 모든 사람들이 우리 군대가 적군을 격파한 사실 그 자체는 알고 있지만, 왜 승리를 거둘 수 있었는지의 이치를 알지 못한다. 전쟁이란 기존 방식을 답습해서는 안 되고, 서로 다른 상황에 맞게 다른 방법을 채택해야 한다. 변화에 대응하는 것은 무궁하다"라고 강조한다.

상가商家 역시 경영 책략에 있어 동일한 이치로 시장변화에 의거하여 유연하고 적절하게 변화를 추구해야 하고, 항상 새롭게 창조해 나가야 한다. 바로 이러한 공통점을 지니고 있기 때문에 사마천은 전국시대부터 진한秦漢 시대까지의 성공한 화식가들에 대하여 기술할 때 《손자병법》의 원리를 적용시킨 것이었다.

예측과 임기응변

사마천은 화식 분야에 종사하는 활동을 용병술과 동일하게 파악하여 사전 예측과 상업 기회 포착 그리고 뛰어난 사전 기획 등의 방책과 지혜가 필요하다고 지적한다.

화식 활동을 둘러싸고 있는 환경은 전쟁 상황과 동일하게 복잡하고 변화무쌍하며 잔혹하고, 대결과 경쟁 등 불확정의 환경이라는 특징을 지니고 있어 이른바 "상장商場은 곧 전쟁터이며, 경쟁은 전쟁과 같다"는 말이 성립된다. 그리고 이러한 상황하에서 군인이나 상공업자는 공통적으로 하나의 동일한 생존 과제에 직면하게 된다. 즉 어떻게 기회를 포착하여 여러 가지 닥쳐올 위험성을 극복하며 이로부터 자신의 생존 발전을 획득해 나갈 것인가의 문제다.

군사 전문가들은 지피지기知彼知己와 시기에 따른 대응을 강조한다. 《손자병법》〈모공편謀功篇〉은 "자신을 알고 상대방을 알면 백 번을 싸워도 위태롭지 않다. 자신을 알지만 상대방을 모르면 1승 1패가 된다. 자신도 모르고 상대방도 모르면 매번 싸울 때마다 반드시 위태롭다"라 하였고, 〈계편計篇〉은 "아직 싸우지 않고도 미리 승리를 안다면, 승산은 매우 많다"고 말한다. 또 〈허실편虛實篇〉에는 "물은 지형의 고저에 따라 그 방향을 조정해 나가고, 작전은 상이한 적정敵情에 따라 상이한 책략을 세워야 한다.

그러므로 용병과 전쟁에는 고정된 방식이 없으며, 불변의 형식은 존재하지 않게 된다. 적정敵情의 변화에 대응하여 기민하게 움직여 승리를 거두는 것을 용병의 신이라 하는 것이다"라 하였다.

한편 〈화식열전〉은 시기에 따른 이러한 변화에 있어서 계연의 사례를 적용시키고 있다.

"전쟁을 이해하는 사람은 곧 평시에 군사 준비를 정비한다. 물건을 세상 흐름에 맞추어 사람들이 찾게 하려고 하면, 평시에 물건을 이해해야 한다.

시세時勢의 수요와 물건의 특징이 세상에 분명하게 알려진다면, 이 세상의 수많은 물건의 생산과 수요공급 규율 역시 알 수 있게 된다. 세성(歲星: 목성)이 금(金: 서쪽)의 위치에 있을 때에는 풍년이 들고, 수(水: 북쪽)의 위치에 있을 때에는 수해水害가 들고, 목(木: 동쪽)에 있을 때에는 기근이 들며, 화(火: 남쪽)에 있을 때에는 가뭄이 들게 된다. 큰 가뭄이 있은 뒤에는 반드시 홍수가 있기 때문에 가뭄이 있는 해에는 곧 미리 배를 잘 준비해 두고,

큰 홍수 뒤에는 반드시 가뭄이 있으므로 홍수가 난 해에는 곧 미리 수레를 준비해야 한다. 이것이 물자의 등락을 장악하는 도리다. (중략)

가격이 올라 일정한 수준을 넘어서게 되면 곧 떨어지게 되고, 가격이 떨어져 일정한 수준을 넘게 되면 곧 오르게 되는 법이다. 따라서 가격이 올라 일정한 수준을 넘게 되면 물건을 마치 인분人糞 보듯이 하여 한 점 주저함 없이 내다 팔아야 하고, 가격이 떨어져 일정한 수준에 이르게 되면 물건을 마치 진주 보듯이 하여 아무런 주저함 없이 사들여야만 한다. 물건과 화폐는 마치 흐르는 물과 같이 끊임없이 유통하고 움직이는 것이다."

2. 세상의 변화를 살펴라

계연의 화식은 완전히 예측과 운용, 응변의 지혜를 활용한 것이다. 여기에서 그는 이른바 역방향의 사고를 활용한다.

큰 가뭄이 들었을 때 거꾸로 배를 준비하고, 홍수가 났을 때 가뭄이 든 육지를 운행할 수레를 준비하며, 풍년이 든 해에 흉년을 준비하고, 기아가 창궐할 때 풍년을 예비한다. 물가가 높이 오를 때 가격 폭락을 예측하고, 물가가 폭락했을 때 미리 물가 폭등이 곧 다가올 것이라고 예측한다. 이는 정확하게 《손자병법》〈세편勢篇〉의 "기묘한 계책을 잘 내놓는 자는 천지와 같이 막힘이 없고, 강과 바다처럼 마름이 없다"는 경지와 동일하다.

하지만 다른 사람들과 다른 이러한 계책과 지혜는 아무런 근거도 없이 맹목적으로 도박하는 것이 아니며, 또 일부러 특별하게 남과 다르게 기발한 주장을 하는 것도 아니다. 그것은 천시天時의 운행과 시장 변화 및 사회 심리에 대한 통찰력 있는 관찰과 이해, 분석 그리고 예측의 토대 위에서 비로소 가능하다. 범여는 오나라를 멸망시킨 뒤 정치를 버리고 상업 경영에 뛰어들어 계연의 계책을 활용함으로써 19년 만에 세 번에 걸쳐 천금의 재산을 모았다. 백규의 치생지술治生之術 역시 범여와 그 경험이 대체로 유사하다.

"백규는 세상의 변화를 살피는 것을 즐겨 하였다. 그는 다른 사람이 저렴한 가격에 팔아치운 물건은 곧 사들이고, 다른 사람이 높은 가격에 사들인 물건은 곧 팔아치웠다. 곡물이 익어가는 계절에 그는 양곡을 사들이고 비단과 칠漆을 팔았으며 누에고치가 생산될 때 비단과 솜을 사들이고 양곡을 내다팔았다.

태수(太壽: 세성, 즉 목성이 열두 별자리의 운행방향과 반대로 돌아 불편하기 때문에 열두 별자리와 같은 방향으로 도는 별을 가상으로 정하게 되었는데 이를 태수라 하였다)가 묘(卯: 동쪽)에 있는 해에는 풍년이 들고, 그 이듬해는 수확이 좋지 못하며, 오(午: 남쪽)에 있는 해에는 가뭄이 나고, 그 이듬해에는 수확이 많다. 또한 유(酉: 서쪽)로 올 때에는 풍년이 들고 이듬해에는 흉년이 들며, 자(子: 북쪽)에 올 때에는 큰 가뭄이, 다음해는 다시 수확이 좋아지는 법이다. 또한 홍수가 나는 해가 있으면 태음이 다시 묘 자리로 돌아오므로, 이때는 풍년이 들어 물건이 많아져 값이 떨어지므로 물건을 평소보다 두 배 정도 많이 사재기를 하였다.

그는 수입을 늘이고자 하면 곧 낮은 등급의 곡물을 사들였고, 곡물의 비축을 늘리고자 하면 곧 높은 등급의 종자種子를 사들였다."

여기에 불변의 공식은 존재하지 않는다. 왜냐하면 모든 것은 때에 따라(인시因時), 장소에 따라(인지因地) 그리고 사안에 따라(인사因事) 변화하기 때문이다.

"사람들이 버리면 나는 취하고, 사람들이 취하면 나는 준다"는 것은 정확히 병법 내용에서 "적의 주력을 피하고, 적의 약점을 공격한다(피실격허避實擊虛《손자병법》〈허실虛實〉)"와 동일한 원리다.

3.
승부의 포인트 - 세勢, 절節, 시時

화식 활동은 작전 지휘의 용기로써 과감하게 결단을 내려야만 한다.

〈화식열전〉은 우수한 상인들이 인내하면서 기다리고 그러면서도 과단성 있는 결단을 내리는 장면을 자세하게 묘사하고 있다.

백규는 "음식을 탐하지 않았고 욕망의 향수를 절제하며 기호嗜好를 억제하고 극히 소박한 옷만 입으면서 매년 그를 위해 일하는 노예들과 동고동락하였다. 하지만 재산을 움켜줄 시기가 오면 마치 맹수와 맹금이 먹이에게 달려드는 것처럼 민첩하였다(능박음식, 인기욕, 절의복, 여용사종복동고락, 취시약맹수지조지발能薄飲食, 忍嗜慾, 節衣服, 與用事僮僕同苦樂, 趣時若猛獸摯鳥之發)."

여기에서 '박薄'과 '인忍' 그리고 '절節'은 '취시趣時'의 필요한 준비이며, '발發'의 효과적인 보충이다. '발發'은 결단이며, '인忍' 역시 일종의 결단이다. '발發'에는 용기를 필요로 하지만, '인忍'은 더욱 큰 용기가 필요하다. '발發'이 신속하고 사나운 것은 "준비가 없는 것을 공격하고,

생각하지 않는 곳에 나아가기" 때문이다.

백규는 마치 수풀 속에 숨어 있는 한 마리 맹수처럼 우선 추호의 미동도 없이 사냥감을 면밀히 관찰하다가 결정적 시기가 오면 일격에 공격하여 치명타를 가한다. 맹수가 먹잇감을 사냥하거나 혹은 매가 새를 사냥하는 이러한 결단의 모습은《손자병법》의 "병법의 요체는 속도이니 사람들이 미치지 못하는 곳에서 대비하지 않은 길을 따라 경계하지 않은 바를 공격한다"는 원칙과 동일하다.

"세찬 격류激流의 신속한 흐름이 돌을 떠내려가게 하니, 이것이 바로 세勢이다. 사나운 매가 높이 날아 새를 잡아채니, 이것이 바로 절(節, 리듬)이다. 그러므로 싸움을 잘 하는 자는 그 세勢로써 사람을 압도하며, 그 리듬이 빠르고 힘이 있다. 그 세勢는 팽팽한 활시위와 같고, 그 절節은 화살을 쏘는 것과 같다《손자병법》〈세편勢篇〉)."

손자나 오기 같은 대전략가들의 지휘 작전은 비록 방법론에 있어 서로 상이할 수 있지만 그 내용은 기본적으로 동일하다. 곧 그 강조점이 모두 속도에 있다는 점이다. 만약 전쟁이 장기화된다면, 인력과 물자, 자금 등 자원 소모가 엄청나고 국가 재정은 고갈된다. 그러므로 용병用兵의 중요성은 속전속결에 있는 것이지, 오래 끄는 데 있지 않다(병귀승, 불귀구兵貴勝, 不貴久).

상업에 있어서도 속도는 순식간에 곧 사라져 버리는 기회를 창조하고 포착함으로써 사물의 질적 비약을 촉진시킨다. 그러면서 동시에 강력한 충격력을 만들어 냄으로써 경쟁자에게 엄청난 심리적 타격을 가하게 된다. 결국 뛰어난 사업가는 속도를 통하여 인력과 물력 등의 자원을 절약함으로써 경쟁자들이 아직 생각하지 못한 영역에서 압도적인 우세를 점하게 된다.

《손자병법》〈작전편作戰篇〉은 "용병과 전쟁은 마땅히 신속한 승리를 구할 것이지 전법의 교묘함과 졸렬을 따져서는 안 된다"고 하였고, 〈허실편虛實篇〉에서는 "공격에 방어하지 못하는 것은 적의 약점을 공격했기 때문이며, 후퇴에 추격하지 못하는 것은 속도가 빨라 미치지 못하기 때문이다"라 말한다. 또 〈구지편九地篇〉은 "처음에는 처녀와 같이 조신하여 적들이 문을 열고, 나중에는 달리는 토끼와 같이 민첩하여 적들이 저항하지 못한다"라고 하였다.

병가兵家는 세勢를 강조하고, 상가商家는 시時를 중시한다. '시時'는 사업에 있어서 그 자체로 재부財富이자 돈이다.

도주공 범여는 '때를 알아보는' '지시知時'의 전문가였기 때문에 능히 치국治國을 할 수 있었고 동시에 부를 쌓을 수 있었다. 그가 월왕 구천을 보좌하면서 '회계의 치욕'을 갚기 위하여 자신이 군사 분야를 담당하고 한편으로 능신能臣 문종을 추천하여 국정을 관장하도록 하였다.

오나라 왕 부차가 간신배 백비의 참언만 믿고 충신 오자서를 죽였을 때, 구천은 범여에게 오나라에 대한 공격의 때가 되었는가를 물었다. 하지만 그는 아직 시기가 성숙하지 못했다고 판단하였다. 그 뒤 부차가 스스로 천하의 패자임을 과시하기 위하여 북방으로 행차하고 후방이 텅 비게 되었을 때, 범여는 이제 때가 왔다고 진언하였고 마침내 오나라를 멸하였다. 하지만 도주공은 관직을 버리고 화식 활동에 뛰어들어 그 탁월한 군사 능력과 '지시知時'의 눈으로 천하에서 으뜸가는 부호가 되었던 것이다.

4.
| 부하들과 동고동락하는 풍모 - 상재사품론

화식 활동에 있어 상인들은 마땅히 장군이 몸소 사졸들과 함께 동고동락하며 친히 전쟁에 나서는 것과 같아야 한다.

《손자병법》〈모공편謀功篇〉은 "장수란 국가의 보좌輔佐다. 보좌가 용의주도하면 국가는 반드시 강해지고, 보좌가 허술하면 국가도 반드시 허약해진다"라고 하였고, 또 "상하가 뜻을 같이하면 승리한다"라고 하였다.

또한 지도자가 마땅히 갖춰야 할 소질과 임용 기준에 대하여 《손자병법》은 "장자, 지, 신, 인, 용, 엄야將者, 智, 信, 仁, 勇, 嚴也"라고 말한다. 즉 장군이란 모름지기 지智, 신信, 인仁, 용勇, 엄嚴을 갖추어야 한다. 지智는 계략을 낼 수 있게 하고, 신信은 상벌을 내릴 수 있게 하며, 인仁은 사람들로 하여금 따르게 하고, 용勇은 과단성이 있게 하며, 엄嚴은 권위를 세울 수 있게 한다는 것이다.

한편 이와 관련하여 상업에 있어서는 백규의 '상재사품商才四品' 론이 있다.[20]

1 | **지족여권변**智足與權變: 시장의 경쟁이란 기본적으로 무정한 것이며, 상업 상황의 변화는 쉽게 예측할 수 없다. 그러므로 상업 경영자는 반드시 시장 상황 분석과 시장의 정세 예측에 능해야 하고, 언제나 충분한 지혜와 많은 방책을 지님으로써 정확한 경영 전략 및 정책 결정을 수행해야 한다.

2 | **용족이결단**勇足以決斷: 시장의 정보는 항상 불확정 상태에 있기 때문에

상업 경영과 이익 추구는 항상 위험이 존재할 수밖에 없다. 따라서 상인의 행동은 모름지기 과감해야 하고, 정책 결정에 용감해야 한다.

3 | **인능이취여**仁能以取與: 상인은 먼저 줌으로써 얻을 줄 알아야 한다. 무엇보다도 자기가 데리고 있는 직원에게 관심을 베풀고 좋은 물질적 보상과 격려를 제공함으로써, 직원들이 적극성을 충분히 발휘하도록 만들어야 한다. 또한 고객과 소비자에게 합리적인 가격과 좋은 품질 및 서비스를 제공해야 한다. 이렇게 함으로써 상업 경영자는 장기적인 이익을 얻을 수 있게 된다.

4 | **강능유소수**强能有所守: 상인은 마땅히 강건한 의지가 있어야 하며, 신용을 분명하게 지키고 규정을 엄수해야 한다. 아무리 재능이 출중한 경영자라도 항상 상황이 좋을 수는 없다. 오로지 의지가 강건하고 신뢰를 지키며 상업 규칙을 준수할 때만이 반드시 성공할 수 있게 되는 것이다.

병사의 어머니가 슬피 우는 까닭은?

어느 날 병사 한 명이 종기가 나서 괴로워하자, 오기가 종기의 고름을 손수 입으로 빨아내었다. 이것을 안 병사의 어머니는 슬프게 통곡해 마지않았다. 어떤 사람이 괴이하게 생각하여 물었다.

"당신의 아들은 일개 병사에 지나지 않는데 장군이 직접 고름을 빨아 주셨습니다. 그런데 어찌 우는 것입니까?"

이 말에 어머니가 한숨을 쉬며 대답했다.

"바로 작년에 오기 장군께서 그 애 아버지의 종기 고름을 빨아 주셨습니다. 그 후 그이는 전쟁에 나갔습니다. 그이는 오기 장군의 은혜에 보답하기 위하여 끝까지 적에게 등을 보이지 않고 싸우다 돌아가셨습니다. 그런데 이번에 제 아들의 종기를 빨아 주셨습니다. 이제 그 애의 운명은 뻔한 것입니다. 그래서 이렇게 슬피 우는 것입니다."

어떻게 효과적으로 지도를 해 나갈 것인가라는 문제에 있어서 지도자는 마땅히 이신작칙以身作則, 즉 스스로 모범이 되어 실천하는 자세로 임해야 하고 함께 비바람을 맞으며 위신을 세울 것을 강조하고 있다. 《사기》〈손자오기열전〉은 오기에 대하여, "오기는 언제나 가장 낮은 병사와 똑같은 옷을 입고 똑같은 음식을 먹었다. 잘 때도 자리를 깔지 않았으며 행군할 때도 마차에 타지 않았다. 그리고 자기의 식량은 자기가 직접 가지고 다녔다. 그는 항상 병사들과 함께 있었으며 고락을 같이했다"라고 기술하고 있다.

이렇게 부하들을 자신의 몸처럼 돌보는 모범을 보였기 때문에 당시 '사람을 잡아먹고 인골人骨로 취사를 해야 하는 처지에 몰리고도 병사들이 등을 돌리거나 도망치지 않는 군대는 손빈과 오기의 군대뿐이다'라는 말이 있을 정도로 오기의 통솔력은 훌륭했다. 이러한 결과를 토대로 오기는 병법가와 장군으로서의 능력이 실로 뛰어났다. 《오자吳子》라는 병서를 살펴보면, 오기가 위나라에 있을 때 총 76회의 전쟁을 했는데 그중 68회는 이겼고 나머지 8회는 무승부였다고 쓰여 있다.

또 《사기》〈이장군열전〉에서는 이광 장군이 "사병과 함께 식사를 했으며", "군사를 인솔하여 행군 중에 식량과 식수가 부족할 때 수원水源을 찾게 되면 모든 군사들이 물을 마신 뒤가 아니면 마시지 않았고, 또 모든 병사들이 식사를 한 후에야 비로소 자신도 식사를 하였다"고 묘사하였다.

한편 사마천은 〈화식열전〉에서 백규에 대해서 "음식을 탐하지 않았고 욕망의 향수를 절제하며 기호嗜好를 억제하고 극히 소박한 옷만 입으면서 매년 그를 위해 일하는 노예들과 동고동락하였다"고 기술하였다. 대부호로서의 허세를 부리지 않고 자기가 고용한 일꾼들과 함께 무리를 지어 살아간 것이다. 성공한 상인과 걸출한 장군의 행위가 이처럼 유사하다.

백규의 이러한 모습은 《손자병법》〈계편計篇〉에서 언급되는 '도道'와 맥을 같이하고 있다. "도란 백성들로 하여금 장군과 더불어 뜻을 같이하고, 장군과 함께 죽을지라도 두려워하지 않는 것이다."

백규는 상업이라는 전쟁에서 유리한 상황을 만들어 내기 위하여《손자병법》의 '도道' 원리를 거울로 삼아 일꾼들과 동고동락하였다. 그 목적은 일꾼들이 일을 하는 데 있어 곤란한 점이나 생활상의 고초를 이해하고 해결하며, 그와 일꾼들 간에 존재하는 장벽을 없애 감정이나 물질적인 은혜로써 일꾼들에게 "자기를 알아주는 사람을 위해 죽는다"는 정신을 배양함으로써 일꾼들의 적극성을 충분히 발휘하게 하였다.

그리하여 최종적으로 "백성들과 장군이 더불어 뜻을 같이하는" 단계에 이르고, 합심 단결하여 경영 목표를 실현하기 위하여 분투하게 한 것이다. 경영자가 이러한 자질을 갖추게 된다면, 실의에 빠졌을 때에도 부하들의 충성을 받게 되며, 그로부터 상하가 합심하여 다시 사업을 개척해 나갈 수 있게 된다. 또 성공했을 때에는 그 사업의 성공이 단지 한때의 일장춘몽이 아니라 장구하게 갈 수 있도록 한다.

〈화식열전〉에서 선곡 임씨는 "가훈을 정하여 자신의 밭농사와 목축에서 생산된 것이 아니면 입지도 먹지도 아니하고 공적인 일이 완결되지 않으면 절대로 술을 마시거나 고기를 먹지 않도록 하였다."

이렇게 하여 그의 가문은 몇 대에 걸쳐 부유할 수 있었던 것이다.

5.
사람을 잘 선택하고 좋은 시기를 파악하라

《손자병법》〈작전편〉은 "병사들을 아는 장군은 백성의 생명을 책임지며, 국가 안위의 주인이다"라고 하였고, 〈세편〉은 "전쟁을 잘하는 자는 자신에 유리한 태세를 잘 이용하며, 다른 사람에게 책임을 떠넘기지 않는다. 그러므로 사람을 잘 임용하여 유리한 상황을 만들어 낸다"고 하였다.

〈지형편〉에서는 "병사를 젖먹이처럼 보기 때문에 그들과 함께 깊은 골짜기로 들어갈 수 있으며, 병사를 사랑하는 아들처럼 보기 때문에 그들과 함께 죽음을 같이하는 것이다"라고 말한다. 모두 장군이 그 병사를 이해하고 그들을 신임하며 그들에게 가혹하게 책임을 묻지 않고 그들을 기용할 때, 비로소 전쟁의 승리를 거둘 수 있으며 가족을 지키고 국가를 보위할 수 있다는 의미다.

마찬가지로 〈화식열전〉은 범여에 대하여 "천시天時에 맞춰 이익을 내는 데 뛰어났으며, 고용한 사람을 야박하게 대하지 않았다. 그러므로 경영에 뛰어난 자는 반드시 신뢰할 수 있는 사람을 잘 선택하고 좋은 시기를 파악할 줄 아는 법이다"라고 기술하였다.

또 도간에 대하여 "제나라의 풍속은 노예를 낮고 비천하게 여겼지만, 오직 도간刀閒은 그들을 아끼고 중시하였다. 교활하고 총명한 노예는 주인들이 골치 아프게 생각하였지만 오직 도간만이 그들을 받아들이고 또 이용하였다. 그는 그들을 파견하고 자기를 위하여 고기잡이나 제염을 하도록 하였고 혹은 상업에 종사하게 하여 이익을 얻도록 하였다. 그러면서 노예들을 관리들과 교류하게 하였고, 갈수록 그들에게 커다란 권한을 맡겼다.

마침내 그가 이러한 노예들의 힘에 의하여 집안을 일으키고 치부하여 재산이 수십만 금에 이르렀다. 그러므로 '차라리 관직을 받느니 도간의 노복이 되겠다' 라는 속담은 도간이 노복 스스로의 부를 쌓게 하면서 동시에 자신을 위하여 모든 힘을 다하도록 만들었다는 뜻을 가지고 있다"라고 묘사한다.

범여와 도간은 정확하게 사람을 파악하고 기용하여 그들의 재능에 따라 각자에게 적절한 자리를 맡겼으며, 그들을 신임하고 존중하여 마침내 그들의 힘을 활용하여 백만장자가 될 수 있었다. 병사들과 함께 동고동락하고 그들을 신임하며 대담하게 기용한 것은 대전략가들과 대상인들이 성공한 또 다른 성공 요인이었다.

진귀한 물건을 취하라 – 기화가거奇貨可居: 투자의 핵심

임금을 사두리라

여불위는 한나라 양책陽翟의 대상인이었다. 여러 나라를 왕래하며 값이 쌀 때 물건을 사 놓았다가 시기를 보아 비쌀 때 파는 방법으로 천금의 재산을 모았다. 그는 여러 나라를 돌아다녀 견문이 넓었으며 모든 일에 대한 감식안이 비상하였다.

진나라는 소왕 40년에 태자가 죽고 2년 후에 차남인 안국군安國君이 태자가 되었다. 안국군에게는 20여 명의 아들이 있었지만 총애를 받고 있었던 화양부인에게는 아들이 없었다. 그 20여 명의 아들 가운데 자초子楚라는 왕자가 있었다. 자초의 생모인 하희夏姬는 안국군의 사랑을 받지 못했다. 그래서 자초는 별 볼 일 없는 존재로 취급되어 조나라에 인질로 보내졌다. 자초는 사랑받지 못하는 첩의 자식인데다 인질의 몸이었기 때문에 매우 곤궁한 생활을 해야만 했다. 더구나 진나라가 조나라를 자주 공격하였으므로 인질로 간 자초는 갈수록 조나라의 냉대를 받아야 했다.

여불위가 어느 날 장사일로 조나라 수도 한단에 갔다. 그런데 거기에서 인질로 있는 자초를 만나게 되었다. 여불위는 자초를 보는 순간, '이것은 기화奇貨다. 구해 놓고 보자! 옛말에도 '기화가거奇貨可居'라고 했지 않는가!'라고 생각하였다.[21]

자초를 본 여불위는 집에 돌아가 아버지에게 물었다. "농사를 지으면 몇 배의 이익이 남습니까?" 아버지는 "글쎄, 열 배쯤 남을까"라고 대답했다. 여불위가 또 "보물을 갖고 있으면 이익이 몇 배나 되겠습니까?"라고 묻자 아버지는 "백 배는 되겠지"라 대답하였다. 여불위가 다시 "그러면 임금이 될 사람을 사두면 이익이 몇 배가 될까요?"라 묻자 아버지는 "그야 계산할 수 없을 정도겠지"라고 말했다. 그러자 여불위가 말했다. "농사를 지어서 얻는 이익이란 그저 추위에 떨지 않고 배를 곯지 않을 정도입니다. 그러나 장차 나라의 대권을 잡을 왕을 키우면 그 혜택은 두고두고 남을 것입니다. 지금 조나라에는 진나라의 왕자가 인질로 와 있습니다. 저는 이 기화를 사 놓겠습니다."

여불위는 말을 마치고 곧장 자초를 다시 찾아갔다. 이 무렵 자초는 매일 특별히 하는 일 없이 무료하게 시간만 보내고 있었다. 여불위가 큰절을 하면서 자초에게 바싹 다가서며 말했다. "제가 이제부터 왕자님의 대문을 크게 해 드리겠습니다." 자초는 힘없이 웃음을 짓고 말했다. "먼저 당신의 대문을 크게 만들고 나서 나의 대문을 크게 할 수 있는 것이겠지요."

여불위는 "공자께서는 잘 모르시는 말씀입니다. 저의 대문은 공자의 대문이 커지는 것을 기다려야 합니다"라고 말했다.

여불위는 차근차근 말하였다.

"지금 진나라 왕은 연세가 많고 공자의 아버님 안국군은 태자로 계십니다. 안국군은 화양부인을 총애하고 있는데 그 부인에게는 후사가 없습니다. 그렇다면 후계를 정하는 데는 화양부인의 힘이 크게 작용할 것에 틀림없습니다. 공자는 20여 명의 형제 중 중간쯤 태어나신 분으로 아버님의 관심도 별로 없고 오랫동안 외국에서 인질 생활을 하고 계십니다. 안국군이 왕위에 오르게 되면 당연히 후계를 정해야 합니다. 그렇다면 항상 옆에 있는 큰 형님이나 다른 형제분에 비해 공자께서는 훨씬 불리한 입장입니다."

자초가 "사실 그렇게 될 것입니다. 어떻게 좋은 방도가 있겠습니까?"라고 묻자 여불위는 "공자께서는 경제적 여유도 없으며 따라서 아버님에 대한 선물은 고사하고 찾아오는 손님들과 교제하는 일도 어렵습니다. 저도 별로 여유는 없습니다만, 이제부터 제가 가지고 있는 천금의 전 재산을 던져서라도 안국군과 화양부인에게 당신을 후계자로 삼으라는 공작을 시작하겠습니다"라고 말했다.

여불위는 오백 금을 자초에게 교제비로 나누어 주고 나머지 오백 금으로는 조나라의 진귀한 물건들을 사서 진나라로 돌아갔다. 그는 즉시 화양부인을 가장 잘 움직일 수 있는 사람인 화양부인의 언니를 만났다. 그 언니는 여불위가 이전부터 몇 번 장사 관계로 만나 선물도 많이 바쳤던 사람이었다.[22] 여불위는 선물로 사 왔던 물건을 모두 그들 자매에게 바치면서 넌지시 떠보았다. "지금 진나라에 계신 자초 왕자님은 각국의 유명 인사들과 널리 접촉하여 그 명성이 날로 높아가고 있는 총명한 분입니다. 그분은 항상 '화양부인을 하늘처럼 존경한다. 아버님과 부인을 사모하여 밤낮으로 눈물을 흘린다'고 말씀하십니다."

이 말을 듣게 되자 화양부인의 언니는 매우 기분이 좋았다. 여불위는 언니에게 다음과 같이 화양부인께 말씀드리라고 일러두었다. "듣건대 '색色으로 남을 섬기는 자는 색이 쇠하면 사랑도 잃는다(색쇠이애이色衰而愛弛)'고 합니다. 지금 당신은 태자의 사랑을 한 몸에 받고 있지만 애석하게도 후사가 없습니다. 지금부터 총명하고 효심이 두터운 분을 골라 태자의 후계를 정하고 그를 양자로 삼아야 합니다. 그렇게 해야 태자가 살아 계실 때는 물론이고 또한 태자에게 만일의 일이 생겨도 양자가 왕위에 오르기 때문에 당신은 권세를 잃지 않고 살아갈 수 있습니다. 이를 두고 영원한 이로움을 얻는다고 합니다. 젊을 때 발판을 튼튼히 해 둬야 합니다. 색향色香이 쇠하고 총애를 잃은 뒤에는 이미 늦습니다.

자초는 총명한 분입니다. 그는 형제들의 순서로 보아도 그렇고 생모의 순위로 보더라도 후계자로 전혀 생각지 않을 것이므로 당신을 끝까지 섬길 것입니다. 그러니 자초를 후계자로 정해 놓으면 당신은 평생 편안하게 살 수 있습니다."

화양부인이 들으니 그럴듯했다. 얼마 후 화양부인은 태자에게 자초가 총명하며, 또 그와 교제하고 있는 많은 제후들이 얼마나 그를 칭찬하고 있는가를 자세히 설명했다. 그러고는 눈물을 흘리며 말했다. "저는 다행히도 태자님의 사랑을 한 몸에 받고 있지만 아들이 없습니다. 바라옵건대 자초를 후계자로 정하여 저의 장래를 맡길 수 있도록 해 주십시오."

안국군은 그 청을 받아들였다. 이후 안국군과 화양부인은 자초에게 많은 액수의 자금을 보내게 되었고 여불위에게 자초를 잘 돌봐 주도록 부탁하였다. 그리하여 자초의 명성은 제후들 사이에 갈수록 높아져 갔다.

농사를 지으면 열 배의 이익을 얻을 수 있다. 보물을 비축해 두면 능히 백 배의 이익을 얻을 수 있다. 그런데 임금을 될 인물을 키워 '투자' 하게 되면 그 이익이란 계산할 수 없을 정도가 된다.

여불위는 사람의 '그릇' 과 '가능성' 을 알아보는 '눈' 이 있었다. 그는 그러한 투자 대상을 정확하게 찾아냈고, 그 투자 기회를 민첩하게 포착하여 과감하게 실천하였다. 즉 자신의 투자 대상을 진정으로 꽃피우게 하기 위하여 정확한 방법을 찾아냈다. 당시 투자 대상의 아버지인 태자와 태자가 총애하는 화양부인이 아들이 없다는 점을 교묘하게 활용하고 자신의 재산을 던져 결국 자신의 투자 대상이 권좌를 거머쥘 수 있게 만들었다. 이러한 인맥관계 루트를 이용할 수 있다고 판단한 것이 여불위의 성공 요인이었다.

인재를 얻어야
부를 얻을 수 있다
―인재경제론

1.
인재란 누구를 말하는가?

사마천은 역사상 최초로 인물 중심의 기전체를 창조했다.

어떤 인물에 대한 전기傳記를 저술한다는 것은 사실상 인재에 대한 발견이다. 사마천은 체계적인 '인재학人才學'을 처음으로 만들어 냈다고 할 수 있다. 즉 사마천은 역사상의 다양한 인물들의 공적과 덕행 및 그 성장과정에 대한 기술을 통하여 체계적으로 그의 인재론을 전개해 나간 것이다.

사마천은 〈태사공자서〉에서 "정의롭게 행동하고 비범하여 풍운의 기회를 놓치지 않고 공업功業을 천하에 세워 천하에 이름을 널리 알리니 이에 70가지 열전을 짓는다"라고 기술하였다.

바로 이 내용 자체가 인재에 대한 사마천의 정의라고 할 수 있다.

그런데 사마천은 예를 들어 "채숙의 아들 중仲이 뉘우친 것을 칭송하여

〈관채세가管蔡世家〉 제5를 짓는다(가중회과, 작관채세가嘉仲悔過, 作管蔡世家)", "상앙은 위나라에서 진나라로 가서 그의 법술法術을 실행하여 진 효공孝公을 패자가 되게 하였으며, 후세에 이르러 모두 그 법술을 따르도록 하였다. 이에 〈상군열전商君列傳〉제8을 짓는다(앙거위적진, 능명기술, 강패효공, 후세준기법 작상군열전鞅去衛適秦, 能明其術, 强覇孝公, 後世遵其法, 作商君列傳)"에서 보는 바와 같이, '훌륭하다'는 의미의 '가嘉'와 '재능'의 뜻을 지닌 '능能'이라는 용어 사용을 좋아하였다. 채숙의 아들 중이 뉘우치고 보좌를 잘한 것을 사마천은 '가嘉' 자로써 찬양하고, 상앙이 법술로써 진나라를 보좌하여 공을 세운 것에 대하여 '능能' 자로써 그 재능을 칭송하고 있는 것이다. 30편의 세가 중에 스무 곳에 '가嘉' 자를 사용하고 있고, 70편에 이르는 열전에서는 무려 여든 곳에서 '능能' 자가 보인다.[23]

《사기》의 인물 전기에는 제왕과 재상 이외에 유학자를 비롯한 제자백가, 자객, 유협, 배우, 상인, 식객 등등 사회의 각계각층이 모두 포함되어 있다. 〈화식열전〉을 보면, 염철업 분야에서 활동하는 거상 이외에도 육포 파는 사람, 장을 파는 사람, 수의사, 심지어 도굴꾼, 도박꾼의 무리까지 모두 '인재'의 범주에 포괄시키고 있다. 이로써 사마천이 갖가지 다양한 재능을 지닌 사람을 모두 인재로 파악했음을 분명히 알 수 있다. 당시에 고관대작이 아니라 포의布衣의 선비와 비천한 사람들에 대하여 전기傳記를 기술한 것은 실로 비범한 진보적 사상이었다.

그렇다면 과연 어떤 사람들을 '인재'라고 말할 수 있는 것인가?

이에 대하여 사마천은 백성들을 위하여 덕을 세우고(입덕立德), 역사에 길이 남을 명저를 남기며(입언立言), 나라를 위하여 공을 세운(입공立功) 인물들이 사회에 가장 기여한 것으로 인식하였다.[24]

여기에서 '입덕立德'의 내용은 큰 범주로 볼 때는 제왕의 덕정德政을 가리키고 작은 범주에서는 신하와 백성의 덕의德義를 의미한다. 예를 들어 〈오제본기〉에서 헌원軒轅은 "덕을 닦고, 병사를 정비했으며", 순 임금에 대해서는 "천하에 덕을 밝히는 것은 모두 순 임금으로부터 비롯하였다"고 칭송하고 있다. 또 〈은본기〉에서는 "탕왕의 덕은 금수禽獸에까지 미쳤다"고 기록하였다.[25]

한편 일반 백성들에게 있어 '입덕'이란 곧 의를 숭상하고 신의를 중히 여기는 것을 의미하였다. 의義를 위하여 몸을 바친 백이숙제를 비롯하여 고아를 구한 정영과 공손저구, 폭압에 맞선 자객들, 위기에 빠진 사람들을 곤경에서 구해 주었던 유협들이 바로 그들이다.

다음으로 '입공立功'의 경우에는 국가와 민중을 위하여 공헌을 한 인물을 말하는데 역사에서 뚜렷한 업적을 세운 장군이나 재상을 가리키며 아울러 사회 각층의 걸출한 인물, 즉 의사나 점술가, 화식가, 골계 등을 포함하였다. 여기에서 사마천은 민중의 편에 서서 진나라 시기 잔혹한 장군과 재상들에 대하여 신랄하게 비판을 가하는 한편, 한나라 초기의 무위 치국無爲治國으로 나라를 잘 다스렸던 재상과 장군에 대해서는 높이 칭송하였다.

마지막으로 '입언立言'에 대하여 사마천은 비록 두 번째로 중요한 것이라며 2위의 자리매김을 하고 있지만 '입언자立言者'에 대한 그의 칭송은 오히려 가장 높은 차원이었다. 그는 '임안에게 보내는 편지'에서 이렇게 말하고 있다.

"예로부터 부귀하게 살았지만 그 이름이 흔적조차 없어진 사람은 무수히 많습니다. 오직 비범하고 탁월한 인물만이 후세에 그 명성을 드날리는 것입니다."

그러면서 사마천은 《주역》의 64괘를 발전시킨 주나라 문왕, 《춘추》를 완성한 공자, 《이소離騷》를 지은 굴원, 좌구명左丘明의 《국어國語》, 손빈의 《손자병법》, 여불위의 《여씨춘추》, 한비자의 《세난說難》과 《고분孤憤》을 차례로 열거하고 있다.

인재는 어떻게 만들어지는가?

그렇다면 인재란 과연 어떻게 만들어지는 것인가?

이에 대하여 사마천은 《사기》에서 진승陳勝의 입을 빌어 말한다.

"왕후장상에 씨가 따로 있는가!(왕후장상, 영유종호王侯將相, 寧有種乎)"

한나라 초기의 장군과 재상 중에서 많은 사람들이 평민 출신이었다. 소하와 조참은 아전 출신이었고, 진평과 한신은 어릴 적 매우 가난하였다. 주발은 누에를 쳤으며, 번쾌는 개장수였고 관영은 노점상이었으며 하후영은 마부였다. 그들 모두 진나라 말기의 혼란 상황에서 시운을 타고 이름을 떨치게 된 것이었다.

사마천은 〈번역등관열전〉에서 이렇게 기술하고 있다.

"내가 풍, 패沛에 가서 그곳 노인들을 방문하고, 소하蕭何, 조참曹參, 번쾌樊噲, 등공滕公의 옛 집과 그들의 평소 사람됨을 살펴보니, 들은 바가 매우 기이하였다! 그들이 칼을 휘두르며 개를 도살하거나 비단을 팔고 있었을 때, 어찌 파리가 준마의 꼬리에 붙어 천 리를 가듯이 자신들이 한 고조를 만나 한나라 조정에 이름을 날리고 자손들에게 은덕을 내릴 수 있으리라는 것을 알았겠는가?"

여기에서 이른바 "파리가 준마의 꼬리에 붙어 천 리를 가듯이"에서 '부기附驥'가 가리키는 것은 이들이 유방을 따라 공명을 이루었다는 뜻이다.

사마천은 〈범저채택열전〉에서 범저와 채택이 "머리가 백발이 되도록 기회를 잡지 못했지만", 진나라에 들어가 재상이 된 것은 "우연하게 때를 만났기 때문"이라고 기술하고 있다. 사마천은 이어서 "이들 두 사람 못지 않은 어진 사람들이 뜻을 이루지 못한 경우는 어찌 그 수를 헤아릴 수 있 겠는가?"라고 탄식한다.

그렇다면 왜 그 많은 사람들이 기회를 얻지 못한 것인가?

이에 대해 사마천은 "긴 소매의 옷을 입어야 춤을 잘 출 수 있고, 돈을 많이 가져야 장사를 잘할 수 있다"는 속담으로 설명한다. 소매가 길어야 비로소 우아한 춤을 출 수 있게 되고, 자금이 충분해야 상업을 훌륭하게 경영할 수 있다는 뜻이다. 즉 인재가 기회를 잡으려면 조건이 구비되어야 한다는 의미이다.

하지만 사마천은 "이들 두 사람도 곤궁한 처지에 빠지지 않았던들 어떻게 분발하여 성공을 거둘 수 있었겠는가?"라고 하여 범저와 채택이 동방에서 곤경에 처하지 않았던들 결코 진나라에 들어갈 기회도 만들어지지 않았을 것이라고 주장한다. 여기에서 사마천이 강조하고자 하는 바는 곧 피나는 주체적 노력이 존재할 때만 비로소 기회를 얻고 인재가 될 수 있다는 사실이다. 기회란 오직 스스로 분투하고 노력하는 자에게만 오는 법이다. 소진과 장의 역시 좌절 속에서 성공을 이뤄 낸 것이다.

사마천 본인 역시 궁형을 받는 처절한 좌절과 죽음보다도 극심한 모욕 속에서 인고의 삶을 견디면서《사기》를 완성하였다. 그렇기 때문에 그는 '발분發奮' 하여 이름을 떨친 역사의 인물들에 대하여 높게 칭송하였다. 그는 '임안에게 보내는 편지'에서 "입명자, 행지극야立名者, 行之極也", 즉 "이름을 떨치는 것은 행위의 최종적인 목표다"라고 기술하였다.

사마천은 수신입명修身立名을 가장 존숭하여 인생 도덕에 있어 최고의 표현으로 인식하였다. 즉 분발하여 스스로 강해지는 것을 인재가 되는 근본 조건이라고 강조하였다.

《사기》는 황제黃帝를 시작으로 하여 한 무제 시기까지 3천여 년간의 역사를 서술하면서 각양각색의 인물을 기술하였다. 여기에서 과연 어떤 인물들을 선택하는가는 매우 중요한 문제가 된다.

그런데 여기에서 사마천이 선택한 기준은 신분의 존비尊卑라든가 벼슬의 고저高低라는 일반적인 기준이 아니라 바로 그 인물이 어떠한 사회적 역할을 하였는가라는 점과 또 그 인물이 어떠한 전형을 보여 주었는가라는 점이었다.

이러한 점은 〈장승상열전〉에서 나타난 사마천의 글에서 잘 알 수 있다.

"신도가가 죽은 뒤로 경제景帝 때에는 개봉후開封侯 도청陶靑, 도후桃侯 유사劉舍가 승상이 되었으며, 지금의 황제에 이르러서는 백지후柏至侯 허창許昌, 평극후平棘侯 설택薛澤, 무강후武彊侯 장청책莊靑翟, 고릉후高陵侯 조주趙周 등이 승상에 올랐다. 이들은 모두 열후列侯인 아버지의 뒤를 이은 사람들로 신중하고 청렴했으나, 승상이 되어 열후의 이름에나 올랐을 뿐 공명功名을 나타내어 당세當世에 드러난 자는 없었다."

아무리 벼슬이 높은 사람이라도 그저 평범하다면 그를 위한 열전을 기술할 수 없다는 것이다.

2.
택인임세, 인재를 기용하고 형세를 이용한다

"인재를 기용하고 형세를 이용한다(택인임세擇人任勢)." 《손자병법》에 나오는 말로 "사람을 잘 기용하고, 유리한 정세를 잘 이용한다"는 뜻이다.

전체 구절을 소개하면 "전쟁을 잘하는 자는 다른 사람을 책망하지 않고 전쟁의 유리한 정세를 찾아냄과 동시에 적절한 인재를 기용하고 유리한 정세를 이용함으로써 나무가 산 위에서 굴러 내려가는 것과 같은 저항할 수 없는 세勢를 만들어 낸다(고선전자, 구지우세, 불책우인, 고능택인이임세, 임세자, 기전인야, 여전목석故善戰者, 求之迂勢, 不責迂人 故能擇人而任勢. 任勢者, 其戰人也, 如轉木石)"는 의미이다.

손자가 말하는 '세勢'란 일방이 다른 일방에 대하여 군사적 도전 혹은 공격으로써 형성된 쌍방 혹은 다자간에 전개되는 군사적 '전세戰勢'다.

이것을 기업경영에 비유해 보면, 기업이 계획한 모종의 중대 경영전략, 행동정책 혹은 경영자가 시장 경쟁 과정에서 벌어지는 모종의(이를테면, 기술 개발, 신상품 개발, 영업전략 등을 그 예로 들 수 있다) 경쟁 상황에 있어 그로 인하여 형성된 각종 '상세商勢'라고 할 수 있다.

그런데 '전세戰勢'든 '상세商勢'든 모두 '세를 추구하는' 문제를 지니고 있다.

손자의 사상에 따르면, 세勢를 구하는 근본 출발점은 '취세取勢'로서 즉 상황의 발전 변화를 충분히 이용하고 파악하는 과정에서 세력으로 세력을 키우고 적을 격파하여 승리를 거두는 목적을 실현하는 것이다.[26]

'취세取勢'가 가능해지기 위해서는 반드시 먼저 '세를 인식하는 것' 즉 '식세識勢'를 해 내야 한다.

여기에서 이른바 '식세識勢'는 두 가지 의미를 지닌다.

그 하나는 형세의 발전과 동향 변화에 대한 것으로 사전에 예측하는 안목과 판단력을 필요로 한다. 다른 하나는 자신이 '취세取勢'의 조건과 실력(여기에서는 주로 중책을 위임하거나 수행할 핵심능력의 인재를 보유했느냐의 여부를 가리킨다)에 대한 것으로서 정확한 인식을 필요로 한다.

'세에 대한 인식'이 불가능하게 되면, 결코 세를 얻는 것, 즉 구세求勢를 이뤄낼 수 없다. 따라서 '식세'는 '구세'의 전제 조건이다. 바로 이러한 이유 때문에 사람들은 '때를 아는' 사람을 가리켜 비범한 인재라고 일컫는 것이다. 다만 어느 한 지도자가 비록 '식세識勢'의 전략적 탁견을 지니고 있더라도, 그 주위에 그 일을 담당하여 중책을 수행할 인재가 없다면 그는 충분히 자신의 능력을 사용하지 못하고 결국 '실세失勢'의 참패 상황으로 빠지게 된다.[27]

이러한 '세'에 대한 인식은 오늘날의 시장 경쟁에 있어서도 기업 경영 승패의 중요한 관건이다.

제갈량은 위나라 공격에 있어서의 가정街亭이라는 지역의 전략적 지위에 대한 탁견과 천시와 지리의 이용이라는 측면에서 모두 사마의에 앞섰다. 단지 마지막 순간에 마속을 장군으로 삼아 잘못 출격시킴으로써 결국 치명적인 참패를 맛보아야 했다. 여기에서도 알 수 있듯이 형세의 이용과 파악에 있어 '택인擇人'과 '임세任勢'는 사업 성패를 결정하는 관건이 된다.

손권과 유비가 연합하여 조조를 격파한 뒤, 제갈량은 조조가 반드시 화용도로 도망칠 것이라 예측하였다. 여기에서 과연 누구를 파견하여 길목을 지킬 것인가가 중대한 문제였다. 이때 제갈량은 대국적 견지에서 지금 조조를 죽이게 되면 국면이 더욱 혼란해져 수습할 수 없게 되고, 이는 천하삼분의 전략 실현에 불리하다고 판단하였다.

결국 '추격하되 놓아 주는' 방책을 정했지만, 제갈량은 이를 분명히 말하지는 않았다. 관우는 충의로운 장군으로 제갈량은 그를 보내 관문을 지키도록 하여 일거양득의 효과를 거두었다. 이때 만약 장비를 대신 파견했더라면 분명히 일을 그르치고 말았을 것이다. 여기에서 알 수 있듯이 '택인'과 '임세'에 뛰어난 방책은 세勢를 만들어 내고 미래의 모든 국면에서 전략적 상황을 결정할 수 있다.

한편 손권은 병사를 이끌고 조조를 공격하였는데, 조조는 장료張遼, 악진樂進, 이전李典을 파견하여 합비를 지키게 하였다. 조조의 수비군은 불과 7천여 명이었고, 오나라 군사는 10만 여 대군이었다. 그러나 장료 등은 "만약 손권이 오면 장료와 이전이 출전하고 악진은 군사를 호위하여 싸우지 말라"는 조조의 명령을 그대로 실행하여 거꾸로 승리를 거두었다.28

여기에서 승리를 거둘 수 있었던 비결은 바로 조조의 용인술에 있었다.

《삼국지》에 의하면 장료는 "무예와 힘이 뛰어났다"고 기록하고 있고, 이전은 "사나이다웠다"고 기술하였으며, 다른 사람과 합동작전에 뛰어나 "다른 장군과 공격을 다투지 않았다." 또 악진은 비록 "용모는 작았으나" 담력과 지모가 뛰어나 장료, 이전과 함께 "병사들을 통솔하여 흐트러짐이 없게 하고 명령에 추호의 위반이 없으며 적과 맞섰을 때 착오가 없었다."

조조는 그들 각자의 장점에 의하여 그 임무를 맡기고 누가 출정을 하며 누가 수비를 할 것인가라는 문제에 있어서 지극히 합리적인 배치를 하였다. 그렇기 때문에 수적으로 현저히 열세인 상황에서도 능히 합비를 지켜 냈을 뿐 아니라 오히려 대승을 거둔 것이다.

이 두 가지 전쟁 사례로부터 알 수 있는 핵심적인 키포인트는 바로 사람을 알아보고 적절하게 기용해야 한다는 점과 또한 재능과 기량에 따라 이를 활용하되 적절한 시기에 위임해야 한다는 점이다.

3.
| 인간의 장점이야말로 진정한 기회다

어떤 한 사람이 어느 한 분야에서 특출한 재능을 지니고 어떤 특정한 업무에 가장 적합하여 그 장점을 발휘하고 그 능력을 다하게 되면 능히 인재가 될 수 있다. 반대로 장점을 억제하고 단점을 사용하게 되면 곧 용렬한 사람이 되고 만다. 어떤 지도자가 한 사람의 가장 가치 있는 장점을 매몰시키는 것은 인재에 대한 훼멸이자 파괴이며, 이는 국가 대사에 있어서도 역시 파괴와 훼멸로서 가장 큰 불인不仁이자 무도無道인 셈이다.

따라서 인재를 알아보고 인재를 기용하는 데 뛰어난 자는 그 자신이 곧 가장 큰 덕이 있고 재능을 지닌 자라고 할 수 있으며, 반대의 경우 그는 곧 덕을 결여하고 재능도 결여한 사람이다. 어떤 사람의 재능이 크면 클수록 그리고 그 특장이 드러날수록 나타나는 결점 역시 더욱 많아지고 더욱 드러날 경우가 있다.

가령 어떤 사람의 가장 큰 장점이 단 한 가지밖에 없지만, 오로지 그 한 가지 장점으로 인하여 창출되는 가치와 효과는 엄청나게 클지 아무도 알 수 없는 것이다.

《삼국지》에서 유비가 관우와 장비가 죽은 것을 복수하고자 70만 대군을 일으켜 오나라를 공격했을 때 오나라의 형세는 바야흐로 일촉즉발의 위기상황이었다. 이때 손권은 뭇사람들의 반대를 물리치고 비록 마음속에는 웅재대략雄才大略을 품고 있지만 여전히 일개 '서생'에 불과했던 육손陸遜을 대담하게 기용하였다. 그리고 육손은 결국 700리에 이어지는 촉군 진영을 불태우는 빛나는 승리를 거두었다.[29]

조조 역시 인재 등용에 탁월한 인물이었다. 그가 210년에 발표한 구현령求賢令에는 "그대들은 나를 도와 신분이 낮은 사람들을 잘 살펴 추천하라. 오직 재능만이 기준이다. 품행이 바른 인물이라고 해서 반드시 진취적인 것은 아니며, 진취적인 인물이라고 해서 반드시 품행이 바른 것은 아니다"라고 분명히 밝히고 있다. 또 '잘못된 옛 악연은 잊어라'는 '불념구악不念舊惡'이라는 구절까지 나온다. 실제로 조조는 자신의 장남 조앙을 죽였던 장수張繡를 용서하고 포용하여 등용하였다.

미국의 남북전쟁 시기 링컨은 일찍이 서너 명의 장군을 기용했는데, 그 기용의 기준은 바로 '커다란 과오가 없을 것'이라는 점에 두었다. 그러나 이 결과 모두 남군에게 패배했다. 그는 여기에서 뼈저린 교훈을 얻은 뒤 술을 너무 좋아해 두주불사이지만 전략에는 뛰어났던 그랜트 장군을 과감하게 총사령관에 임명하였다. 당시 몇몇 사람들이 극력 반대하였지만, 링컨은 "만약 그가 무슨 술을 좋아하는지 알게 되면, 나는 오히려 그에게 그 술을 몇 통 보내 모두 같이 즐길 수 있도록 할 것이다"라고 응수하였다. 이후의 결과가 증명했듯이 그랜트 장군의 임명은 남북전쟁의 승패를 가름하는 결정적인 분수령이 되었다.

피터 드러커는 "인간의 장점이야말로 진정한 기회다"라고 말한다.

인간의 장점을 활용하여 기회로 만들 수 있다면, 기회를 놓치지 않고 사업을 성공시킬 수 있다. 이것이야말로 오늘날 모든 사람들이 마음속에 새겨야 할 용인술이다.

택인임세擇人任勢는 전쟁의 승부, 왕조의 교체, 국가의 중흥에 있어 매우 중요한 역할을 수행한다. 주 문왕은 강태공을 위수 강가에서 얻어 나라를 흥성시켰고, 당 태종은 위징을 거울로 삼아 당나라를 강성하게 만들었으며, 주원장은 예현각禮賢館을 지어 유기劉基 등의 현사를 대우함으로써 명나라가 흥성하는 초석을 닦았다.

인재는 마치 보물과도 같다.

전국시대에 제나라 위왕과 위나라 혜왕이 같이 사냥을 하다가 담론을 나누었다. 위나라 왕이 물었다.

"제나라에 보물이 있는지요?"

제나라 왕은 대답을 하지 않았다. 그러자 위나라 왕이 말했다.

"우리나라는 국토는 비록 작지만, 직경이 1촌이나 되는 진주가 열 개나 있습니다. 하나의 진주는 열두 대의 수레 앞뒤를 비출 수 있을 만큼 광채가 화려합니다. 제나라는 대국인데도 보물이 없는 것입니까?"

이에 제나라 왕이 대답하였다.

"내가 말하는 보물의 개념은 대왕과 다르오. 나는 단자檀子라는 신하가 있어, 그를 보내 남쪽 성을 지키게 하면 초나라가 감히 침략할 생각을 하지 못합니다. 또 반자盼子라는 신하는 그를 관당官塘으로 보내 지키게 하면 조나라는 황하로 와서 고기를 잡을 생각을 하지 못합니다. 그리고 검부黔夫라는 관리로 하여금 서주徐州를 지키게 하면 연나라는 서주 북문을 향해 제사를 모십니다. 또 종수種首라는 신하에게 도적을 잡도록 명하면 백성들은 길에 물건을 잃어도 줍는 사람이 없고 밤에도 문을 닫지 않게 됩니다.

이러한 보물이 있으니 그 광채는 능히 천 리를 비추게 됩니다. 어찌 열두 대의 수레에 그치겠습니까?"

위나라 왕은 말문이 막혀 아무런 말도 잇지 못하였다.

고금의 명군明君 용장勇將이 거뒀던 커다란 성취는 대부분 택인임세擇人任勢로 얻은 것이다. 그렇기 때문에 한나라 선제宣帝는 기린각麒麟閣을 지었으며, 당태종은 능연각凌烟閣을 짓고 그 안에 공신의 초상을 걸어 놓아 이를 널리 모범으로 삼고자 하였다. 또 전국시대 연나라 소왕은 '황금대黃金臺'를 지어 선비를 모았으며, 명나라 주원장은 현명한 선비를 모으는 '초현방招賢榜'이라는 '방'을 붙여 널리 인재를 모집하였다.30

4.
| 산이 높으면 골이 깊다

사람을 기용함에 있어 재능이 있되 결점 역시 있는 사람을 과감히 기용할 수 있어야 한다. 피터 드러커는 "만약 임용한 사람이 약점이 없다면 그 결과는 너무도 평범한 조직일 뿐이다"라고 말하였다. 재능이 많은 사람일수록 그 단점 또한 매우 분명한 경우가 많다. 높은 산은 반드시 깊은 계곡이 있는 법이다. 그 어떤 사람도 전지전능할 수는 없다.

덕과 능력을 기준으로 사람을 기용해야 하지만, 지나치게 엄격한 요구 역시 좋지 않은 경우가 적지 않다. 이 세상에 완전한 공적은 없고, 전능한 성인 역시 없으며, 만능으로 사용될 수 있는 사물은 없다(천지무전공, 성인무전능, 만물무전용天地無全功, 聖人無全能, 萬物無全用,《열자列子》).

완벽한 빛깔을 내는 금은 없고, 완전한 사람 역시 없다(금무족적, 인무완인 金無足赤, 人無完人).

다른 사람에게 지나치게 엄격한 사람은 결국 자신 역시 현실에서 받아들여지지 못하게 되어 고독하게 홀로 남겨진다. 물이 너무 맑으면 고기가 살지 못하고, 사람이 너무 따지게 되면 친구가 없는 법이다.

나라의 존망은 인사人事에 있다

사마천 인재사상의 핵심은 현명한 인재, 즉 현재賢才를 얻는 자가 천하를 얻는다는 것으로 현상賢相과 양장良將으로써 천하를 다스리고 평정해야 한다는 주장이었다.

〈초원왕세가〉에서 사마천은 이렇게 말한다.

"나라가 흥하려면 반드시 상서로운 징조가 나타난다. 군자는 등용되고 소인은 배척당한다. 나라가 망하려면 어진 사람은 숨고 난신들이 귀한 몸이 된다. (중략) 어진 사람이여! 어진 사람이여! 능력을 지니고 있느냐가 중요한 것이 아니라, 어떻게 능히 그를 등용하느냐는 것이 중요한 것 아닌가! '나라의 안위는 명령에서 비롯되고, 나라의 존망은 인사에 있다' 라는 말은 진실로 타당하도다!"

〈흉노열전〉의 말미에서도 사마천은 다시 한 번 인재 등용의 중요성을 강조한다.

"지금 흉노 문제도 병폐는 권세가의 비위에 영합하는 데 있으며, 온통 아부에만 힘쓰고 있어 일방적이고 피차간의 이해를 고려하지 않는 데 있다. 장수들은 오직 중국의 엄청난 영토와 병사들의 사기에만 의지하였고, 천자는 이들 정황에 근거하여 정책을 결정하여 결국 그 공업功業이 별로 크지 못했다. 요 임금은 비록 성현이었지만 혼자 힘으로는 일을 일으켜 성공한 것이 아니며, 우禹를 임용함으로써 비로소 천하는 안녕을 얻을 수 있었던 것이다. 신성한 전통을 발양하는 것은 바로 장군과 재상을 잘 선택하여 임명하는 데 있도다! 바로 장군과 재상을 잘 선택하여 임명하는 데 있도다!"

그리하여 그는 용인用人의 득실이 국가 흥망과 밀접하게 관련을 맺고 있다는 점을 부연하였다.

당시 유가 사상에 있어 인재의 조건은 덕德과 재능을 겸비한 덕재겸비德才兼備였다. 그렇지만 유가는 용인用人에 있어 덕德을 우선으로 해야 함을 강조하였다. 유가가 말하는 덕이란 충효를 중심으로 하여 어리석을 정도의 충과 효를 다하는 사람을 현재賢才로 간주하였다. 따라서 봉건 통치자들은 그저 복종만 하는 노예적 신하, 즉 이른바 '노재奴才'를 필요로 하였을 뿐 '인재人才'를 필요로 하지 않았다.

사마천 역시 덕재겸비를 칭송하였다. 그러나 그는 군주에게 더욱 큰 덕이 있어야 함을 요구하였고, 반면 충신과 장군에게는 재능을 요구하였다. 그는 인재란 완전무결할 수 없다고 인식하였다. 그가 기술한 수많은 역사 인물 모두 결점을 지니고 있었으며 심지어 악행을 저지른 경우도 있었다. 그는 그 결점과 악행에 대하여 신랄하게 비판하였지만, 그렇다고 하여 그들이 세상에 남긴 공적까지 한꺼번에 매몰시키지는 않았다.

예를 들어 오기의 경우 처를 죽이고 장군이 되기를 추구함으로써 실로 커다란 악행을 범했다. 하지만 위 문후는 도리어 그의 군사적 재능을 대단히 중시하여 서하 방어를 맡김으로써 진나라가 감히 국경 밖으로 나오지 못하도록 만들었다. 또한 백기는 항복한 병사들을 모조리 죽였고, 진평은 형수와 관계하고 뇌물을 받았으며, 진섭은 친구를 죽였다. 그들은 모두 품행과 덕이 부족하였다. 하지만 그런 행동은 그들이 영웅의 기개를 지닌 대장부가 되는 데 영향을 주지 않았다.

사마천은 《사기》를 기술함에 있어서 특별히 '기奇'를 중시하였다. '기奇'라는 것은 곧 '재능'이었다. 사마천은 인재에 대하여 그 출신의 존비를 논하지 않았고 또한 직업의 귀천을 따지지 않았다. 오직 '기재奇才'만 있다면 그를 위한 열전을 기술하여 칭송하였다. 이를테면 오자서가 아버지를 구하러 가지 않고 살아서 복수하겠다는 것도 사실 유가의 충효 사상과 배치된다. 하지만 사마천은 진섭이 나라를 위하여 죽었던 사실과 오자서가 치욕을 갚고 형가가 폭압에 맞서며 유협이 법을 어기며 의를 행하는 등의 기행奇行을 칭송하였다.

사마천의 눈에 그들이 보여 준 행위는 모두 군주와 제왕에 대한 도전이며 불합리한 사회를 바꾸려는 것이었다. 그리고 이는 기존의 전통적인 '우직한' 충효 덕행의 한계를 뛰어넘은 시각이었으며 시대를 훨씬 앞서 간 사상이었다.

인재로써 나라를 일으키다

은나라 주왕이 황음에 빠지고 어지러워지자 많은 제후들이 배반을 하고 서백에게 귀의하였다. 왕자 비간이 간했으나 듣지 않았다. 당시 상용商容

이라는 인물은 매우 현명하여 백성들이 그를 사랑했지만 주왕은 그를 기용하지 않았다.

이윽고 서백이 기국饑國을 멸하자 대신 조이祖伊가 급히 달려와 고하였다. "대왕께서 음란하고 포악함으로써 스스로 하늘과의 관계를 끊어 버리신 것이고, 때문에 하늘이 우리를 버리신 것입니다. 이제 대왕께서는 어찌 하시겠습니까?"

그러나 주왕은 이를 받아들이지 않았다. "내가 태어나 왕으로 된 것은 천명이 있어서가 아닌가!" 조이는 깊이 탄식하였다. "주왕에게는 간하지 못하겠구나!" 그 뒤 무왕은 군사를 이끌고 맹진에 이르자 약속을 하지 않았지만 스스로 모여든 제후들이 800명이나 되었다. 제후들은 "주왕을 능히 토벌할 수 있습니다"라고 하였다. 그러나 무왕은 "그대들은 아직 천명을 알지 못하고 있소!" 라고 말하며 되돌아갔다.

다시 2년이 흘러 주왕은 왕자 비간을 죽이고 충신 기자를 가두었다. 그러자 은나라의 태사와 소사가 은나라의 제기祭器와 악기樂器를 품에 안고 주나라로 도망을 갔다. 그러자 무왕은 제후들에게 "은나라는 무거운 죄를 지었다. 이제 정벌하지 않으면 안 된다"고 선포하였고, 단 한 번의 전쟁으로 주왕을 멸하였다.

춘추시대 제 환공은 관중, 포숙, 습붕, 고혜를 얻었다. "나라의 정치를 함께 정돈하고, 다섯 가구를 기초로 하는 군제軍制를 시행했으며, 화폐를 주조하고 어로漁撈, 제염製鹽의 세수 제도를 확립하며, 가난한 자들을 구제하고 현능한 선비를 기용하고 우대하니, 제나라의 사람들은 모두 기뻐하였다." 환공은 천하의 패자가 되었다. "제 환공이 천하의 패자가 되어 제후들과 여러 차례 회맹하고 천하를 바로잡았으니, 이는 모두 관중의 지모

智謀에 의한 것이었다(〈관안열전〉)."

전국시대 연 소왕은 악의를 장군으로 삼아 제나라를 공격하여 파죽지세로 제나라의 70여 개 성을 함락시켰다. 그 뒤 연나라 혜왕은 악의를 몰아냈고, 제나라의 전단은 화우기계火牛奇計를 써서 연나라 군사를 공격하여 "제나라 사직을 보존시켰다."

진나라의 부강이야말로 인재로써 나라를 흥하게 만들었던 전형적 사례다.

사마천은 전국시대 시기에 총 21편의 열전을 기술하였는데, 진나라 인물이 그중 아홉 명을 점한다. 〈상군열전〉, 〈장의열전〉, 〈저리자감무열전〉, 〈양후열전〉, 〈백기왕전열전〉, 〈범저채택열전〉, 〈여불위열전〉, 〈이사열전〉, 〈몽염열전〉 등 아홉 개의 열전 모두 진나라를 흥하게 만든 현재賢才에 대한 기술이다.

우선 진나라 효공은 상앙을 기용하여 백성을 부유하게 하고 국가를 부강하게 만들었으며, 진나라 혜왕은 장의를 등용함으로써 연횡책을 완성하였고, 진 소왕은 백기를 임용하여 장평에서 대승을 거두었다. 그리고 범저는 원교근공책으로써 남쪽으로 초나라를 깨뜨리고 북쪽으로는 삼진을 압박했으며, 또 동쪽으로 제나라를 격파하였다. 진시황은 이사, 왕전, 몽염이라는 뛰어난 인재들을 기용하고 그 보좌를 받아 마침내 천하를 통일시킬 수 있었다.

이와 반대로 초나라는 충신 굴원을 추방시킨 뒤 영토가 갈수록 좁아졌고, 위나라는 명신名臣 신릉군을 기용하지 않았으며 조나라는 명장 이목을 스스로 죽인 까닭에 결국 나라의 멸망을 초래하였다. 소진이 6국 재상으로 있을 때 진나라는 무려 15년 동안이나 감히 함곡관을 넘어가지 못했다.

초나라가 망하고 한나라가 흥하는 데에 있어 용인用人의 득실은 더욱 중요한 역할을 하게 된다. 한신, 소하, 조참, 장량, 진평, 주발, 장이, 팽월, 경포, 노관, 번쾌, 역상, 하후영, 관영 등 많은 현상양장賢相良將이 유방을 도와 천하를 장악할 수 있었다. 이는 가히 '인재人才의 경제經濟'라고 불릴 만하였다.

반면에 항우 아래에 있던 현재賢才들은 모두 도망가서 거꾸로 유방의 편이 되었고, 오직 범증 한 사람만 있었으나 그마저도 중용하지 않아 결국 항우 자신 혼자만 남게 되었던 것이다. 일이 이렇게 되었으니, 어찌 항우가 패망하지 않을 수 있었겠는가!

덕德을 중시할 것인가, 재才를 중시할 것인가?

덕德과 재才의 문제는 역대 용인자用人者들이 대단히 중요시했던 사안이다. 덕을 중시하는가 아니면 재능을 중시할 것인가? 이는 항상 용인자들을 곤혹스럽게 만든 문제였던 것이다.

사마광司馬光은 그의 저서 《자치통감》에서 재才와 덕德의 문제가 출현할 때마다 언제나 덕德을 가장 윗자리에 놓았다. 그는 "재才는 덕의 자산이며, 덕德은 사람의 스승이다"라고 설파하였다. 즉 재才는 덕의 의거依據로서 재를 결여한 덕은 그 어떠한 일도 이뤄낼 수가 없게 된다. 덕이 있음으로 하여 비로소 인재를 끌어들일 수 있다. 하지만 재才는 반드시 덕의 범주 내에서 역할을 한다는 것이다.

사마광이 매우 중요하게 여긴 사상이 있다. 그것은 바로 지도자란 사람을 알아보는 것(지인知人)과 사람을 선택하여 기용하는 것(택인용인擇人用人)에 뛰어나야 한다는 주장이었다. 이것은 매우 중요한 문제이지만 시행하기란 대단히 어렵다.

사람을 알아봄에 있어 지도자 주변에는 항상 사람들이 어떤 다른 사람들의 과실을 들어 논란을 일으킨다. 그중에는 참언도 있고, 충언도 있으며 또 간언도 있기 때문에 명군明君이라면 반드시 그 식별에 뛰어나야 한다. 한 사람이 얘기할 때는 별 게 없더라도 여러 사람이 얘기하면 지도자는 자신도 모르게 차츰 의심을 할 수밖에 없게 된다.

한 고조 유방의 경우, 주발과 관영이 사실의 근거를 가지고 진평에 대하여 비판을 하자 의심을 갖기 시작하였다. 그래도 그는 아직 신중하여 금방 결론을 내리지는 않았고, 그를 추천했던 위무지에게 책임을 물었다. 그래서 사람을 기용하는 문제가 초점으로 부각되었다. 재능으로 기용하는가, 아니면 덕에 의하여 기용하는가, 그 장점을 취할 것인가 아니면 단점을 취할 것인가, 이는 용인用人에 있어서 핵심적인 문제가 된다.

이때 위무지는 말한다.

"대왕께서 쓰신 것은 그의 기묘한 계책이며, 형수와 관계하고 뇌물을 받은 그런 것들은 인품의 작은 부분에 속하는 문제입니다."

이 문제에 있어 사마광은 "덕행이 높은 것을 일러 현명하다고 하고, 지용智勇이 출중한 것을 가리켜 '능能'이라 한다. 현명은 반드시 능할 필요가 없고, 능하다고 해서 반드시 현명할 필요는 없다. 각기 그 장점을 따라 그것의 자리를 맡기면 된다"라고 말하였다. 사마광은 진평에 대하여 '탐욕스럽고 부패한 사람'이라 평하였고, 한신에 대해서는 '부끄러움을 모르는 선비'라 평한다. 그러나 그들의 재능은 어떤 특정한 분야에서 대단히 출중했으며, 한 고조가 쓴 것은 바로 그들의 장점이었다. 그리고 그들은 고조가 천하를 평정할 때 모두 뛰어난 공적을 세웠다.

여기에서 다시 덕德과 재才의 문제에 직면한다.

유가 사상은 역대로 덕재겸비德才兼備를 주장했지만, 실제로는 덕德을 재才의 상위에 위치시켰다. 그리하여 용인用人에 있어 먼저 그 사람의 인품수양이 어떤가를 중시하였고, 만약 그 인품이 좋지 못하면 그를 기용하지 않았다.

반면 만약 그 사람이 인덕이 있고 충후하다면 비록 재능의 측면에서 약간의 흠이 있더라도 그를 기용하였다. 왜냐하면 이러한 사람을 기용하면 업무에 있어 비록 큰 성과를 내지 못하더라도 큰 착오는 없고 지도자에게 순종하기 때문이다. 또 다른 사람을 비난하지 않으며 동시에 다른 사람에게도 비난받지 않아 지도자가 마음을 놓게 되고 대중들도 그다지 큰 의견을 제기하지 않기 때문이다.

그러나 이러한 기용 방식은 자주 많은 폐단을 가져온다. 왜냐하면 이러한 사람은 실제로 덕과 재능이 없는 사람으로 결정적인 시기에 결정을 하지 못하고, 결국 커다란 손실을 초래하기 때문이다.

5대 10국 시대 후당後唐 황제는 노문기盧文紀를 재상으로 등용했다. 그런데 뒷날 석경당이 거란과 결탁하여 공격해 들어올 때 후당 황제가 노문기에게 결정을 내리도록 했으나 노문기는 오직 죄만 청할 뿐 한마디도 하지 못하였다. 만약 일국의 재상이 모두 이와 같다면 국난이 닥치고 적병이 국경을 넘어와도 속수무책일 수밖에 없다. 이러한 용렬한 재상이 무슨 소용이 있겠는가?

5.
과연 어떻게 인재를 기용할 것인가?

당 태종 이세민은 "위관택인자치, 위인택관자란爲官擇人者治, 爲人擇官者亂"이라고 하였다. 즉 "어떤 직위를 위하여 적합한 사람을 기용하게 되면 잘 다스려 질 것이고, 어떤 사람을 위하여 그에 맞는 관직을 고르게 되면 어지러워진다"는 의미다.

당나라 개국 초기에 두탄竇誕이라는 개국공신이 있었다. 그는 일찍이 원수부 사마의 직책에 있으면서 이세민을 수행하여 공을 세웠다. 이세민은 황제에 오른 뒤 예전의 공적과 능력을 생각하여 두탄을 불러 그에게 황제 친척들의 내부 사무를 관리하는 직책을 하사하였다.

하지만 두탄은 이미 연로하여 가끔 군신이 모인 자리에서조차 실수가 잦았다. 이에 대하여 이세민은 자신이 사람을 잘못 기용했으며 예전의 관계나 예전의 인상만으로 두탄을 기용하여 일을 그르쳤다고 솔직하게 인정하였다. 그러고는 스스로 글을 써서 조서를 내려 두 번 다시 이러한 과오를 범하지 않겠다고 밝혔다.

위관택인爲官擇人과 위인택관爲人擇官은 용인用人에 있어 두 가지 대립되는 방법이다.

위관택인爲官擇人의 사고방식은 기실 손자의 택인임세擇人任勢론과 궤를 같이하고 있다. 위관택인爲官擇人의 출발점은 '관官' 즉 사업이며, 바로 그 사업의 발전을 위하여 인재를 기용하는 것이다. 반대로 위인택관爲人擇官의 출발점은 한 사람의 욕망에 지나지 않는다.

위관택인爲官擇人의 기준은 덕과 능력으로서 어떤 한 임무를 충분히 담당할 수 있는 사람이다. 반면 위인택관의 경우, 덕과 능력 같은 것은 전혀 기준이 아니다. 유일하게 기준이 있다고 한다면, 그것은 오직 자신과 친한 사람이라는 것뿐이다.[31]

그렇다면 과연 어떻게 인재를 기용할 수 있는가?

여기에 몇 가지 방안을 제시하고자 한다.

1 | 황금대와 초현대, 천하의 선비를 모으다

첫 번째 방식은 황금대黃金臺를 지어 인재를 기용하는 것이다.

전국시대 연나라 소왕은 곽외에게 어떻게 해야 현명한 선비를 얻어 제나라에 복수를 할 수 있는가를 물었다. 곽외가 입을 열었다.

"어느 나라에 왕이 천금을 들여 천리마를 사고자 하였습니다. 그로부터 3년이 흘렀지만 여전히 살 수가 없었지요. 다시 석 달이 지났습니다. 그런데 말을 사기 위하여 파견된 자가 오백 금을 들여 죽은 천리마 한 마리를 사 왔습니다. 왕은 크게 화가 나서 '내가 원하는 것은 산 말인데, 너는 어찌 이렇게 많은 돈을 들여 죽은 말을 사 왔다는 말이냐?' 라고 호통을 쳤지요. 그러자 그 자는 '대왕께서 죽은 말도 오백 금을 들여 샀는데, 산 말이야 어떻겠습니까? 분명 천하 사람들이 대왕께 산 말을 팔기 위해 난리가 날 것입니다' 라고 말하였습니다. 과연 얼마 지나지 않아 세 마리의 천리마를 얻게 되었지요."

그러면서 곽외는 말을 이었다.

"대왕께서 선비를 얻으시려 하신다면 먼저 저 곽외부터 시작하십시오. 저와 같이 재주가 없는 사람도 대왕께 채용되는 것을 알고 저보다 능력이 있는 사람들이 반드시 풍문을 듣고 천리길을 달려올 것입니다."

연 소왕은 곽외의 건의를 받아들여 즉시 그를 기용하고 또 황금대를 지어 그 안에 천금을 두고 현사를 모집하였다. 그러자 천하의 모든 인재들이 앞을 다투어 연나라로 몰려들었다. 그중에는 위나라의 군사전략가 악의와 제나라 음양가 추연 등등이 있었고, 이들에 의하여 연나라는 전국 7웅으로 당당히 설 수 있었다. 특히 악의는 연나라가 제나라에 복수하는 데 큰 공을 세웠다.

황금대는 초현대招賢臺라고 불리기도 한다. 제갈량도 이를 본떠 성도成都의 남쪽에 높이 누각을 지어 천하의 선비를 초빙하였다.

2 | 예현하사, 스스로 몸을 낮춰 선비를 모시다

두 번째 방식은 예현하사禮賢下士, 즉 현사賢士를 예禮로 대하고 스스로 몸을 낮춰 선비를 대하는 것이다.

주 문왕이 현사를 예로 대하여 강태공이 가까이 할 수 있었고, 유비가 현사를 예로 대하여 제갈량이 있을 수 있었으며, 이세민이 현사를 예로 대하였기 때문에 위징이 가까이 있을 수 있었다. 또 주원장이 현사를 예로 대하여 유기劉基가 곁에 있을 수 있었다.

위 무후와 오기의 사례도 이러한 유형에 속한다. 위 무후가 언젠가 군신들과 정무를 의논하였는데, 군신들의 지혜가 위 무후를 따르지 못하였다. 회의가 끝날 때 위 무후는 만면에 희색이 돌았다. 이때 오기가 비판하였다. 오기는 초 장왕과 군신의 회의를 예로 들어 군신의 지모가 부족하자 회의가 끝난 뒤 장왕의 얼굴이 우울해졌음을 말하면서 나라에 재사가 없으니 초나라가 위험해지리라 생각했다고 설명하였다. 그러면서 오기는 "대왕께서 군신들이 부족하다고 하여 스스로 기뻐하시니 참으로 대왕을 위하여 매우 불안해집니다"라고 말하였다.

오기의 말은 실로 직설적이었으나 위 무후는 개명開明 군주로서 능히 현사를 예로 대할 줄 알았다. 위 무후는 오히려 오기의 간언에 감사하였다. 위 무후가 성공을 거둔 데에는 이러한 그의 태도와 관계가 있었다.

3 | 모수자천, 스스로 추천하다

셋째, 스스로 추천하게 하여 인재를 기용하는 방식이 있다. 가장 유명한 이야기가 모수자천의 사례다.

진나라가 조나라 서울 한단을 포위하게 되자, 조나라 왕은 평원군을 초나라에 보내 구원을 청하고 아울러 초나라와 합종을 맺어 진나라에 대항하고자 하였다. 이에 평원군은 문하 식객 중에 학문이 깊고 용기 있는 문무 겸비한 스무 명을 선발해 자신을 수행케 하였다. 그래서 열아홉 명까지는 어렵지 않게 선발했는데 나머지 한 명을 쉽게 구할 수 없어 스무 명을 채우지 못하고 있었다.

이때 식객 중에 모수毛遂라는 사람이 앞으로 나오더니 평원군에게 스스로 자신을 추천하였다.

이에 평원군이 모수에게 물었다.

"당신이 내 집에 온 지 몇 해나 되었소?"

모수는 "이제 3년이 되었습니다"라고 대답하였다.

그러자 평원군이 정색을 하고 이렇게 말하였다.

"현명한 사람은 마치 주머니 속의 송곳과 같아서 송곳 끝이 주머니를 뚫고 나오듯 금방 세상에 알려지는 법이오. 그런데 그대는 내 집에 3년이나 계셨지만 한 번도 다른 선비들이 당신을 칭찬하여 추천하지 않았고 나 역시 그대에 대한 말을 들어본 적이 없었소. 그것은 곧 당신이 별다른 재주가 없다는 사실을 말하고 있는 것이라 생각되오. 그러니 이번에는 같이 갈 수가 없소. 집에 남으시오."

그러자 모수가 이렇게 말했다.

"저는 오늘에야 비로소 주머니 속에 넣어 달라고 청하는 것입니다. 만약 이 모수가 일찍이 주머니 속에 있었더라면 송곳 끝이 나올 정도에 그치지 않고, 아예 송곳자루까지 주머니를 뚫고 밖으로 나왔을 것입니다."

평원군은 결국 모수가 동행하는 것에 동의하였다. 드디어 평원군이 초나라 왕을 만나게 되었는데 초나라 왕과 합종에 대해 의견을 나누었지만 반나절이 지나도록 별다른 결론을 내리지 못하고 있었다. 이때 모수가 즉시 칼을 움켜잡고 한 걸음에 계단 위로 뛰어올라 평원군에게 말했다.

"합종의 이해는 단 두 마디면 결정될 일입니다. 지금 해 뜰 때부터 시작하여 해가 중천에 떠 있는데도 결정을 내지 못하다니 무슨 연유입니까?"

이에 초나라 왕이 평원군에게 물었다.

"저 손님은 무엇을 하는 사람이오?"

그러자 평원군은 "저의 식객으로 있는 모수라는 사람입니다"라고 대답하였다.

초나라 왕은 모수를 꾸짖었다.

"왜 아직 내려가지 않고 있는가! 내가 너의 주인과 회담을 하고 있는 중인데 너는 무엇을 하고 있는가!"

그러나 모수는 칼자루를 손에 잡은 채 몇 걸음 더 앞으로 나가 외쳤다.

"대왕께서 저를 꾸짖을 수 있는 것은 초나라 사람들이 많은 것을 믿기 때문입니다. 그러나 지금 이 순간에는 열 걸음도 채 안 되는 거리에서 대왕의 목숨이 저의 손에 달려 있을 뿐 초나라 사람이 많아도 소용이 없습니다. 우리 주인께서 앞에 계신데 저를 꾸짖을 수 있습니까? 옛날 은나라 탕왕은 겨우 70리 땅을 가지고 천하를 거느리는 왕이 되었으며 주나라 문왕도 100리밖에 안되는 작은 나라였지만 결국 모든 제후들을 복종시켰는데 그들의 사졸들이 많았습니까? 그들은 형세를 이용할 줄 알았기 때문에 천하에 자신들의 권위를 떨칠 수 있었던 것입니다. 지금 초나라 땅은 사방 5천 리가 넘고 창을 잡은 군사가 100만이나 됩니다. 이는 패자가 되고 왕자가 될 수 있는 매우 좋은 조건입니다. 이 강력한 힘에 대적할 군대는 이 세상 어디에도 없습니다. 그런데도 진나라 장군 백기와 같이 보잘것없는 자가 불과 수만 명의 군사를 이끌고 초나라를 한 번 공격하여 언과 영을 점령하고 두 번 공격하여 이릉을 불살랐으며 세 번 공격해 초나라 종묘를 욕보였습니다. 이야말로 초나라로서는 영원히 씻지 못할 수치인 것이며 우리 조나라조차도 수치스럽게 생각하고 있을 정도인데, 대왕께서는 오히려 수치를 모르고 계십니다. 합종은 초나라를 위한 것이지 조나라를 위한 것이 아닙니다. 우리 주인께서 앞에 계신데 저를 꾸짖을 수 있습니까?"

그러자 초나라 왕은 고개를 끄덕이며 말했다.

"맞소. 맞소. 확실히 선생의 말씀이 옳소. 내 이 나라의 모든 힘을 쏟아 조나라와 합종하여 진나라에 대항하리다."

"이제 합종을 결정하신 것입니까?" 모수가 물었다.

초나라왕은 "결정하였소"라고 대답했다.

모수는 초나라 왕을 모시고 있는 사람에게 "닭과 개와 말의 피를 가져 오시오(고대에 맹약을 맺을 때에는 황제는 소와 말, 제후는 개와 돼지, 대부 이하는 닭의 피를 사용했다.)"라고 명령하였다. 모수는 두 손으로 그 피를 담은 구리 쟁반을 받친 채 무릎을 꿇고 초나라 왕에게 올렸다. "마땅히 대왕께서 먼저 피를 드시고 합종 맹약 확정의 성의를 보여 주십시오. 다음에는 우리 주인 어르신, 그리고 그다음은 제가 마시겠습니다."

이렇게 하여 마침내 초나라의 궁에서 합종의 맹약이 맺어졌다.

조나라와 초나라 사이의 합종을 완성시킨 후 평원군이 조나라로 돌아와서 탄식해 마지않았다.

"내가 다시는 선비들을 평가하고 관찰하지 않겠다. 내가 지금까지 선비들을 많으면 수천 명, 적게 말해도 수백 명을 만나보고 스스로 천하에서 얻기 어려운 인재를 한 명도 놓치지 않았다고 생각해 왔었다. 그러나 모수 선생의 경우는 내가 완전히 몰라봤다. 모수 선생이 초나라에 한 번 가서 조나라의 지위를 저 유명한 구정대려九鼎大呂보다도 더 무거운 것으로 만들었다. 모수 선생은 다만 세 치 혀를 가지고 백만 대군보다 큰 위력을 발휘하였다. 이제 정말 나는 더 이상 선비들을 감히 평가하고 살펴보지 않겠다."

그리고 평원군은 즉시 모수를 상객으로 모셨다.

노나라의 장군 조말도 스스로를 추천하여 강적 제나라와의 전쟁을 승리로 이끌었다. 조말이 스스로를 추천할 때 주위 사람들은 모두 말렸다. 하지만 그는 전쟁에 참전하여 커다란 전공을 세웠다.

스스로를 추천한다는 것은 평범한 일이 아니다. 스스로를 추천하는 자는 용기가 필요하다. 강렬한 성취욕이나 책임감이 없거나 자신의 재능이 없거나 혹은 위험을 무릅쓰고 세속의 편견과 투쟁하는 용기가 없다면 감히 엄두도 내지 못할 일이다.

그러나 덕과 재능을 갖추지 못하고 뛰어난 안목과 통찰력이 없는 지도자는 '모수'를 알아보지 못한다.

4 | 백락일고, 다른 사람을 추천하다

네 번째 방식은 다른 사람을 추천하는 것, 곧 타천他薦이다.

타천他薦이라 하면, 먼저 백락伯樂이 떠오른다. 백락은 진 목공 시대 사람으로서 천리마를 잘 알아보는 것으로 유명하다. 그리하여 백락이 말을 살펴 추천하는 것은 일종의 비유법으로서 백락은 인재를 추천하는 사람으로 비유되고 천리마는 인재로 비유된다.

《전국책》〈연책燕策〉에 의하면, 어떤 사람이 준마를 팔려고 했지만 사흘이 지나도록 팔지 못하였다. 이 사람은 백락을 만나보기를 원하여 백락이 한 번 다녀가 이 말을 살펴봐 달라고 요청하였다. 백락은 이에 응하여 말을 살피고 돌아갔다. 그 뒤 말이 팔린 것은 물론이고 그 가격은 무려 열 배나 뛰었다.

이것이 곧 '백락일고伯樂一顧'의 고사다. 백락이 말을 한 번 보는 것만으로도 이미 신화화되어, 준마가 팔릴 수 있느냐의 여부가 준마 자체의 뛰어남에 있지 않고 백락이라는 사람의 역할에 달려 있다는 뜻이다. 그러나 사실 이는 정당하지 못하다. 하지만 이 고사는 역설적으로 한 가지 사실을 분명히 알려 준다. 즉 백락이 추천하는 그 커다란 역할은 확실하게 존재한다는 점이다.

현실 생활에서 어떤 사람들은 백락이 말을 알아보고 추천하는 방법론에 이견을 제기할 수도 있을 것이다. 그들은 백락의 방식이 실천은 진리를 검증하는 표준이라는 원칙을 위배하고 있다고 말한다. 이른바 백락, 혹은 지도자, 혹은 전문가, 혹은 '말의 관상을 보는' 사람들에 있어 주관적 요소는 피할 수 없다. 모두가 참으로 좋은 말인지 알 수 없으며, 또한 우연성이 작용한다. 심지어 어떤 사람들은 말을 알아보는 것을 핑계 삼아 자기의 이익을 도모하기도 한다. 그리하여 그들은 말의 관상을 보고 선발하는 대신 먼저 경주를 해 보고 선발하는 방안을 제기한다.

그러나 이러한 주장이 완전히 옳은 것은 아니다. 역사와 현실은 백락상마伯樂相馬가 적지 않았음을 증명하고 있다. 손무는 오자서가 알아보고 합려에게 추천하여 중용되었고, 오기는 이회가 추천하여 위 문후에게 기용되었다. 그리고 손빈은 전기가 제 위왕에게 추천하였다.

여기에서 타천에 대하여 몇 가지 살펴보자.

첫째, 전문가의 인재 추천은 인재 기용의 한 방법으로 오자서, 이회의 경우와 같이 사람을 알아보는 사람은 영원히 필요하다. 인재 기용의 경로를 하나라도 늘리는 것이 경로가 적은 것보다 낫다. 좋은 말은 경기 중에 그 뛰어남이 드러나지만, 만약 아무도 추천하지 않으면 그 좋은 말도 결국 경기에 참여할 기회를 가지지도 못하게 된다. 비록 어떤 말들은 자기가 스스로 워낙 뛰어나 자연스럽게 참여할 수도 있겠지만, 그런 경우도 필경 극소수일 뿐이다.

둘째, 어떤 사람이 추천한 조건 위에서 많은 사람들에게 그 말을 평가하도록 함으로써 전문가 혹은 기타 사람들이 말을 살펴볼 때 소홀했던 점이나 보지 못했던 점을 볼 수 있도록 해야 한다. 동시에 기업 관리의 측면에서 필요한 인재는 여러 다양한 분야이며, 몇 명의 백락이 지닌 혜안만으로는 충분하지 않다. 말의 관상을 보려면 많은 사람에게 보이는 것이 가장 좋다.

셋째, 추천에 있어 평가가 있는 조건 위에 경기장에 가서 경기를 한 번 치르게 하는 방법이 있다. 손무가 오왕에게 중용되었을 때 오왕의 시험을 통과하는 과정이 있었고, 오기 역시 마찬가지였다.

한편 주위에서 인재를 기용하는 과정에서 매우 중요한 부분이 있다. 별로 이해관계를 갖고 있지 않은 사람이 하는 '평가'가 대단히 중요한 역할을 한다는 사실이다. 특별히 로비로 부탁을 해서 그러한 '평가'를 하는 것이 아니고 그 사람의 평소 삶에 대한 소문이 그 사람에 대한 일종의 '평가'로 이어지는 경우다.

결국 평소의 삶에 의하여 "뿌리는 대로 거두는 것이다."

신용할 수 없는 사람이야말로 쓸모가 있다

성실한 사람, 효도를 잘 하는 사람, 청렴결백한 사람. 이들은 뭇사람들로부터 좋은 평판을 듣는 사람들이다. 그런데 이들이 사실은 별로 쓸모가 없다고 주장하는 사람이 있었다.

바로 천하의 유세객 소진이었다.

소진은 연나라 왕을 만나 말했다.

"전에 저는 낙양에서 태어난 비천한 평민에 불과했습니다. 일찍이 조그마한 공도 없었지만 임금께서는 저를 중용하시어 제나라에 사신으로 보내 주셨습니다. 다행히도 제나라로부터 열 개 성을 되돌려 받게 되어 더욱 두터운 신임을 받을 줄 알았는데 임금께서는 저를 복직조차 시켜 주시지 않았습니다. 누군가 저를 믿을 수 없다고 중상모략했기 때문이라 생각합니다. 제가 신의를 지키지 못하는 것은 오히려 대왕의 복입니다! 저는 충신忠信은 다만 자신을 위한 것일 뿐이며, 진취적인 행위야말로 비로소 타인을 위한 것이라고 들었습니다. 제가 제나라 왕에게 유세한 것은 그를 속인 것이 아닙니까? 저는 연로한 모친을 동주에 남긴 채 떠났는데, 이는 원래 자기만을 고려하는 생각을 포기하고 남이 진취를 실행하는 것을 돕고자 함이었습니다.

지금 여기에 증삼曾參과 같이 효도 잘하는 사람과 백이와 같이 청렴결백한 사람, 미생尾生과 같이 성실한 사람이 있어 그 세 사람이 대왕을 섬긴다면 어떻게 생각하십니까?"

이에 연왕은 "그야 대단히 좋을 것이오"라고 대답하였다.

그러자 소진이 말했다.

"그렇지 않습니다. 증삼과 같이 효도가 지극한 아들은 단 하루도 부모 곁을 떠나 밖에서 자지 않습니다. 그렇다면 어떻게 그를 천 리나 떨어진 먼 이곳에 데리고 와서 당장 내일 어떻게 일이 벌어질지 모를 연나라의 국정을 돌보게 할 수 있겠습니까?

또 백이는 의리를 지켜 무왕의 신하가 되기를 거부하고 수양산에 들어가 굶어 죽었습니다. 이와 같이 너무 대쪽같이 깨끗한 사람에게 어떻게 제나라에 가서 진취적인 큰 사업을 맡길 수 있겠습니까?

그리고 미생은 애인과 다리 아래서 만나기로 약속하여 약속 날짜에 다리에 나가 기다렸습니다. 때마침 엄청난 홍수가 나는 바람에 물이 계속 불어났지만 그는 꿈쩍도 않고 계속 기다리다가 마침내 다리를 부둥켜안고 죽었습니다(미생지신尾生之信).

그렇다면 대왕께서는 이렇게 성실하기만 한 사람을 천 리 밖에 내보내 제나라의 사나운 병사들을 물리치게 하실 수 있습니까? 저야말로 충의와 신의를 지켰기 때문에 오히려 군왕에게 죄를 짓게 된 것입니다."

이에 연나라의 왕이 반문하였다.

"아니, 충의와 신의를 지켰다면 어찌 죄를 받을 수 있겠소? 그대가 지키지 못했기 때문에 죄를 받은 것 아니오?"

그러자 소진은 이렇게 반박하였다.

"아닙니다. 어떤 사람이 먼 곳에 발령을 받게 되어 집을 떠나 있을 때 그의 처가 몰래 다른 남자와 정을 통했습니다. 이윽고 그가 돌아오게 되자 정부情夫가 매우 불안해했습니다. 그러자 그 여자는 '아무 걱정 말아요. 이미 술에 독을 타 놓았어요.' 라고 말했답니다.

드디어 남편이 돌아왔을 때 그 여자는 하녀에게 술잔을 남편에게 권하도록 했습니다. 그런데 그 하녀는 독을 탄 사실을 알고 있었기 때문에 매우 괴로웠지요. 주인에게 사실을 말하자니 당장 부인이 쫓겨날 것이고 그렇다고 알리지 않으면 주인이 죽기 때문이었지요.

하녀는 생각 끝에 일부러 넘어져 술잔에 든 약주를 바닥에 쏟아 버렸습니다. 그러자 주인이 크게 화를 내며 채찍을 들어 50차례나 때렸습니다. 한 번 넘어져서 주인도 살리고 부인도 살렸지만 매를 맞는 것은 피할 수 없었습니다. 그러니 충의와 신의를 다한다고 해서 죄를 피한다고 할 수 없습니다. 불행히도 저의 경우가 바로 이와 같은 것입니다."

연나라 왕은 고개를 끄덕였다.

"잘 알겠소. 다시 한 번 나를 위해 일해 주시오."

그러고는 소진을 전보다도 더욱 극진하게 대접하였다.

자기 분야에서 탁월한 성과를 보여 준 정치가나 군사 전략가는 사람을 기용하는 용인用人의 문제에서 현명한 인재를 구하되 완전무결한 사람을 구하지 않았고, 현자賢者에 대하여 작은 허물은 묻어 주고 과거 자신과의 불편한 관계를 기억하지 않았다.

명나라 태조 주원장은 제나라 환공의 경우처럼 이전에 자기를 반대했던 사람을 기용한 군주였다. 그는 '나는 다만 지금의 성실함을 생각하고, 이전의 과오를 과오로 생각하지 않는다'고 말하였다. 그러면서 원래 적국 원나라에 봉사했던 장군이나 관리들에게도 과거를 묻지 않고 진심으로 대우하였다.

삼국지의 조조 역시 이러한 풍모를 지녔다. 조조가 일찍이 완성을 공략할 때 장수張繡가 투항하였는데, 다시 별안간 조조를 기습하였다. 이로 인하여 조조의 큰아들을 비롯하여 많은 부하들이 전사하였고, 조조 자신도 화살을 맞아 부상을 입었다. 그러나 조조는 관도官渡에서 원소와 전쟁을 벌일 때 오히려 사람을 보내 장수를 불러들였다. 장수가 조조의 휘하에 들어오자 조조는 그에게 장군의 직위를 주고 자기의 아들과 장수의 딸을 혼인시켰다.

4
화식가, 그들이 부귀하게 된 내력

《사기》〈태사공자서〉는 "벼슬이 없는 일반 백성들이 국가의 법에 저촉되지 않고 또 백성들의 생활에 해를 주지 않았으며, 매매는 시기에 따라 결정하였다. 이렇게 그의 재부는 증가하였고, 총명한 사람 역시 취할 바가 있다고 여겼다. 이에 〈화식열전〉제69를 짓는다"고 기술하였다.

사마천에게 있어 진정한 화식가란 마땅히 평민 출신이어야 했다. 〈화식열전〉의 앞부분에서 기술하고 있는 강태공, 관중, 계연 등은 모두 경제 재략을 지닌 정치가로 진정한 의미의 '화식가'는 아니었다. 그들이 장려했던 상업 발전의 사상과 조치는 어느 한 개인의 영리를 목적으로 하는 것이 아니고, 정치적 이익을 출발점으로 하여 부국강병이 최종 목표였으며 상업은 단지 목표에 도달하는 보조적 수단에 불과하였다.[32]

〈화식열전〉에서 처음 소개하는 진정한 상인은 바로 도주공 범여다. 정치 세계로부터 벗어난 범여는 도陶라는 곳이 천하가 교통하는 요지라는 점을 한눈에 알아보고 그곳에서 물건을 교역하는 장사를 함으로써 거만트

萬의 부호가 되었다. 그리고 범여는 그 부를 바탕으로 덕을 베풀어 후세 상인들의 모범이 되었다.

사마천이 이러한 인물을 〈화식열전〉의 첫 부분에 기술한 목적은 "당세의 현인들이 부귀하게 된 내력을 간략하게 기술하는 것은 후세의 사람들이 고찰하여 선택할 수 있게 하기 위함이었다."

〈화식열전〉에서 언급하고 있는 화식가는 당시의 수많은 화식가들 중에서도 대단히 우수한 군계일학의 상인이다. 그들이 상업 경쟁에 탁월할 수 있었던 것은 반드시 남보다 뛰어난 장점을 지니고 있었기 때문이다. 사마천은 자본, 실력 축적 과정에서 그들이 지니고 있는 갖가지 장점을 기술하여 잘 묘사하고 있다. 이들 상인들은 모두 '사람들이 생각하지 못한 방법으로 승리'를 거두었다.

첫째, 이들 화식가들은 모두 비범한 상업적 안목과 용기를 지녔다.

범여는 교통의 편리라는 점이 상업 성공의 선결 조건이라는 사실을 인식하고 천하의 교통 요지인 도陶를 선택하였다. 또 탁씨는 다른 사람들이 "조금이라도 재물의 여유가 있으면 최대한 가까운 곳에 살고자 다투는" 상황에서 "이곳이 좁고 척박한" 것을 알아보고 스스로 멀리 떨어져 있지만 비옥한 "문산이라는 곳"으로 이주를 요청하여 그곳에서 광산을 발견하였고 결국 그곳 사람들 모두가 그에게 고용되었다.

범여와 탁씨가 일반 사람들과 다른 상업적 안목으로 부를 쌓았다고 한다면 무염씨의 경우는 더욱 그 수가 높다. 그는 자신만의 독특한 상업적 식견이 있었을 뿐 아니라 사회 정세를 통찰하는 정치가와 같은 용기와 모략을 지니고 있었다. 또한 전쟁이 발생하여 정국이 매우 불안해지자 다른 부자들이 감히 한나라 황실에 자금을 빌려 주지 못하고 있을 때, 오직 무염씨만은 "천금을 기중하여 열 배의 이자를 받았다." 전쟁 상황은 과연 무염씨의 예측대로 들어맞아 오초칠국의 난은 진압되었다. 1년 안에 무염씨는 원금의 열 배로 받게 되었고, 이로 인하여 그의 재산은 관중 전체의 부와 맞먹게 되었다.

이들은 이른바 '역발상'의 투자를 실천했던 셈이다. 사람들이 생각하는 상식을 뛰어넘어 그 상식 뒤에 있는 본질을 꿰뚫어 보고 남이 도저히 생각할 수 없는 대상에 과감한 투자를 결행하는 비범함으로써 부를 획득할 수 있었다.

둘째, 성공한 화식가는 반드시 효과적인 사업 전략을 구사하였다. 사마천은 그중에서도 특히 시기를 정확하게 포착하는 안목과 "사람들이 생각지 못한 방법으로 승리를 거두는 것"이 가장 중요하다고 인식하였다.

이 전략의 핵심은 곧 "물건이 천賤해지면 장차 반드시 귀貴해지고, 귀貴해지면 장차 반드시 천賤해진다"라는 경제 규율이다. 화식가가 만약 상품의 가격이 등귀하고 하락하는 정확한 시기를 알아낼 수 있다면 그것은 곧 성공의 관건이 된다. 이 전략을 가장 효과적이고 성공적으로 구사한 사람은 바로 주나라의 백규와 선곡 임씨다.

백규는 때의 변화를 즐겨 관찰하고 "사람들이 버리면 나는 취하고, 사람들이 취하면 나는 준다"는 원칙을 따라 곡물이 익어 가는 계절에 양곡을 사들이고 비단과 칠漆을 팔았으며 누에고치가 생산될 때 비단과 솜을 사들이고 양곡을 내다 팔았다. 백규는 상품이 계절에 따라 시장에 나타나는 이러한 틈을 교묘하게 이용하여 커다란 이익을 얻었다.

여기에서 임씨가 구사한 치부의 방식은 백규와 그 방법은 달랐지만 효과는 동일하였다. 임씨는 전쟁 상황에서 가장 필요한 것은 곧 식량이라는 점을 잘 알고 있었다. 그래서 진나라 말기 "호걸들이 모두 앞을 다투어 금과 옥을 차지할 때", 임씨는 반대로 땅굴을 파고 그곳에 식량을 저장하였다. 과연 전쟁이 계속되자 "백성들이 농사를 짓지 못하여 쌀값이 만금에 이르렀다." 이때 임씨는 저장된 식량으로 호걸들의 금은과 바꿔 큰 재산을 모았다.

사마천은 이렇게 기술하고 있다. "다른 부자들은 모두 앞을 다투어 사치했으나 임씨는 오히려 자신의 신분을 낮추고 겸손했으며 절약을 숭상하면서 스스로 힘써 농사와 목축업에 종사하였다. 논밭과 가축도 다른 사람들은 앞을 다투어 모두 싼 값으로 매입하였지만 오직 임씨만은 비싸고 우량한 것을 매입하였다. 그들 가문은 몇 대에 걸쳐 모두 커다란 부호로 살았다."

이밖에 〈화식열전〉에 소개된 범여와 교요 역시 사업의 시기를 포착하는 데 정확하였다. 교요는 국가가 변경을 개척하는 기회를 이용하여 목축업을 발전시켰다. 그는 소와 말과 양이 만 필이었고, 식량은 만 종으로 계산하였다.

사마천은 사업이라는 기상氣象의 변화에 능통한 총명한 상인들을 대단히 높이 평가하였으며, 그들이 "재산을 움켜줄 시기가 오면 마치 맹수와 맹금이 먹이에게 달려드는 것처럼 민첩하다"라고 묘사하였다.

이밖에도 사마천은 성실한 직업 정신을 성공한 화식가의 필수적인 요소로 지적하였다. 백규와 임씨는 사업 경영을 인생의 가장 중요한 요소로 인식하여 장사함에 있어 스스로 힘써 노동하고 사치와 욕망을 절제하며 소박하고 간소해야 함을 강조하였다. 백규는 "음식을 탐하지 않았고 욕망에 대한 향수를 절제하며 기호嗜好를 억제하고 극히 소박한 옷만 입으면서 매년 그를 위해 일하는 노예들과 동고동락하였다." 또한 임씨는 "자신의 밭농사와 목축에서 생산된 것이 아니면 입지도 먹지도 아니하고 공적인 일이 완결되지 않으면 절대로 술을 마시거나 고기를 먹지 않는" 것을 가훈으로 삼았다.

그들은 이렇듯 철저한 직업 정신을 가지고 곤경을 인내하며 소박하게 살았기 때문에 재산을 모을 수 있었을 뿐만 아니라 가업을 길이 이어갈 수 있었던 것이다. 그리고 조그만 자본으로 가문을 일으킨 사람들은 '도박'이나 '장을 판매한' 장리 등 소상인의 경우에서 알 수 있듯이, 심지가 곧고 근면 성실하였다. 그들이 재산을 모으고 축적해 나간 요인은 바로 '전심전력 성실하게 노력하는' 신념이 가져온 것이었다.

한편 사람을 잘 알아보고 적재적소에 쓸 수 있는가의 여부와 믿을 수 있는 조력자를 고르는 능력 역시 화식가의 능력을 가늠하는 중요한 기준이다. 범여는 '사람을 선택하는' 데 능했으며, 연로했을 때는 자손에게 맡겨 경영하도록 하여 거만巨萬의 부호가 되었다.

제나라의 풍속은 노예를 낮고 비천하게 여겼지만, 오직 도간刀間은 그들을 아끼고 중시하였다. 교활하고 총명한 노예는 주인들이 골치 아프게 생각하는 대상이었지만, 오직 도간만이 그들을 받아들이고 또 이용하여 그들을 파견함으로써 자기를 위하여 고기잡이나 제염을 하도록 하거나 혹은 상업에 종사하게 하여 이익을 얻도록 하였다. 그러면서 노예들을 관리들과 교류하게 하였고, 갈수록 그들에게 커다란 권한을 맡겼다. 마침내 그가 이러한 노예들의 힘에 의하여 가문을 일으키고 치부하여 재산이 수십만 금에 이르렀다. 그러므로 "관직을 받으니 차라리 도간의 노복이 되겠다"라는 속담까지 있게 되었다.

사마천은 놀라운 사업적 두뇌를 가진 화식가들을 매우 높이 평가하였다. 그는 "나는 경영을 할 때는 이윤이나 강태공이 계책을 실행하는 것처럼 하고 손자와 오기가 작전하는 것처럼 하며 상앙이 법령을 집행하는 것처럼 한다"는 백규의 말을 인용하여 경영관리의 이치에 통달한 화식가들을 높이 평가하였다.

촉의 탁씨는 원래 대단히 운이 좋지 않았다. 조국이 망하고 변경지방에 집단 이주당해야 했는데, 집안 형편도 지독히 가난해 부부가 직접 수레를 끌 정도였다. 그러나 그는 자신의 야철 기술을 바탕으로 하여 다른 사람들이 뇌물까지 바치면서 원하는 가까운 지역을 마다하고 일부러 먼 지방으로의 이주를 희망하였다. 그곳에서 광산을 개발하고 주조업에 종사하면서 뛰어난 경영 솜씨를 발휘, 마침내 제후보다 부유하게 되었다. 탁씨가 얻은 부는 그의 비범한 상업적 분석 및 예측 능력에서 비롯된 것이다.

1.
│ 누구든 지혜와 능력을 다해 부자가 될 수 있다

사마천의 눈에 사업 현장의 화식가들은 전쟁터에서 계책을 내고 천리 밖의 승리를 결정하는 모사謀士와 지자智者에 비하여 전혀 뒤지지 않았다.

당시 시대에서 사마천만이 진정한 부민론자富民論者였다. 그는 인간이 부를 추구하는 것을 불변의 진리로 보았다. 그는 "부란 인간의 타고난 성정性情이다. 그러므로 배우지 않아도 모두 바라는 바이다"라고 말한다. 그는 또 "조정에서 모든 힘을 다하여 계책을 내고 입론立論하며 건의建議하는 현인들과 죽음으로 신의를 지키면서 동굴 속에 은거하는 선비들의 목적은 도대체 무엇인가? 모두 재부를 위한 것이다"라고 기술하였다.

그는 부를 추구하는 욕망을 "귀와 눈에 좋은 소리와 색깔을 모두 즐기려 하고, 입으로는 각종 맛있는 고기를 끝까지 맛보려 하는" 것처럼 인간의 본성에 속하며, 이러한 본성은 어떠한 외부적 힘으로도 결코 없앨 수 없다고 역설하였다.

여기에서 "천하 사람들이 즐겁게 오고 가는 것은 모두 이익 때문이며, 천하 사람들이 어지럽게 오고 가는 것도 모두 이익 때문이다"라는 그의 유명한 결론이 나오게 된다. 사마천은 나아가 인간의 이러한 천성적 욕망에 대하여 인위적으로 그것의 생장生長과 발전을 억제해서는 안 되며, 마땅히 그 세勢에 따라 인도함으로써 적극적으로 전진시켜야 한다고 주장한다. 그러므로 사마천은 비록 "농업이 본本이고 공상은 말末이다"라는 개념을 여전히 인용하여 언급하고 있지만, 오히려 상공업을 멸시하지 않고 반대로 상공업의 발전을 인간이 부유해지는 중요한 길이라고 인식했음을 알 수 있다.

부에 대한 추구라는 이러한 관점에 토대를 두어 사마천은 재부를 형성해 나가는 과정에서 사람들의 능력 차이를 인정한다. 그래서 그는 이렇게 단언한다. "빈부의 법칙은 어느 누가 빼앗아 갈 수도 줄 수도 없으며, 지혜로운 자는 능히 부유해질 수 있고, 어리석은 자는 곧 빈곤해진다."

이러한 사마천의 시각은 겉으로 "가난을 걱정하지 않고, 다만 고르지 못함을 걱정할 뿐이다"라는 봉건 통치자들의 위선적이고 허구적인 관념과 완전히 배치되는 사고방식이었다. 전자는 빈부 분화의 현실성을 인정하면서 백성들이 자신의 총명한 지혜와 충실한 능력을 발휘하여 부유하고 안정된 생활을 할 것을 장려한다. 반면 후자는 사회구조에 대한 전면적 개혁에는 전혀 눈을 돌리지 않고 오로지 일시적으로 부자에 대한 공격이라는 눈앞에 보이는 방식을 통하여 빈자를 보호한다는 명분을 내세운다. 하지만 경제규율에 위배되는, 그리하여 백성과 이익을 다투는 이러한 방식은 결국 전 사회의 보편적 빈곤을 초래할 뿐이었다.

사마천이 '하늘과 인간의 관계를 연구하고 고금의 변화와 통하는' 역사적 눈으로 본 것은 비단 화식가들이 가져온 경제적 효능만이 아니다. 이러한 표면적 현상을 꿰뚫고 그는 그 안에 존재하는 본질을 보았다. 그리고 그것을 더욱 중요한 요소로 인식하였다. 바로 화식가의 사회적 역할이었다.

사마천의 시각에서 볼 때, 재부는 개인의 사회적 정치적 지위를 구별하는 결정적인 요소였다. 화식가들이 소유한 엄청난 재부는 비단 그들에게 명성과 지위만을 가져다주는 것이 아니라 엄청난 숭배자와 추종자가 생겨나게 한다. "추 지방과 노 지방에서 학문을 버리고 재물의 이익을 추구하는 자들이 많았는데 이 모든 것이 조 병씨 때문이었다." 상업 역시 이로 인하여 번영하고 발전한다.

재산을 쌓아 감에 있어 도道가 있다

그런데 이와 함께 모순적인 사회 현상이 존재하게 된다. 이율배반적이게도 사람들은 화식가들의 재부를 부러워하는 동시에 도리어 뼛속 깊이 그들을 천시하는 것이다.

역사적으로 사람들의 관념 중에 줄곧 존재했던 상인의 이미지는 곧 간상奸商이었다. 사람들 생각에 상인들은 생산에 종사하지 않고 그저 하는 일 없이 무위도식하면서 빈둥거리는 무리들이라는 이미지가 보편적이었다. 그들의 인격이 저열하고 사치품을 팔아 음란한 풍속을 조장하기 때문에 한마디로 사회에서 사라져야 할 몹쓸 패거리일 뿐이라는 이유에서였다.

하지만 사마천은 대다수 사람들이 지니고 있는 이러한 선입견을 과감하게 뛰어넘어 기상천외 비범한 관념, 즉 그러한 화식가들에게 오히려 '현인賢人'이라는 영예로운 명칭을 부여한다. 여기에서 그는 과감하게 "예의란 유有에서 생겨나고 무無에서 폐절된다"라고 선언한다.

하지만 그는 불법이나 부도덕한 수단에 의하여 폭리를 취하는 것에는 단호하게 반대한다. 이러한 이유로 그는 도굴, 도박 등의 간부奸富를 비판한다. 사마천이 찬양하는 화식가들은 모두 부유하면서도 덕이 있는 인물들이었다. 그들은 자신의 지혜와 노동으로 부를 이루었고, 재산을 쌓아 감에 있어 도道가 있었으며, 그것을 쓰는 데도 도度가 있었으므로 "정치에 해를 끼치지 아니하였고, 백성에 방해되지 아니하였다."

그들은 사치와 욕망을 극단적으로 추구하는 무리들이 아니었고, 백성의 고혈을 짜내는 탐관오리도 아니었다. 그들은 오히려 인의를 널리 시행하고 리利를 중시하면서도 의義를 더욱 중시하는 사람들이었다. 범여는 만관萬貫의 재산을 "가난한 친구들과 멀리 사는 친척들에게 나누어 주었고", 완 공씨는 "제후들과 교류함으로써 통상무역을 통하여 커다란 이익을 얻었으며, 유한공자遊閑公子로서 사람들에게 아낌없이 나누어 주어 큰 명성을 얻었다." 공씨의 이러한 우아하면서도 대범한 태도는 사람들의 찬양과 존경을 받았고, 사람마다 그것을 본받으려 하였다.

이야말로 사마천이 말하는 "부자가 세력을 얻게 되면, 그 명성과 지위가 더욱 빛나게 된다."는 것이었다. 하지만 사마천은 "군자가 부유하게 되면 즐겨 덕을 행한다"는 찬양의 글과 완전히 상반되는, "오랫동안 빈천하면서도 계속하여 인의를 떠드는" 사람들에 대해서는 여지없는 조소를 보냈다.

〈화식열전〉에는 유명한 대상인 겸 정치가인 자공이 기술되어 있다.

"자공은 공자로부터 학문을 익힌 후 위나라에서 벼슬을 하였다. 그는 물건을 비축하여 조나라와 노나라 일대에서 비싼 물건을 팔고 싼 물건을 사들이는 방법으로 상업을 하여 공자의 우수한 70제자 중에서 가장 부유했다. 원헌原憲은 술지게미조차도 배불리 먹지 못하고 궁벽한 동네에 숨어 살았다. 그러나 자공은 수레와 말이 무리를 이루었고 비단 예물을 가지고 각국을 방문하여 제후들의 연회를 받았다. 제후들은 그를 맞아 군신의 예가 아니라 평등한 예로써 대하였다. 공자의 이름이 능히 천하에 떨칠 수 있었던 데에는 자공의 도움이 결정적인 역할을 하였다. 이야말로 부자가 세력을 얻으면 명성과 지위가 더욱 빛난다는 것이 아니겠는가?"

자공은 공자의 제자로 잘 알다시피 공자의 유가사상은 전형적으로 의義를 중시하고 이利를 가벼이 여긴다. 《논어》〈술이편述而篇〉에서 공자는 "만약 부가 도에 부합한다면 그것을 추구할 수 있다. 설사 나로 하여금 말몰이꾼을 시켜도 나는 그것을 할 것이다. 그러나 부가 도와 부합되지 않는다면 그것을 추구할 수 없다. 차라리 내가 좋아하는 것을 하겠다"라고 하였다. "부귀란 하늘의 뜻"이므로 그는 반복하여 "이利에 대해서는 거의 말하지 않는" 시각을 견지하였다.

하지만 자공은 공자의 이러한 숙명론을 받아들이지 않았다.

그는 "물건을 비축하여 조나라와 노나라 일대에서 비싼 물건을 팔고 싼 물건을 사들이는 방법으로 상업을 경영함"으로써 공자 제자 중에서 가장 커다란 부를 쌓은 사람이 되었다. 그는 자신의 상업 활동을 통하여 많은 제후들과 교류했으며, 그가 가는 곳마다 "제후들은 그를 맞아 군신의 예가 아니라 평등한 예로써 대하였다." 그는 비단 자신의 정치적 명예만을 얻은 것이 아니라 공자의 가르침과 사상을 널리 천하에 떨치게 하였다.

공자는 이익을 가벼이 여기고 상인을 천시했지만, 그의 이름을 천하에 떨칠 수 있도록 만든 자공이라는 제자는 오히려 그 부유함이 제후와 맞먹는 인물이었다. 이러한 강렬한 대비는 실로 "공자는 안회를 현명하게 여겼고, 자공에 대해서는 비판하였다"라고 기술하고 있는 《한서漢書》의 저자, 반고의 해석에 대한 가장 좋은 풍자였다.

반드시 인간의 욕망을 절제해야 한다고 강요되던 시기에 거꾸로 사마천은 자신만의 독특한 관점과 철학을 주장하였다. 즉 부에 대한 추구는 결코 사악하고 비난받아야 할 대상이 아니라 합리적인 인성人性으로서 그것이야말로 오히려 사회와 국가를 발전시키는 원동력이라고 과감하게 주장했다.

사마천의 이러한 시각은 "제후의 집에 저절로 인의가 생긴다"는 사고방식에 젖어 있던 당시의 현실에 대한 정면 도전으로서 사회에 대한 화식가의 교화教化 역할을 충분히 평가하고 있다. 어느 한 인간이 부유해지면 그의 사회적 지위는 높아지고, 그는 더욱 자신의 도덕수양을 중시하면서 사회에 자연스럽게 일종의 질서 있는 상태가 나타난다는 것이다.

다만 이러한 사마천의 관점은 통치자들에게 받아들여지지 않았다. 그들은 통치 지위를 유지하기 위하여 계속하여 상업을 철저히 억압했으며, 그로 인하여 춘추시대 이래 출현하였던 상공업의 눈부신 번영은 결국 염철의 전매와 평준균수 등의 정책에 의하여 막을 내리고 말았다.

2.
| 엎드리면 줍고 하늘을 쳐다보면 받아라

"노나라의 풍속은 검소하고 순박하며 인색하였는데, 조의 병씨가 그 대표적인 경우다. 그는 야금업으로 흥기하여 수만 금의 부호가 되었다. 그러나 그의 집은 부자형제가 규약을 제정하여 엎드리면 줍고 하늘을 쳐다보면 받아서 천하의 모든 곳에 고리대금업과 무역을 하지 않은 곳이 없었다. 따라서 추 지방과 노 지방에서 학문을 버리고 재물의 이익을 추구하는 자들이 많았는데 이 모든 것이 병씨 때문이었다."

〈화식열전〉은 "시기에 맞추어 엎드리고 위를 쳐다봄으로써 그 이익을 취한다(여시앙부 획기영리 與時俯仰 獲其贏利)"는 메시지를 분명하게 전달한다. 즉 시기를 정확하게 파악함으로써 "때를 맞춰 이익을 취해야 한다"는 것이다.

이는 당시 한나라 시기의 상품경제 상황에 있어서 상업 경영의 방법과 경영이념의 집중적인 표현이다.

재부財富 관리 방책인 '여시앙부與時俯仰'라는 말이 표현하고 있는 것은 부귀에 대한 추구 욕망이다. 특히 세습귀족의 지위와 벼슬이 없는 '소봉가素封家'들이 상업 분야에서 정확하고 과감한 활동으로 귀족과 동등하거나 더욱 높은 사회적 지위에 오를 수 있게 된 상황에 대하여 사마천은

높이 평가하고 경외의 시선을 보낸다.[33]

부를 얻는 수단에 대하여 사마천은 본부本富, 말부末富, 간부奸富의 세 종류로 분류하였다. 정당한 상업과 수공업, 고리대금업을 포함하는 말부末富와 법을 농단하고 간사한 행위를 저질러 부를 쌓은 간부奸富는 분명하게 등급을 두어 구분하였다. 상공업을 말부로 분류한 것은 상공업에 의한 부의 축적에 대한 가치를 분명히 인정한 것이었다. 그리고 간부奸富를 하급으로 분류한 것은 국가의 원칙에 위배하고 백성에 해가 되는 이른바 벼락부자에 대한 부정을 의미한다.

이렇게 하여 사마천의 생재지도生財之道는 한편으로 다양한 각종 상황을 기술함으로써 역사적 현실을 그대로 반영하고 있다. 다른 한편으로는 생재지도의 등급을 설정함으로써 기득권자들이 권력을 이익 탈취에 이용하면서도 인의도덕을 소리 높여 주창하는 허위적인 모습을 폭로한다. 이는 나아가 사회 독충으로서의 간부奸富가 세력에 기대어 악행을 일삼고 더러운 하류의 방식으로 축재하는 추태를 신랄하게 비판하였다.

사마천은 또한 "말업으로써 부를 얻고 본업으로써 그것을 지킨다"는 탁월한 방법론을 제시하였다.

한 무제 시기에 "상인이나 그 가족은 그 이름으로 전답을 소유할 수 없다"고 규정함으로써 상인이 토지를 사들여 지주가 되는 것은 엄격하게 금지하였다. 그러나 사마천은 이에 반대하여 상인이 지주 혹은 농업과 상업, 공업을 겸하는 것을 찬성하였다. 사마천은 당시 시대 상황을 면밀히 관찰하면서 물질적 이익의 중요성을 충분히 평가하고 인간이 물질적 이익을 추구하는 것이 매우 합리적 행위라는 점을 역설하였다.

한편 재산에 대한 관리는 필연적으로 의義와 리利의 관계를 언급하게 된다.

이 점에서 〈화식열전〉은 일련의 우수한 상인과 깨끗한 상인들이 보여주는 인의仁義의 행적을 찬양하면서 그들을 후세들이 학습하고 모방해야 할 모범으로 삼아야 한다는 점을 제안한다. 이와 아울러 인간들의 물질에 대한 무한한 욕망과 끊임없는 추구가 결국 인류 사회의 번영을 촉진한다면서 이를 적극적으로 평가하였다. 이것이 이른바 "천하가 즐거이 오가는 것은 모두 이익 때문이다."

사마천에 따르면, 이익을 추구하는 인간의 본능은 인간으로 하여금 더욱 높은 수준의 문명으로 나아가게 하고 끊임없이 사회를 진보시켜 농공상임업農工商林業의 발전을 촉진하게 된다. 그는 말한다.

"농부가 자기의 생산품을 내놓지 않으면 사람들은 곧 식량을 얻지 못하고, 공인工人이 자기의 생산품을 내놓지 않으면 사람들은 곧 도구를 얻을 수 없게 된다. 또 상인이 무역을 하지 않게 되면 가장 귀중한 삼보三寶의 왕래가 끊어지고, 우인虞人이 자기가 생산한 산품을 내놓지 않으면 사람들은 곧 재화 결핍에 직면하게 된다. 재화가 결핍되면 산림과 수택水澤은 더 이상 개발될 수 없다.

이러한 네 가지 부문은 사람들이 먹고 입는 것의 원천이다. 원천이 크면 곧 부유하고 풍족해지며, 반면 원천이 작으면 곧 빈곤하고 결핍된다."

그에 의하면, 농업, 공업, 상업, 임업이 흥하고 왕성해져야 비로소 국가가 강성해질 수 있으며 국민도 부유해져 "위로 나라가 부유하고, 아래로 가정이 부유해진다."

이렇게 하여 결국 의義에 의한 재부의 관리(이재理財)는 백성들의 부(부민

富民)와 국가의 흥성(부국富國)과 직접적으로 관련을 맺게 되는 셈이다.

수시隨時, 축시逐時, 취시趣時

그런데 여시앙부與時俯仰라는 재부 관리 방책은 반드시 정확한 방법과 수단을 채택해야 하며, 상품의 비축과 판매의 시점을 정확히 포착해야 한다. "때에 맞춰 비축을 해야 하고", "능력이 있는 자는 부유하게 되고, 능력이 없는 자는 가난하게 된다."

백규는 상업 경영자란 마땅히 지智, 인仁, 용勇, 강强이라는 네 가지 조건을 지녀야 한다고 역설한다. 그중에서도 세력의 변화에 정통한 지智와 결단에 능한 용勇은 기묘함으로써 승리를 거두는 데 필수적인 주요 요소다.

〈화식열전〉은 탁씨의 임공 이주와 공씨 가문의 공자들과의 교유, 도간씨가 과감하게 노비들을 기용하며 무염씨가 장사壯士들에게 대출을 해 준 사례들을 기술하고 있는데, 이들 사례들은 상업 기회가 나타났을 때 반드시 즉각 그것을 움켜쥐어야 함을 설명한다.

사마천은 이렇게 말한다.

"전쟁을 이해하는 사람은 곧 평시에 군사를 정비한다. 물건을 세상 흐름에 맞추어 사람들이 찾게 하려면, 즉 평시에 물건을 이해해야 한다. 시세의 수요와 물건의 특징이 세상에 분명하게 알려진다면, 이 세상의 수많은 물건의 생산과 수요공급 규율 역시 알 수 있게 된다."

이를 위해서는 언제나 상업의 사정에 정통해야 하고, 시장의 수요공급 규율을 꿰뚫고 있어야 한다. 이것이 이른바 "가뭄이 들면 배를 준비하고, 홍수가 들면 수레를 준비한다"는 것이다.

한편 〈화식열전〉은 범여의 19년 동안에 걸친 상업 활동을 열거하면서 효과적으로 상업 기회를 포착하는 것이 상업 발전에 있어서 관건이라는 점을 역설한다. 상업이라는 전쟁터에서는 반드시 업계의 사정에 적절한 경영 활동을 해야 하는데, 이를 '때에 따르다(수시隨時)'라고 한다. 또 적시에 비축과 판매를 하는 것을 '때를 좇다(축시逐時)'라고 한다.

그리하여 진정으로 기회를 파악하여 상업 성공을 추구하는 것은 "가격 등귀가 극에 이르면 하락하게 되고, 하락이 극에 이르면 거꾸로 등귀한다"는 시장 원칙을 준수하는 것으로, 이것이 곧 가치의 지렛대 규율을 이용하여 운용하는 '때를 잡아내다(취시趣時)'라는 의미다.

이밖에도 사마천은 인재 관리의 중요성을 역설하였다.

인재란 상업 재부 관리의 핵심으로 용인用人에 능한 사람만이 그 사업에 있어 진정한 토대를 갖출 수 있게 된다. 그리하여 사마천은 "치생治生에 능한 자는 인재를 잘 선택하고 시기를 잘 선택한다"고 천명한다.

백규는 "음식을 탐하지 않았고 욕망의 향수를 절제하며 기호嗜好를 억제하고 극히 소박한 옷만 입으면서 매년 그를 위해 일하는 노예들과 동고동락하였다." 그는 주인과 노예 간의 엄격한 신분 차별을 타파했으며, 그들의 적극성을 끌어내는 것에 주목하였다. 제나라의 풍속은 노예를 낮고 비천하게 여겼지만, 오직 도간만은 그들을 아끼고 중시하였다.

교활하고 총명한 노예는 주인들이 골치 아프게 생각하였지만, 오로지 도간만이 그들을 받아들이고 또 활용함으로써 그들을 파견하여 자기를 위하여 고기잡이나 제염을 하도록 하였고 혹은 상업에 종사하게 하여 이익을 낼 수 있도록 하였다. 그러면서 노예들을 관리들과 교류하게 하였고, 그러면서 차츰 그들에게 커다란 권한을 맡겼다. 그는 마침내 이러한 노예들의 힘에 의하여 가문을 일으키고 부를 쌓아 그 재산이 수십만 금에 이르렀다.

〈화식열전〉은 스스로의 노력을 통하여 부를 성취한 수많은 사례를 소개한다. 그러면서 '종을 울려 사람들을 모아 식사를 함께할' 정도로 가히 제후와 왕자王者의 지위에 버금가는 부자들의 경우도 기술하였다. 사마천은 가장 부를 빨리 이룰 수 있는 첩경은 무엇보다도 상업이라고 확신하면서 "자수刺繡를 하는 것은 시장에 나가 장사를 하는 것만 못하다. 상업이란 가난한 사람들이 부자가 될 수 있는 수단이다"라고 갈파하였다. 〈화식열전〉에 소개되고 있는 상인들의 기록과 그 성공 경험은 모두 사마천의 이러한 결론을 논증하고 있는 근거인 셈이다.

사회 상품경제가 고도로 발전한 오늘날의 상업시장에서도 여전히 전통문화의 영양이라는 자양분이 필요하다.

〈화식열전〉은 고대 상업경제의 발전을 분석하는, 한 편의 탁월한 조사보고서라고 할 수 있다. 여기에서 결론적으로 제기된 시장 이론과 재부 관리의 이념은 고대 상업문화의 정화精華로 오늘날에도 여전히 훌륭한 귀감이 될 만한 내용들을 담고 있다.

3.
춘추시대의 경제사상가 - 관중과 계연

1│ 관중

"제나라는 중간에 일시 쇠퇴하였으나 관중이 다시 강태공의 구업舊業을 정돈하여 재물과 화폐를 관장하는 9등급의 관원을 설치함으로써 환공을 천하의 패주霸主로 우뚝 서게 하였으며 제후를 아홉 차례 회맹會盟하게 만들어 천하를 바른 길에 들어서게 하였다."

관중은 상지이쇠징(相地而衰徵: 토지의 비옥도에 의거하여 세금을 징수하는 제도로서 제나라의 관중이 처음 시행)의 토지 세수정책을 제창하여 토지의 등급에 따라 차등적으로 세금을 부과하였는데, 이는 합리적인 조세부담 정책으로서 백성들의 협력을 이끌어 냈다. 또 그는 '경중9부輕重九府'를 설치하여 백성들이 풍년과 흉년에 따라 필요한 식량과 물품을 조정하였다. 또 주화를 만들고 어업과 염업을 발전시켰으며 다른 나라와의 무역을 장려하였고, 제나라 경제는 번영을 구가하였다.

관중 본인 역시 10분의 3의 시장세市場稅를 점유할 수 있게 되어 비록 신하의 지위에 있었지만 오히려 열국列國의 제후보다 더 부유하였다.

그리하여 관중의 재산은 왕실의 그것과 비견할 만했다. 그러나 백성들은 아무도 그를 사치하다고 말하지 않았다.

2 | 계연

계연의 경제사상은 〈화식열전〉에 세 가지로 정리되어 있다. 농업 풍흉순환론, 방출이론, 비축이론이 바로 그것이다.

먼저 계연은 농업의 풍년과 흉년이 목성의 운행과 관련 있다고 생각하였다. 목성은 약 12년 주기를 가지고 있다. 계연은 목성의 12년 주기가 농업 풍흉의 한 주기에 해당한다고 파악하였다. 만약 이러한 규율을 인식할 수 있다면 미래의 풍년과 흉년 상황을 예측하고 미리 준비할 수 있게 된다.

이러한 농업 풍흉순환론은 어느 한 사람의 독특한 관점이 아니며, 춘추전국시대에 유행하던 관점이다. 과학이 발전되지 못했던 고대에 농업의 풍년과 흉년은 대부분의 경우 기후 조건에 영향을 받았는데, 목성의 위치를 운용하여 미래 풍흉에 대한 예측을 한 것은 고대인들에게 있어서 천상天象을 활용한 일종의 과학이었다고 볼 수 있다. 그 본질은 최대한 객관적으로 농업생산 규율을 파악하려는 데 있다. 이에 따르면 농업수확이 주기성의 변화가 있는 것처럼 농산품의 가격 역시 주기적인 파동이 존재하는데, 이러한 파동에 대처해 정확한 정책이 세워져야 한다.

예를 들어 풍년이 든 해에 가격이 떨어져서 한 석이 20전까지 폭락하게 되면 농업이 병들어 농업생산이 격감한다. 흉년이 들 때는 가격이 올라 한 석이 90전까지 앙등하게 되어 상업이 병들고 상품 유통에 좋지 못한 영향을 미친다.

농업과 상업의 침체 상황 발생을 방지하기 위하여 계연은 양곡 방출 정책 시행을 주장하였다. 즉 흉년에 가격이 폭등할 때 시장가격보다 저렴하게 양곡을 방출하고, 풍년에 가격이 폭락할 때 시장가격보다 비싼 가격에 매입함으로써 양곡 가격을 한 석에 30전 내지 80전의 합리적인 범위 내에서 유지(이러한 이론을 평적론平糴論 혹은 평조론平糶論이라 한다)하자는 정책이다.

그는 이렇게 하게 되면 농업과 상업이 모두 이익이 있어 농민은 밥을 먹을 수 있고, 상인은 돈을 벌게 되기 때문에 백성들이 즐거워하며 국가 역시 부강해진다고 주장하였다. 뿐만 아니라 식량이란 각종 상품 중에서도 특별히 중요한 위상을 지니는 상품이므로 양곡 가격이 안정된 뒤에는 다른 상품의 가격도 안정을 유지할 수 있게 되며 아울러 시장의 상품도 충분하게 준비되도록 만든다는 것이다.

계연의 비축이론은 〈화식열전〉에 다음과 같이 설명되어 있다.

"어떤 물건이 수요보다 공급이 많거나 아니면 공급보다 수요가 많은 것을 알아낼 수 있다면, 곧 가격이 오를 것인가 아니면 떨어질 것인가를 능히 알 수 있습니다. 가격이 올라 일정한 수준을 넘어서면 곧 떨어지게 되고, 가격이 떨어져 일정한 수준을 넘으면 곧 오르게 되는 법입니다. 따라서 가격이 올라 일정한 수준을 넘게 되면 물건을 마치 인분人糞 보듯이 하여 한 점 주저함 없이 내다 팔아야 하고, 가격이 떨어져 일정한 수준에 이르게 되면 물건을 마치 진주 보듯이 하여 아무런 주저함 없이 사들여야 합니다. 물건과 화폐는 마치 흐르는 물과 같이 끊임없이 유통하고 움직이는 것입니다."

정치의 지도자로서 군주는 상품이 품귀해졌을 경우 그것의 가격이 저렴해질 가능성에 대비해야 한다. 마찬가지로 상품이 저렴할 경우에도 그것이 등귀할 가능성에 대비해야 한다. 상품의 모순 운동은 사람들에게 어떤 상품도 가격이 지나치게 높아지면 곧 하락하게 되고, 가격 하락이 극에 이르면 등귀하게 되어 있다. 그리하여 상품 자체가 마치 인격처럼 자신의 모순 변화를 진행하게 되는 것이다. 그러므로 상품의 매매란 반드시 유리한 시기를 포착해야 한다. 어떤 상품이 이미 매우 비싸졌을 때, 그것을 적시에 매도해야만 한다. 또 어떤 상품이 이미 대단히 저렴해졌을 경우 그것을 마치 보물처럼 적시에 사들여야만 한다.

상품과 화폐는 끊임없이 순환하고 회전하기 때문에 그것을 마치 물처럼 쉬지 않고 흐르게 해야 한다. 이렇게 할 때만이 상인은 비로소 끊임없이 이윤을 얻을 수 있다. 가격 앙등이 극에 이르면 떨어지게 되고, 하락이 극에 이르게 되면 반대로 등귀하게 된다. 이는 상품가격 변동 규율의 정확한 결산이다.

하지만 이러한 '극極'이 과연 언제인가라는 정확한 시기의 판단은 결코 용이하지 않다. 그것은 경영자의 경험 축적과 정확한 판단력에서 비로소 가능하다.

4.
한나라 시대 이전의 경제실업가
- 범여, 백규, 파과부 청

여기에 속하는 인물로는 범여, 백규, 자공, 의돈, 곽종, 오지과, 파과부 청의 일곱 명이다. 그들은 한나라 시대 이전의 성공한 상인들의 전형이다. 이 중 범여, 백규, 파과부 청에 대해 살펴보자.

1 | 범여

범여는 초나라 사람으로 월나라에서 대부의 자리에 있으면서 와신상담의 주인공 월나라 구천을 보좌하여 오나라에 복수를 하고 패업을 이루게 한다. 그러나 범여는 구천이 어려움은 같이 할 수 있어도 즐거움을 같이 할 수는 없으며 결국 공신을 살육할 인물이라는 것을 알고 있었다. 그리하여 그는 공직을 포기하고 상업에 뛰어들기로 결심하여 조용히 자신의 재산을 수습하고 이름을 바꾼 후 가족과 노비를 이끌고 배를 타고 떠났다.

처음에 그는 상업이 발달한 제나라에 도착하여 스스로 '치이자피鴟夷子皮'[34]라고 칭하며 바닷가를 경작하였다. 이렇게 힘들게 노동을 하여 얼마 지나지 않아 그 재산이 10만 금에 이르렀고, 제나라 사람들이 그 현명함을 알아보고 재상으로 삼았다. 하지만 범여는 존귀한 명성을 오래 지니는 것은 상서롭지 못한 일이라고 생각하고 재상의 인을 반납하고 모아 둔 재산을 모두 나눠 준 후 두 번째로 관직을 버리고 떠났다. 그는 상업 중심지인 도陶라는 곳에 거주하면서 스스로 주공이라 하였다. 사람들은 그를 도주공이라 불렀다. 범여 부자는 농업과 목축 그리고 상업을 결합하여 또 커다란 재산을 모았다.

여기에서 "폐거廢居"는 시기를 잘 포착하여 값이 쌀 때 사들이고 비쌀 때 판다는 의미다. 범여는 진정한 대상인이다. 그는 적절한 시기에 적절한 사업 파트너를 선택하여 상대방을 충분히 신뢰하고 어떤 문제가 생겨도 책임을 떠넘기거나 비난하지 않았다.

그러므로 그의 인격적 매력은 도량이 넓을 뿐만 아니라 일찍이 그를 위세 당당한 대정치가로 만들었고, 그가 정계에서 홀연 사라져 홀로 깨끗했을 때에도 여전히 능히 천하를 구제하고 자신이 모은 재산을 다시 한 번 자기와 별로 교류가 없던 어려운 사람들에게 나누어 주었던 것이다. 그는 허명虛名을 분토糞土처럼 여겼고, 오직 숨어서도 자신의 모습이 보일까 걱정하였으니 이러한 그의 도덕적 품격은 일반적인 부자들의 차원을 훨씬 뛰어넘는 것이었다.

다른 사람들을 돕기 좋아하는 행적과 명리名利에 담백한 그의 풍모 그리고 관후인자寬厚仁慈한 그의 품격은 무엇이 과연 지혜로운 것이며 차원이 다른 인생의 비범한 선택이 무엇인지 여실히 보여 준다.

범여의 사람 보는 눈 – 고생은 같이할 수 있지만 기쁨은 함께할 수 없는 인물

범여는 구천을 도와 22년 만에 마침내 와신상담의 숙적 오나라를 멸망시켰다. 그 후 구천은 범여에게 상장군上將軍이라는 최고 벼슬을 내렸다. 그러나 범여는 벼슬을 사양했다. '이미 목적을 달성한 군주 곁에 오래 있는 것은 위험하다. 구천은 고생을 함께 나눌 수는 있어도 편안함을 함께 나누지는 못할 인물이다.'

이렇게 생각한 범여는 구천에게 편지를 올렸다.

> 군주께서 괴로워하실 때 몸이 부서지도록 일해야 하며 군주께서 모욕을 당하실 때는 생명을 내던져야 하는 것이 신하의 도리입니다. 회계산에서 대왕께서 치욕을 당하시는 것을 보면서도 생명을 이어 온 것은 오직 오나라에 복수하기 위해서였습니다. 그것이 이뤄진 지금, 마땅히 그 죄를 받겠습니다.

그 편지를 받고 깜짝 놀란 구천은 사자를 보내 범여에게 말했다.

"무슨 말을 하는 것인가? 나는 나라를 둘로 나누어 그대와 둘이서 다스리려 하는데 내 말을 듣지 않으면 그대를 죽여서라도 듣게 하겠다."

그러자 범여는 가벼운 가재도구와 보석을 배에 싣고 떠났다. 구천은 회계산 일대에 표지판을 세우고 범여의 땅으로 선포하였다.

범여는 제나라로 간 후 대부 종에게 편지를 했다.

> 하늘을 나는 새가 없어지면 활을 없애고 토끼가 죽으면 사냥개를 참혹하게

죽인다고 합니다. 구천은 목이 길며 입이 검습니다. 좋지 못한 관상입니다. 이런 사람은 고생은 같이해도 기쁨은 함께할 수 없습니다. 대부께서는 왜 물러나지 않으십니까?

대부 종이 그 편지를 읽고는 마음을 정하지 못하고 머뭇거리다가 병을 핑계로 조정에 나가지 않았다. 어느 날 "대부 종이 반란을 꾀하고 있습니다"는 고발이 들어왔다.

구천은 대부 종에게 칼을 하사하고 이렇게 말했다.

"귀공은 과인에게 오나라를 토벌하는 일곱 가지 비결이 있다고 했는데 과인이 그중 세 가지를 사용하여 오나라를 멸망시켰다. 이제 나머지 네 가지는 그대가 가지고 있는데 돌아가신 선왕을 모시며 시험해 보는 것이 어떤가?"

대부 종은 결국 그 칼로 목숨을 끊어야 했다.

큰아들을 보내지 않은 이유

범여가 도 지방에 살고 있을 때 막내아들이 태어났다. 그 막내가 스무 살이 되었을 때 차남이 초나라에서 살인을 하여 붙잡혔다. 그러자 범여가 말했다.

"살인을 했으니 죽는 것은 당연하다. 그러나 천금을 가진 부자의 아들은 길거리에서 죽지 않는다고 한다(천금지자, 불사어시 千金之子, 不死於市)."

그는 막내아들에게 급히 황금 천 일(鎰: 1일은 금 20냥에 해당)을 헝겊자루에 넣어 한 대의 마차에 싣도록 하였다. 막 출발하려는데 갑자기 장남이 자기가 가겠다고 나섰다. 범여는 고개를 가로저었다. 그러자 장남이 불만을 터뜨렸다.

"집안에 장남이 있어 집안을 살피므로 그를 일러 가독家督이라 합니다. 그런데도 지금 막내를 보내시는 것은 제가 무능하다고 생각하시기 때문입니다. 그렇다면 저는 죽고 말겠습니다."

어머니가 깜짝 놀라 범여에게 하소연했다.

"막내를 보낸다고 꼭 둘째를 살려 오지는 못할 것입니다. 그런데도 이 때문에 집안의 장손을 죽게 할 작정이십니까?"

범여는 하는 수 없이 장남을 보내게 되었다. 그는 자기 친구인 초나라의 장생庄生에게 편지를 쓰는 한편 장남에게 단단히 일렀다.

"초나라에 가거든 가지고 간 황금을 장생에게 주고 모든 일을 그에게 맡겨라. 무슨 일이 있어도 내 말대로 하여라."

장남은 따로 수백 금을 갖고 초나라로 떠났다. 그런데 장남이 막상 장생의 집에 도착해 보니 그의 집은 변두리에 있었고 대문 앞까지 잡풀이 무성했다. 장남은 아버지의 편지와 가지고 온 황금을 주었다. 그러자 장생이 말했다.

"초나라에 머물러 있지 말고 지금 곧장 집으로 돌아가시오. 또 설사 아우가 풀려나도 어떻게 풀려났는지 그 이유를 묻지 마시오."

그러나 장남은 초나라에 계속 머물면서 따로 가져온 황금을 초나라 실력자들에게 뿌리고 다녔다.

장생은 가난하게 살았으나 청빈함으로 왕을 비롯한 모든 신하들의 존경을 받고 있는 인물이었다. 범여에게도 황금을 받을 생각은 추호도 없었으며 일만 마치면 곧 되돌려 주려고 작정하고 있었다. 그러나 범여의 장남은 '천하의 청렴한 장생도 돈 앞에서는 별 수 없구나' 라고 생각했다.

어느 날 장생이 궁에 들어가 왕에게 아뢰었다.

"별이 움직이는 모양이 좋지 않습니다. 우리나라가 어려움을 당할까 두렵습니다."

왕은 장생을 신뢰하고 있었기 때문에 "그렇다면 어떻게 해야겠소?"라고 물었다.

"대왕께서 덕을 베푸셔야 할 줄로 아옵니다."

왕은 즉시 금, 은, 동을 모아 둔 부고府庫를 봉인하게 했다. 그때 범여의 장남에게서 황금을 받은 한 대신이 장남에게 급히 말했다.

"여보게! 곧 사면이 있을 듯하네."

"왜 그렇습니까?"

"사면이 내리기 전에는 반드시 부고를 봉인하도록 되어 있네. 어젯밤 왕께서 봉인하도록 명령하셨네."

그러자 장남은 '대사면이 내리면 마땅히 동생이 석방된다. 쓸데없이 그 많은 황금을 장생에게 주었구나'라고 생각해 곧장 장생에게 달려갔다.

장생이 깜짝 놀랐다.

"아니, 자네가 왜 지금까지 있는 것이오?"

"예. 그런데 동생이 사면되어 나오게 되었답니다. 그래서 작별 인사를 드리려고……."

장생은 황금을 돌려 달라는 그의 마음을 알아채고는 "금은 안에 그대로 있소. 가져가고 싶으면 가져가시오"라고 하였다.

그러자 장남은 재빨리 금을 찾아 떠나 버렸다. 새파란 아이에게 모욕을 당했다고 생각한 장생은 즉시 궁에 들어가 왕에게 말했다.

"엊그제 별이 불길하게 움직인다고 말씀드렸을 때, 왕께서는 급히 덕망을 베풀어 대처하려 하셨습니다. 그런데 요즘 이상한 소문이 돌고 있습니다. 지금 도나라 부호인 범여의 아들이 사람을 죽이고 초나라 감옥에 갇혀 있습니다. 그래서 범여가 황금을 뿌리면서 대신들을 움직이고 있다고 합니다. 그런 까닭으로 시중에서는 사면이 범여의 아들을 살리려는 것이며 대왕께서 특별히 초나라 백성을 위해 덕망을 베푸시는 것이 아니라는 풍문이 떠돌고 있습니다."

왕이 노발대발했다.

"내가 아무렴 그자 한 명을 위해 사면을 할 수 있겠소?"

왕은 당장 범여의 아들을 처형시키고 그 후에야 사면령을 내렸다.

결국 장남은 동생의 시체를 안고 돌아왔다. 어머니와 모든 마을 사람들이 슬퍼했으나 범여는 혼자서 웃고 있었다.

"이렇게 될 줄 알고 있었다. 큰아들이 동생을 위하지 않아서가 아니다. 그러나 큰아들은 어려서부터 나와 함께 갖은 고생을 다 해 봤기 때문에 좀처럼 돈을 쓸 줄 모른다. 반대로 막내는 태어날 때부터 부유하게 어려움 없이 자랐기 때문에 돈 모으는 고통을 모르고 돈도 잘 쓴다. 내가 막내를 보내려 했던 것은 막내라면 거기 가서 돈을 크게 쓸 수 있을 것으로 생각했기 때문이었다.

큰아들은 그렇게 하지 못한다. 그것이 결국 동생을 죽이게 된 원인이다! 하지만 어쩔 수 없는 일인 것을 어찌 슬퍼만 하랴! 나는 밤낮으로 둘째의 시신이 도착하기를 기다렸다."

사람의 됨됨이와 그 사람의 능력을 볼 줄 알고 사물의 이치를 꿰뚫어 보는 범여의 탁월한 통찰력이 그대로 묘사되어 있다.

이러한 사람 보는 눈과 사물에 대한 통찰력으로 범여는 천금의 재산을 세 번에 걸쳐 모았던 것이었다.

2 | 재신 백규

백규白圭는 전국시대의 유명한 상인으로 사람들은 그를 '천하 치생治生의 비조鼻祖'라면서 속칭 '인간 재신財神'이라 부른다. 송나라 진종은 그를 상성商聖으로 추존하였다.

백규는 경제 전략가이자 이재가理財家로서 도주공 범여도 그에게 치부致富의 방법을 자문했다고 전해진다.

전국시대에 들어서면서 사회는 극심한 변화를 겪게 되었고, 신흥 봉건 지주제도 역시 각국에서 앞서거니 뒤서거니 하면서 확립되었다. 생산력의 신속한 제고에 따라 시장의 상품도 급속하게 증가하였고, 사람들의 소비력도 급속히 확대되었다. 이에 따라 많은 거상들이 출현하게 되었고, 백규도 그중 한 사람이었다.

백규는 일찍이 위나라 혜왕의 대신이었다. 당시 위나라 수도인 대량은 황하에 가까이 위치해 있어 항상 홍수의 피해를 받아야 했다. 백규는 뛰어난 치수 능력을 발휘하여 대량의 수환水患을 막아냈다.

뒤에 위나라가 갈수록 부패해지자 백규는 위나라를 떠나 중산국과 제나라를 유력하였다. 이 두 나라 왕이 모두 그에게 자기 나라에 남아 치국에 도움을 받고자 했지만 백규는 이를 완곡하게 거절하였다. 그는 제나라를 떠난 뒤 진나라로 들어갔는데, 당시 진나라는 상앙의 변법을 시행하고 있었다. 백규는 상앙의 중농억상 정책에 대해 강력히 반대하는 입장이었으므로 진나라에서 받아들여지지 않았다. 백규는 천하를 유력하면서 점점 정치에 대하여 혐오감이 강해졌고, 마침내 관직을 버리고 상업에 종사하기로 결심하였다.

낙양洛陽은 이전부터 상업이 발달했던 도시였다. 낙양 출신이던 백규는 본래부터 상업에 뛰어난 눈을 지니고 있었는데, 그는 얼마 지나지 않아 전국시대 최고의 대부호가 되었다. 당시 상업이 급속히 발전하여 상인 집단이 대규모로 형성되었는데, 그들 대부분은 공평한 매매와 정당한 경영을 실행하였다. 하지만 일부는 희귀한 물건을 대량으로 매점매석하고 시장을 독점하였다. 심지어 어떤 사람들은 고리대를 하여 폭리를 취했다. 그러므로 당시 사람들은 상인들을 두 종류로 분류하여 한쪽을 성고誠賈나 염상廉商 혹은 양상良商이라 하였고, 다른 쪽은 간고奸賈나 탐고貪賈 혹은 영상佞商이라고 지칭하였다.

사람들이 버리면 나는 가지고, 사람들이 가지면 나는 준다

당시 상인들 대부분은 보석 장사를 특히 좋아하였다. 대상大商 여불위의 부친도 일찍이 보석 사업은 백 배의 이익을 남긴다고 말한 바 있다. 하지만 백규는 당시 가장 돈을 많이 벌 수 있는 길을 택하지 않고 대신 다른 길을 선택해 농부산품農副産品의 무역이라는 새로운 업종을 창조하였다.

백규는 재능과 지혜가 출중하고 안목이 비범하였다. 그는 당시 농업생산이 신속하게 발전하는 것을 목격하고 농부산품 무역이 장차 커다란 이윤을 창출하는 업종이 될 것이라는 점을 이미 예측하고 있었다. 농부산품 경영이 비록 이윤율은 비교적 낮지만 교역량이 커서 큰 이윤을 얻을 수 있기 때문이었다. 그리하여 백규는 농부산품과 수공업 원료 및 상품 사업을 선택했던 것이었다.

백규는 재산을 움켜쥘 시기가 오면 마치 맹수와 맹금이 먹이에게 달려드는 것처럼 민첩하였다. 그래서 그는 언젠가 "나는 경영을 할 때는 이윤이나 강태공이 계책을 실행하는 것처럼 하고 손자와 오기가 작전하는 것처럼 하며 상앙이 법령을 집행하는 것처럼 한다"라고 말하였다.

백규는 자기만의 독특한 상술을 지니고 있었다. 그는 자신의 경영원칙을 여덟 글자로 요약하였다. 즉, "인기아취, 인취아여人棄我取, 人取我予"라는 것으로서 바로 "사람들이 버리면 나는 취하고, 사람들이 취하면 나는 준다"는 뜻이었다. 구체적으로 상품 공급이 수요를 넘어서서 아무도 구하지 않는 그 기회에 사들인 뒤, 수중에 있는 상품의 공급이 수요를 따르지 못하여 가격이 크게 오르는 그 기회에 판매하는 것이다.

어느 날 많은 상인들이 모두 면화를 팔아넘겼다. 어떤 상인은 면화를 빨리 처분하려고 헐값에 팔기도 하였다. 백규는 이 광경을 지켜보고 부하에게 면화를 모두 사들이도록 하였다. 사들인 면화가 너무 많아서 백규는 다른 상인의 창고를 빌려서 보관할 정도였다.

얼마 지나지 않아 면화를 모두 팔아넘긴 상인들은 이제 모피를 사들이느라 혈안이 되었다. 본래 그들은 누구에게서 들은 소식인지는 몰랐지만, 앞으로 겨울에 사람들이 시장에서 살 수 없을 정도로 모피가 크게 팔릴 것이라는 소문이 무성했다. 그런데 당시 백규의 창고에는 때마침 좋은 모피가 보관되어 있었다. 이 소식을 들은 백규는 모피의 가격이 더 오를 것을 기다리지 않고 모든 모피를 몽땅 팔아 큰돈을 벌었다.

뒤에 면화가 큰 흉년이 들었다. 그러자 면화를 손에 넣지 못하게 된 상인들이 면화를 찾느라 야단법석이 되었다. 이때 백규는 사들였던 면화를 모두 팔아 다시 큰돈을 벌었다.

백규의 "인기아취, 인취아여人棄我取, 人取我予"의 경영 원칙은 일종의 상업경영의 지혜이며, 그것은 맹목적으로 시류에 편승하지 않는 것을 의미한다.

재산을 움켜쥘 때는 마치 맹수가 먹이에 달려들듯

사마천이 보기에 성공한 상인들은 모두 때를 아는(지시知時) 사람들이었다. 범여는 "도 지방이 천하의 중심으로서 각국 제후들과 사통팔달하여 화물 교역의 요지라고 생각하였다. 그래서 그곳의 산업을 경영하여 물자를 비축하고, 적절한 때에 맞추어 변화를 도모하였다. 그는 천시天時에 맞춰 이익을 내는 데 뛰어났으며, 고용한 사람을 야박하게 대하지 않았다. 그러므로 경영에 뛰어난 자는 반드시 신뢰할 수 있는 사람을 잘 선택하고 좋은 시기를 파악할 줄 아는 법이다." 범여는 장소를 알고(지지知地), 때를 알아(지시知時) 부를 쌓을 수 있었던 것이다.

백규의 '지시知時'는 주로 사물에 내재된 규율을 정확히 파악하는 데 있었다. 이로부터 시장 동향을 예측하고 자신의 정책 결정에 있어 맹목성을 감소시킴으로써 객관적으로 상품을 언제 매입하고 매도하는지를 파악하였다. 백규는 상가商家에 있어서의 '지시知時'란 곧 "때의 변화를 즐겨 살핀다(낙관시변樂觀時變)"라고 인식하였는데, 이는 풍년과 흉년을 예측하는 데 근거하여 경영 방침을 적시에 조정하는 것이었다.

백규는 초절정의 시기 포착 능력을 지니고 있었다. 그는 천문학과 기상학의 지식을 응용하여 농업 풍흉의 규율을 알아냈으며 이러한 규율에 따라 교역을 진행하였다. 풍년이 들어 가격이 저렴할 때 사들여서 흉년이 들어 가격이 등귀할 때 판매함으로써 커다란 이익을 얻었다.

이밖에도 백규는 일단 기회가 오면 곧바로 신속하게 결정하고 과감하게 행동에 옮겨야 함을 강조하였다. 사마천은 이러한 백규의 모습을 "재산을 움켜줄 시기가 오면 마치 맹수와 맹금이 먹이에게 달려드는 것처럼 민첩하였다"라고 묘사하였다.

눈앞의 작은 이익을 넘어서라

백규는 수입을 늘이고자 하면 곧 낮은 등급의 곡물을 사들였고(욕장천, 취하곡欲長錢, 取下穀) 곡물의 비축을 늘리고자 하면 곧 높은 등급의 종자를 사들였다(장석두, 취상종長石斗, 取上種).

백규가 살던 당시에 곡물은 시장에서 가장 근본이 되는 상품이었고, 소비자의 대부분은 평민들이었다. 다만 일상생활에서 평민들의 요구는 그다지 높지 않았고 단지 배만 곯지 않으면 그만이었다. 그러므로 평민들은 돈을 아끼기 위하여 값이 싸고 질이 약간 떨어지는 곡물을 샀다. 이러한 상황에서 상인의 입장에서 말하자면, 비축해야 할 곡물은 하등급의 곡물이었다.

하지만 백규는 그러한 보통 상인들의 협애한 이익관을 뛰어넘어 욕장전, 취하곡欲長錢, 取下穀의 상업 방침을 취했다. 백규는 판매 대상이 대부분 평민이었기 때문에 그들의 생활을 가혹하게 만들지 않기 위하여 언제나 박리다매의 경영 책략을 택하고 가격을 높이지 않았다. 대신 상품 유통 속도와 판매 속도를 빨리 하는 방법으로 더욱 많은 이익을 얻었다.

이와 반대로 당시 대부분의 상인들은 커다란 이익을 손에 넣기 위하여 매점매석을 일삼고 일시에 가격을 높였다. 그러나 백규는 식량이 부족할 때 곡물가격을 올리지 않았다. 그는 박리다매가 장기적으로 부를 쌓는 방법이라는 상인 경영의 기본 원칙을 견지하면서 눈앞의 이익만 생각하는 상인은 결코 큰돈을 벌지 못할 것이라고 지적하였다.

또한 백규는 농민의 생산을 중시하고 그것을 자신의 상품 조달의 원천으로 삼았다. 그는 농민에게 우량 품종을 공급하면서 장석두, 취상종長石斗, 取上種의 주장을 제기하였다. 즉 자신에게 이윤을 얻게 하고 또 농민들의 증산을 도움으로써 자신이 더욱 풍부한 공급처를 확보할 수 있도록 한 것이다. 장석두, 취상종長石斗, 取上種의 의미는 농민이 풍년을 바란다면 반드시 상등의 종자를 사들여야 한다는 것이다. 상등의 고급 종자를 사들여야만 곡물의 생산이 증가하여 더 좋은 가격에 팔 수 있다. 백규는 자신의 상업 경영을 농업생산 발전의 토대 위에서 운용하고 상업을 통하여 농업생산을 촉진하고 농업생산의 발전을 통하여 상업경영을 추진하였다.

즐겨 세상의 변화를 살펴라

백규는 "곡물이 익어 가는 계절에 그는 양곡을 사들이고 비단과 칠漆을 팔았으며 누에고치가 생산될 때 비단과 솜을 사들이고 양곡을 내다 팔았다."

백규는 수확의 계절이나 풍년이 되었을 때 농민들이 곡물을 대량으로 내다 팔게 되면 곡물을 사들이고, 이때 비단과 칠기 등을 비교적 부유한 농민들에게 판매하였다. 반대로 경기가 좋지 않을 때는 양곡을 팔고 적체된 수공업 재료와 산품을 사들였다. 백규가 말하는 '준다予'는 것은 사람들에게 우대하여 넘긴다는 의미다.

일부 간상奸商들은 물건이 넘칠 때 일부러 더욱 압박을 함으로써 가격을 최저치로 끌어내린 뒤 비로소 사들였다. 하지만 백규는 오히려 다른 사람보다 높은 가격에 사들였다. 시장에 물건이 귀해졌을 때 간상들은 매점매석했지만, 백규는 오히려 다른 사람보다 저렴한 가격에 판매하여 사람들의 수요에 맞췄다.

백규의 이러한 경영방식은 자신의 경영 주도권을 보장할 뿐 아니라 이윤도 풍부하게 획득하게 만들었다. 나아가 객관적으로 상품의 수요공급과 가격을 조정함으로써 일정 정도로 농민과 수공업자의 이익을 보장할 수 있었다. 이러한 방식을 가리켜 백규는 '인술仁術'이라고 불렀다.

백규는 일꾼들의 노동 효율과 그들의 정서 혹은 심리 사이에 긴밀한 관련이 있음을 알고 있었다. 그러므로 그의 용인술用人術은 결코 강압과 이익에 의한 유도가 아니라 오히려 일꾼들과 더불어 한 덩어리가 되는 것이었다. 그것은 비단 그들의 적극성을 높일 뿐만 아니라 일꾼들과의 갈등도 해소하여 주인과 일꾼의 관계를 더욱 화합하게 만들었다.

그러나 그는 "변화에 시의적절하게 대처하는 지혜가 없거나 과감한 결단을 내릴 용기가 없거나 구매를 포기하는 인덕仁德이 없거나 비축을 견지할 강단이 없는 사람은 비록 나의 방법을 배우려 한다고 해도 나는 결코 알려 주지 않겠다"라고 단언함으로써 인재에 대한 분명한 기준을 제시하였다. 그는 인재란 반드시 충분한 지혜로 임기응변에 능해야 하며, 충분한 용기로 결단을 해야 하고, 더불어 인덕과 강단이 있어야 하는 점을 강조하였다.

한편 백규는 고난을 견딜 줄 아는 사람이었다. 그가 거부가 되었을 때도 그가 축적한 재부財富를 확대 재생산 분야에 투자하면서 자신은 "음식을 탐하지 않았고 욕망의 향수를 절제하며 기호嗜好를 억제하고 극히 소박한 옷만 입으면서 일꾼들과 동고동락하였다."

백규의 이러한 상업 사상은 후세에 커다란 영향을 미쳤다.

근대 유명한 중국 민족자본가인 영종경榮宗敬은 백규의 '인기아취人棄我取'의 경영 원칙을 준수하였으며, 저명한 화교 기업가인 진가경陳嘉庚은 '인기아취, 인쟁아피人棄我取, 人爭我避'의 경영 방침을 세웠는데, 이는 백규 사상의 계승 발전이었다.

3 | 파과부 청

〈화식열전〉은 파과부 청이라는 여성 상인도 선택하여 기술하고 있는데, 여기에서 사마천의 '호기심' 의식이 다시 드러나고 있다. 사마천은 특히 비범하고 왕성한 생명력을 지니면서 아울러 재화才華가 출중한 인물을 매우 좋아하였고, 따라서 그들의 삶을 사실적으로 기술하여 역사에 길이 남겼다.

"오지과烏氏倮는 목축을 하였는데, 기르는 가축이 많이 번식하게 되면 모두 판 뒤 화려하고 진기한 방직품을 구매하여 몰래 국외의 융왕戎王에게 바쳤다. 그러면 융왕은 원가의 열 배에 해당하는 가축을 그에게 기증하여 보상하였다. 이렇게 하여 그의 가축은 일일이 셀 수가 없고 골짜기를 계산의 단위로 삼았다. 진시황은 명령을 내려 오지과에게 제후와 동등한 대우를 하도록 하여 봄가을 두 번 귀족들과 함께 궁궐에 들어와 황제를 알현할 수 있도록 하였다.

파巴 지방에 사는 청淸이라는 과부는 그 조상이 단사丹沙가 생산되는 광산을 발견하였다. 몇 대에 걸쳐 그 이익을 독점하여 재산이 너무 많아 계산할 수 없을 정도였다. 청은 일개 과부에 불과했지만 조상이 남긴 가업을 능히 지킬 수 있었고 재산으로 자신을 보호하고 다른 사람의 모욕이나 침범을 받지 않았다. 진시황은 그를 절조가 있는 정부貞婦로 여겨 그를 존경하고 빈객賓客으로 대우하였으며, 그녀를 위하여 여회청대女懷淸臺를 짓도록 하였다. 오지과는 변방 시골사람으로 목장 주인이었고, 청은 궁벽한 시골의 과부였지만 도리어 천자의 예우를 받아 이름을 천하에 떨쳤으니, 이는 실로 이들의 부유함에 기인한 것이 아니겠는가?"

우리들로 하여금 감탄하지 않을 수 없게 만드는 사실은 파청이 남편을 잃은 불행한 인생 역정을 겪고 난 뒤, 그녀가 연약한 여자의 몸으로 결연하게 가정과 사업의 중책을 떠맡아 온 나라에 그녀와 더불어 부를 겨룰 수 있는 사람이 없을 정도의 여중호걸이 되었다는 점이다.

파과부 청의 조상은 야금 광산업을 했던 상인이었다. 그녀의 가족은 생산을 장악하고 자원을 독점하였으며 자기가 가격을 정하여 판매하고 시장을 조종하여 세금 외의 생산 이윤과 상업 이윤은 모조리 자기의 소득으로 만들었다. 그녀 본인은 재산을 모아 자신의 인격 존엄을 지켰고, 추호의 침범을 받지 않았다. 진시황도 그녀를 절조가 있는 정부貞婦로 여겨 그를 존경하고 빈객賓客으로 대우하였으며, 그녀를 위하여 따로 여회청대女懷淸臺를 짓도록 하였다.

당시에 대를 쌓는다는 것은 고대 시대의 풍습으로 공덕비를 세운다는 커다란 의미를 지닌다. 그녀는 재산을 모음으로써 영원한 영예까지 얻었던 것이다.

5.
한나라 시대의 경제실업가 - 탁씨와 임씨

여기에 속하는 인물로 촉의 탁씨, 정정, 완 공씨, 조 병씨, 도간, 사사, 선곡 임씨, 교요, 무염씨 등이 있다. 이 중 대표적 인물인 탁씨와 임씨에 대해 살펴보자.

1 │ 촉 탁씨

서한 초기, 염, 철, 주전鑄錢이라는 세 가지 업종의 하방下放에 따라 상업자본의 가장 주요한 활동 방향이 집중되었다.

염철업은 상공업이 결합되어 한편으로 생산하고 다른 한편에서는 판매함으로써 자본의 회전 변화와 축적 속도가 대단히 빠르다. 또 야금업이나 소금판매업을 하는 자 중에 적지 않은 만금의 부자가 생겨났다. 당시 대야철상의 유명한 인물이 임공의 탁씨다.

"촉군 탁卓씨의 선조는 본래 조나라 사람으로 야금업을 통하여 부호가 되었다. 진나라 군대가 조나라를 멸망시키고 탁씨를 강제로 이주시켰다. 탁씨는 포로로 잡히고 약탈을 당하여 오직 부부 둘이서만 직접 수레를 끌며 새 이주지로 옮겨갔다. 이주한 사람들은 조금이라도 재물의 여유가 있으면 다투어 인솔하는 진나라 관리에게 뇌물을 바치고 최대한 가까운 곳에 살고자 간청하면서 가맹현에 거처하였다.

그러나 탁씨는 "이곳 토지는 협소하고 척박하다. 문산汶山 아래에는 드넓은 비옥한 전야가 있고 땅속에는 토란이 자라나 능히 양식으로 할 수 있어서 무슨 일이 일어난다고 해도 죽을 때까지 전혀 굶지 않는다고 들었다. 그곳의 주민들은 많은 사람들이 거리에서 일을 하고 있어 상업을 하기에 유리하다"고 말하면서 일부러 먼 곳으로 이주할 것을 요청하였다. 결국 탁씨는 임공 지역에 배치되었는데, 마음속으로 크게 기뻐하였다.

탁씨는 사업 운영의 시각에서 출발하여 멀리 임공 지역으로 이주를 희망하였다. 서한 시대에 들어 야철업은 사영이 허용되었다. 철광을 발견한 탁씨는 광산이 있는 지역에서 주조를 하고 뛰어난 경영 솜씨를 발휘하여 불과 몇 년 만에 진과 탁 지역의 백성들이 모두 고용되었고, 천여 명의 노비와 공인들이 광산과 작업장에서 일하게 되었다. 탁씨는 야금업만이 아니라 주전도 하였다.

사서史書들은 한 문제 시기에 커다란 실정失政이 있었다고 기록하는데, 그것은 곧 촉군 구리광산의 수익권을 총신寵臣인 등통鄧通에게 하사한 사건을 가리키고 있다. 등통은 그 광산을 탁씨에게 세금을 납부한다는 조건으로 경영하게 하여 탁씨는 화폐 주조와 구리그릇을 만드는 영업권을 따내 탁왕손이 수만 금의 재산을 모으게 되었고 등통전鄧通錢 역시 천하에 널리 퍼졌다.

임공 지방은 구리와 철 자원이 풍부했는데, 탁씨만이 아니라 정정程鄭 역시 유명한 철상鐵商이었다. 그는 남월 소수민족과 무역하였다. "정정은 본래 산동에서 이주당한 포로로서 야금업을 하였고 멀리 서남이와 남월 지역의 이민족과 무역을 하였다. 그의 재산은 탁씨에 견줄 만하였는데, 탁씨와 정정은 모두 임공에 살았다."

정정은 야철과 동시에 구리 주조를 하여 당시 탁씨와 정정은 천하의 구리와 철을 모두 차지했다는 소문이 널리 퍼졌다.

2 | 선곡 임씨

상인 중에서도 투기성이 가장 크고 폭리를 취하는 사람들이 바로 비축상이다. 비축에 의하여 부를 쌓은 가장 유명한 인물은 진한秦漢 교체기의 선곡 임씨다.

"선곡宣曲 임씨의 선조는 독도督道 지방에서 양식 창고를 관리하는 관리였다. 진나라가 멸망할 때 진나라에 반기를 들고 일어선 호걸들이 모두 금, 옥, 보물을 탈취하였으나 임씨만은 땅굴을 이용하여 곡식을 저장하였다. 그 뒤 항우와 유방이 형양에서 오랫동안 대치하고 있었을 때 부근 백성들이 농사를 지을 수 없었기 때문에 쌀 한 석 가격이 1만 전으로 뛰자 호걸들의 금, 옥, 보물이 모두 임씨에게로 넘어왔다. 임씨는 이때 커다란 재산을 모았다."

한나라 시대 초기에는 이러한 비축상들이 매우 많았다. 조착晁錯이 말한 대로 당시 비축상들은 두 곱의 이윤을 챙겼다. 즉, 이윤이 일반적인 20퍼센트가 아니라 100퍼센트였던 것이다.

고리대업도 폭리를 획득하는 분야다. 고리대업은 비단 농촌뿐만 아니라 제후들도 부득이하게 그들에게 고개를 숙여야 할 정도였다. 이를테면 조 병씨의 고리대업은 온 나라에 손을 뻗치고 있었다. "그의 집은 부자 형제가 규약을 제정하여 엎드리면 줍고 하늘을 쳐다보면 받아서 천하의 모든 곳에 고리대금업과 무역을 하지 않은 곳이 없었다." 그는 야철 판매수

송업을 하는 외에 고리대업을 함으로써 상업자본과 고리대자본을 하나로 결합시켰다.

하지만 고리대업으로 가장 유명한 사람은 바로 무염씨다.

"오초칠국吳楚七國의 난이 일어났을 때, 장안에 있는 제후들은 토벌군에 가담하기 위해서 이잣돈을 얻으려고 하였다. 그런데 돈놀이를 하는 사람들은 제후들의 봉읍이 관동關東에 있었고, 관동의 일이 성공할지 실패할지 예측할 수 없었으므로 원금을 돌려받지 못할까 봐 아무도 빌려 주려 하지 않았다.

그러나 오로지 무염씨만은 천금을 풀어 이자를 원금의 열 배로 하여 빌려 주었다. 석 달이 지나자 오초칠국의 난이 평정되어 1년 안에 무염씨는 원금의 열 배로 받게 되었고, 그 바람에 그의 재산은 관중 전체의 부와 맞먹게 되었다."

비록 이렇게 높은 이율은 단지 특수한 상황 때문이기는 했지만, 이런 거래는 본래 위험 요소가 많은 것으로 배짱 있는 상인들의 분투정신과 과감성이 그대로 반영되어 있는 셈이다.

1 평민의 관점에 입각한 사마천의 영웅관

2 무관의 제왕, 평민 부자! 소볼론

3 상업은 평민들이 부자가 될 수 있는 유일한 길이다

4 시장에 숨은 은자隱者 - 우리 시대의 화식가

평민 부자론 - 소봉론

4

부를 모으는 것은
어느 고정된 한 업종에 종사해야만
비로소 실현할 수 있는 것이 아니며,
재부란 본래 고정불변의 주인이 있는 것도 아니다.
수완이 있는 자는 능히 재부를 자신의 것으로 만들 수 있는 반면,
무능한 자는 가지고 있던 재산도 와해된다.

평민의 관점에 입각한
사마천의 영웅관

사마천은 명군과 충신 그리고 의義를 위하여 자신의 목숨을 던진 선비를 칭송해 마지않았다. 그리하여 영웅이 이 세상을 창조해 나간다는 점을 강조하였다. 하지만 그의 이러한 영웅관은 단순한 영웅사관에 머문 것이 아니었고 두 가지의 진보적 시각을 담고 있었다.

그중 하나는 어떠한 개인도 모든 지혜를 독점할 수 없으며, 결코 영웅 혼자서 세상을 창조할 수 없다는 관점이다. 사마천에 의하면, 삼황오제 시기 명군의 경우에도 그 명군의 특징이란 현명한 선비를 등용하는 데 있었다. 그는 "요 임금이 비록 현명했으나 천하의 사업을 완성하지 못하고 순 임금을 얻고서야 비로소 구주九州를 안정시켰다"고 지적하고 있다.

한나라 고조 유방이 천하를 얻어 문신들이 비와 같고, 맹장들은 구름처럼 많았다. 하지만 강대한 흉노에게 속수무책이었으므로 도읍을 어디에 두어야 할지 아직 정하지 못하고 있었다. 이때 농서 변경을 지키던 유경劉敬이라는 수졸(戍卒: 고대 시대 변경을 지키던 군졸)이 수레를 끄는 막대를 던지고 양털 가죽옷을 걸친 채 한 고조 유방을 뵙고 관중에 도읍하고 흉노와 화친할 것을 건의하였다. 결국 이 건의는 받아들여졌다."

이 대목에서 사마천은 일개 하급 병사의 건의로부터 민중의 지혜를 발견한다. 그리고 특별히 유경을 위한 열전을 짓고 나아가 "지혜가 어찌 독점될 수 있는가!"라는 철리哲理의 차원으로 높인다.

"속담에 이런 말이 있다. '천금의 값이 나가는 가죽옷은 여우 한 마리의 털로 만들 수 없고, 높은 누대의 서까래는 나무 한 그루로 만들 수 없으며, 3대(三代: 하, 은, 주 3대 왕조를 가리키며, 중국 역사에서 모범적인 정치제도의 모델로 존숭을 받았다.)의 성대함은 한두 명 선비의 지혜만으로 이루어진 것이 아니다.' 참으로 옳은 말이다!

고조는 미천한 신분으로 몸을 일으켜 천하를 평정했는데, 그것은 여러 사람의 지혜가 합해진 결과다. 그러나 유경은 수레를 끄는 막대를 내던지고 한 번 도읍을 옮기라고 유세함으로써 만세의 안정을 이루었으니, 지혜라고 하는 것을 어찌 한 개인이 독점할 수 있겠는가!"

다음으로 사마천은 국가의 흥망에 있어 민심의 향방이 그 결정적인 요소라는 인식을 가지고 있었다. 사마천은 이러한 관점에 의하여 역사의 변천을 고찰하고 생동감 있게 대중들의 창조적인 역량을 묘사한 최초의 역사였다. 사마천은 《사기》 각 편에서 다음과 같이 기술하였다.

"3대의 제왕들은 덕을 베풀고 선을 쌓았기 때문에 백성들에게 떠받들어졌다." 또 "항우는 포악했으나 한나라는 공덕을 행하였으므로" 천하를 얻었다. 한나라 효문제는 "오로지 덕으로 백성들을 교화하였기 때문에 천하는 인구가 많아지고 부유해졌으며 예의가 흥하였다."

한편 무왕이 은나라 주왕을 토벌할 때 "주나라 병사들은 모두 무기를 거꾸로 들어 무왕에게 길을 내줬다." 그리고 "무왕이 상나라의 도성에 이르자, 상나라의 백성들은 모두 교외에서 기다리고 있었다." 진나라의 멸망은 "천하의 사람들이 진나라 통치의 가혹함에 고통받은 것이 오래된" 것에 그 원인이 있었다.

그러므로 진섭이 군사를 일으키자 '마치 바람처럼 일어나고 구름처럼 모여들어 마침내 진나라를 소멸시켰다(풍기운증, 졸망진족風起雲蒸, 卒亡秦族)'. 여기에서 '풍기운증風起雲蒸' 이라는 말은 백성들이 천지를 뒤덮는 힘을 지니고 있다는 점을 표현한다.

또 한신은 초나라를 탈출해 한나라 진영에 가담한 뒤 유방에게 항우가 반드시 패배할 수밖에 없는 이유에 대하여 이렇게 말하였다. "항우의 군대가 지나간 곳은 학살과 파괴가 없는 곳이 없습니다. 천하의 많은 사람들이 그를 원망하고 백성들이 친하게 따라주지 않습니다. 다만 그의 강한 위세에 위협당하고 있을 뿐입니다. 그러므로 항우가 비록 패자라고 불리지만 사실은 천하의 인심을 잃은 것입니다. 그렇기 때문에 그의 강대함을 약화시키기 쉬운 것입니다."

과연 그 뒤에 펼쳐진 역사적 과정은 한신이 예언한 바처럼 정확히 진행되어 초나라가 망하고 한나라가 천하를 얻었다.

민심을 잃은 자는 결국 천하도 잃게 되었던 것이다.

귀족의 인의도덕과 평민의 인의도덕

사마천은 《사기》 전편을 통하여 소위 '귀족(후문侯門)'들이 가진 도덕의 허위성에 대하여 신랄한 비판을 가하는 한편, 이른바 '미천한 사람들'의 도덕에 대해서는 대단히 찬미하고 있다. '귀족'들이 내세우는 인의도덕이란 실제로는 대부분 언행이 일치하지 않고 또 지키지 않는다는 것이다.

사마천은 〈급암열전〉에서 급암의 입을 빌어 한 무제가 "속으로는 욕심이 많으면서 겉으로만 인의를 행하려는 모습을 보인다"고 비판함으로써 한 무제가 표방하는 인의도덕의 허위성을 여지없이 폭로한다. 또 〈평진후주보열전〉에서는 유학의 거두로서 승상 벼슬에 있던 공손홍이 "겉으로는 너그러운 척했으나 속마음은 각박했다. 그는 자신과 대립하여 사이가 벌어진 사람들에게는 겉으로는 친밀한 척하면서도 뒤로는 자기가 받은 화를 몰래 보복했다"고 기술하였다.

귀족들이 내세우는 인의도덕의 허위성은 〈이사열전〉에서 가장 극적으로 표현되어 있다. 〈이사열전〉에 소개된 생생한 대화들은 조고, 호해, 이사가 겉으로는 충절과 절개를 표방하면서도 실제로는 제위를 찬탈하는 역모를 꾸미고 궁중 정변을 획책하는 과정을 낱낱이 고발한다. 그리하여 이른바 충절이나 인의니 예절이란 단지 위정자들이 그들의 끝없는 탐욕과 비행을 은폐하는 허구적인 포장에 지나지 않음을 드러내 보여 준다.

한편 '미천한 사람들'의 도덕이란 하층민들이 나름대로 지키며 살아가는 도덕 준칙이다. 여기에서 '미천한 사람들'이란 주로 유협, 자객 등을 지칭하고 또한 하층에 속하는 인물들, 예를 들어 노중련, 후영, 주해, 모공, 설공 등등이다. 노중련에 대하여 사마천은 "비록 노중련이 지향하는 바는 대의大義에 부합되지는 않지만, 평민의 지위에 있으면서 호기스럽게 자기 맘껏 하고 제후들에게 굽히지 않으면서 고담준론高談峻論을 펼치며 권세를 쥔 공경장상公卿將相들을 모두 굴복시켰으니 노중련은 진실로 천하의 높은 선비다"라고 칭송하였다.

또 조말이나 형가 등의 자객에 대하여 "조말에서 형가에 이르기까지 다섯 사람 중 일부는 성공하고 일부는 성공하지 못하였으나 그들의 목적은 모두 너무나 분명하다. 그들 모두 자신이 세운 지향을 저버리지 않았고, 그들의 명성은 후세에 남을 수 있었으니 이 어찌 허망하다고 할 것인가!"라고 찬양한다. 그리고 주가와 곽해 등 유협에 대해서 "이들은 항상 당시의 법망에 저촉되었지만, 그들의 개인적 인품은 청렴하고 겸손하였으며 오히려 찬양받을 측면도 매우 많다. 협객의 명성은 빈껍데기에서 만들어진 것이 아니며, 사람들 역시 헛되이 그들에게 의지했던 것이 아니다. 하지만 세상 사람들은 이들을 한낱 폭력배 집단으로 여기고 있으니 어찌 슬프지 아니하랴!"라고 탄식해 마지않는다.

사마천은 이들의 고상한 의기義氣를 칭송하면서도 동시에 하층민에 속해 있던 이들의 행동은 지배계급이 만들어 놓은 자기들의 '도덕'에 맞지 않고 따라서 당시의 법망에 저촉되었다는 사실에 대하여 비통해하였다.

'골계滑稽'라는 말은 '언사言辭가 유려하고 사유가 민첩하여 막힘이 없다'는 뜻으로 후세에 이르러 '유머'라는 의미로 사용되었다. 고대에 이러한 유머를 구사하는 사람들은 궁궐에서 황제가 필요로 할 때 불려 가서 황제의 기분을 풀어 주는 역할을 하는, 그저 신분이 비천한 부류에 속할 뿐이었다.

그러나 사마천은 이들 역시 뛰어난 인물의 또 다른 전형으로 선정하여 열전 범주의 기술에 포함시켰다. 〈태사공자서〉에서 사마천은 이들을 열전에 포함시켜 기술한 이유에 대하여 "세속에 흐르지 않고 권력과 이익을 다투지도 않았으며 상하 막힘이 없이 아무도 그들에게 해를 주지 않았으니 이는 자연을 따랐기 때문이었다. 이에〈골계열전〉을 짓는다"라고 설명하였다.

〈골계열전〉의 주요 요지는 순우곤, 우맹, 우전 등 골계 인물의 "세속에 흐르지 않고 권세와 이익을 다투지 아니하는" 고귀한 정신과 비범한 풍자와 재능을 찬양하는 것이다. 그들은 비록 미천한 출신에 불과했지만 기지에 넘치고 말재주가 뛰어났으며, 이치에 맞게 비유를 잘하였다. 또 사정에 적합한 사례를 인용하였으며, 어떠한 사건을 빗대어 풍자를 정확하게 하였다.

〈영행열전〉 역시 마찬가지이다. '영행佞幸'이라는 말은 '아양을 떨어 총애를 얻는 사람'을 말하며, 곧 '환관宦官'을 가리킨다. 당시 그들은 사람들에게 대단히 멸시를 받는 무리들이었지만, 사마천은 "각기 재능이 있었던" 이 영행들을 위하여 〈영행열전〉을 기술하였다. 또한 자객, 유협, 점술가, 의사 등도 모두 하층 인물에 불과했지만, 사마천은 모두 그 전형적 인물을 선택하여 각기 열전을 기술함으로써 그들이 사회에 남긴 공헌을 칭송하였다.

"때에 맞춰 매매를 함으로써 재부를 늘린" 상인들을 위하여 기술한 〈화식열전〉 역시 마찬가지다.

무관의 제왕,
평민 부자
- 소봉론

《한서漢書》의 저자 반고는 《한서》〈사마천전〉에서 사마천이 "세리勢利를 숭앙하고 인의仁義를 경시하며 빈천貧賤을 부끄럽게 여긴다"고 신랄하게 비판하였다.

분명 사마천은 〈화식열전〉에서 "천하 사람들이 즐겁게 오고 가는 것은 모두 이익 때문이며, 천하 사람들이 어지럽게 오고 가는 것도 모두 이익 때문이다(천하희희 개위이래, 천하양양, 개위이왕天下熙熙 皆爲利來, 天下壤壤, 皆爲利往)"라고 기술하고 있다. 하지만 정작 세리勢利를 숭앙하고 빈천을 부끄럽게 여기는 사람은 '천하의 사람들天下人'이었던 것이지 결코 사마천 본인이 아니었다. 사마천은 다만 세리勢利를 숭앙하고 빈천을 부끄럽게 여기는 그 세태를 적확하게 직설적으로 묘사한 것이었다.

〈화식열전〉을 기술한 이유에 대하여 사마천은 《사기》〈태사공자서〉에서 "벼슬이 없는 일반 백성들이 국가의 법에 저촉되지 않고 또 백성들의 생활에 해를 주지 않았으며, 매매는 시기에 따라 결정하였다. 이렇게 그의 재부는 증가하였고, 총명한 사람 역시 취할 바가 있다고 여겼다. 이에 〈화식열전〉제69를 짓는다"고 답하였다.

사마천에게 있어 진정한 화식가란 마땅히 평민 출신이어야 했다. 여기에서 그는 '소봉素封'이라는 개념을 창조해 냈다.

'소봉'이라는 개념에 대하여 사마천은 "지금 어떤 사람들은 관직 봉록 혹은 작위와 봉지封地 수입이 없으면서도 그것을 지닌 사람들과 더불어 비견될 만한 즐거움을 누리는 경우가 있으니 이를 '소봉素封'이라 한다"라고 규정하였다.

이렇게 하여 재산과 세력을 지니고 있으면서 왕자와 같은 즐거움을 누리는 사람을 사마천은 '소봉'이라고 이름 지었다. 즉 무관의 제왕이라는 의미다.

진한 시대 대상인은 왕자와 같은 즐거움을 누렸을 뿐 아니라 심지어 황제의 칭송까지 받았다. 이를테면 오지과라는 인물은 목축으로 부를 쌓아 "진시황은 명령을 내려 오지과에게 제후와 동등한 대우를 하도록 하여 봄 가을 두 번 귀족들과 함께 궁궐에 들어와 황제를 알현할 수 있도록 하였다."

또 파 지방에 사는 청이라는 과부는 그 조상이 단사丹沙가 생산되는 광산을 발견하여 몇 대에 걸쳐 그 이익을 독점하였다. 그리하여 그녀의 재산은 너무 많아 계산조차 할 수 없을 정도였다. 그녀에 대하여 "진시황은 그를 절조가 있는 정부貞婦로 여겨 그를 존경하고 빈객賓客으로 대우하였으며, 그녀를 위하여 여회청대女懷淸臺를 짓도록 하였다."

이 지점에서 사마천은 강력한 질문을 던진다.

"오지과는 변방 시골사람으로서 목장 주인에 불과하였고, 청은 궁벽한 시골의 과부였지만 도리어 천자의 예우를 받아 이름을 천하에 떨쳤으니, 이는 실로 이들의 부유함에 기인한 것이 아니겠는가?"

또 촉의 탁씨와 정정의 조상은 본래 진시황이 전국시대의 6국을 멸하고 천하를 통일할 때 동방에서 이주된 포로에 불과했다. 그러나 그들은 야철업 경영으로 부를 쌓아 노복이 천 명에 이르러 "전답과 연못, 사냥의 즐거움이 군주와도 같았다." 남양 공의 완씨는 야철업 운영으로 부를 쌓아 재산이 수천 금에 이르렀다. 그의 수레는 커다란 대열을 지어 제후들과 교류하여 '유한공자有閑公子'라는 칭호까지 얻었다.

반면에 한나라 초기 수많은 제후들의 경우, 어떤 사람들은 쇠락하여 우마차를 타야 했다. 오초칠국의 반란이 일어났을 때, 장안에 거주하는 많은 열후들에게 군자금을 징발하자 그들은 하는 수 없이 고리대업자인 무염씨에게 돈을 빌려야 했다. 전국 각지의 부자 상인들은 "큰 부자는 군郡을 좌지우지하였고, 중등 부자는 현縣을 좌지우지하였으며, 작은 부자는 향리를 좌지우지하여 그 수가 이루 셀 수 없었다."

사마천은 이렇듯 생동하는 역사와 현실을 구체적인 근거로 하여 '소봉론'이라는 관점을 제기한 것이다. 사마천은 "천금을 지닌 집안은 곧 그 도시의 봉군封君과 비길 수 있으며 만금萬金을 지닌 부자는 곧 그 왕과 같은 정도로 향유할 수 있다. 이들이 곧 이른바 소봉素封이 아닌가? 사정이 그렇지 아니한가?"라고 반문한다.

"만금을 지닌 부자는 곧 그 왕과 같은 정도로 향유할 수 있다." 이것이야말로 '소봉론'의 가장 간략한 개괄이다.

1.
누구든 부를 쌓아 왕자가 될 수 있다

'소봉론'은 두 가지의 내용을 지니고 있다.

그중 한 가지는 위에서 언급한 "만금萬金을 지닌 부자는 곧 그 왕과 같은 정도로 향유할 수 있다"는 내용이다. 그리고 다른 하나의 내용은 곧 "사람이 부유해지면 인의가 저절로 따라온다"는 것이다. 사마천의 이 명제에는 두 가지 인식이 포함되어 있다. 하나는 "예의란 가짐에서 비롯되고, 없음에서 폐절된다"는 것으로서 인의 도덕이 경제적 기초 위에 만들어진다는 인식이다. 그리고 다른 하나는 지배 계급의 도덕이란 단지 점유하는 재부와 권력의 부속물이라는 인식이다.

《사기》〈유협열전〉에서 사마천은 "인의仁義가 무엇인지 누가 아는가? 자기에게 은혜를 베푼 사람이 곧 도덕을 지닌 사람이다"라는 속담을 인용하고 있다. 돈과 권세만 있으면 곧 인의가 따라오게 된다는 뜻이다. 사마천은 여기에 머물지 않고 이 논리를 더 발전시켜 나간다. "혁대의 단추를 훔친 자는 처형을 당하지만, 국가의 권력을 훔친 자는 제후가 된다. 제후의 집에서 저절로 인의仁義가 생긴다."

사마천의 이 말은 위정자들이 주장하는 허위적인 도덕을 통렬하게 비판하는 촌철살인의 경구다. 여기에서 사마천은 고관대작과 소리 높여 인의를 주창하는 거짓 군자들의 인의 도덕이라는 가면을 벗겨 내고, 동시에 "자기에게 은혜를 베푼 사람이 곧 도덕을 지닌 사람이다"라는 세간의 시각에 대해 신랄히 풍자한다.

사마천의 '소봉론'은 부귀와 예의가 지니는 본질을 꿰뚫으면서 실제로는 황음荒淫하고 후안무치하면서도 입으로는 '이익을 입에 올리지 않는' 지배층을 비판하고 있다. 그들은 백성을 속이면서 백성들에게 오직 '의義'만을 말하도록 하고 '리利'는 말하지 말도록 강제한다.

이렇게 하여 사마천은 '소봉론'을 통하여 사람마다 돈을 벌고 부를 쌓도록 고취하면서 "제후의 집에 저절로 인의가 생긴다"는 불합리한 거짓 현실을 단호하게 부정한다. 이러한 '전투성'은 귀천貴賤이라는 사회적 등급의 차별이 타고난 불변의 것이 결코 아니며, 반대로 모든 사람이 자기의 총명과 재능에 의하여 능히 부를 쌓아 왕자王者와 같은 즐거움을 누릴 수 있다는 변화의 관점으로부터 비롯된다.

그리하여 사마천의 '소봉론'은 진나라 말기 전국적인 반란의 불씨를 지폈던 진승, 오광이 주장한 "왕후장상에 씨가 따로 있는가!"와 동일한 메시지를 담고 있다.

군자는 부유해지면 덕을 베풀기를 즐겨한다

사마천은 재부財富야말로 한 인간의 사회적 정치적 지위를 결정하는 요인이라고 천명하였다.

그런데 당시 사람들은 상인들의 재부를 부러워하면서도 동시에 뼛속부터 그들을 천시하였다. 왜냐하면 상인들을 간상奸商으로 생각하는 사람들의 생각이 뿌리 깊었기 때문이다.

하지만 바로 이러한 상황에서 사마천은 파격적인 개념을 제기한다. 뜻밖에도 상인들을 현인賢人으로 칭하였던 것이다. 그는 인의仁義에 대하여 "인의를 아는 것이 무슨 소용이 있는가? 이미 이익利益을 얻은 것이 곧 덕이 있음을 말해 준다"라는 속담을 인용하여 비유적으로 말하고 있다.

이어 그는 "예禮란 가짐에서 비롯되고 없음에서 폐절된다"고 하여 도덕의 형성과 발전이란 경제적 토대를 갖춘 위에서 비로소 가능해진다는 사실을 지적하였다. 이 관점을 증명하기 위하여 그는 관중의 "창고가 가득 차야 예절을 알고, 의식이 족해야 영욕을 안다"는 명언을 인용하였다. 또 그는 "연못이 깊어야 물고기가 살 수 있고, 산이 깊어야 짐승들이 살게 된다"는 말로써 "인간 역시 부유해야만 인의가 따르게 된다"는 도덕에 대한 부의 강력한 영향력을 비유적으로 표현하고 있다.

하지만 사마천은 불법이나 비도덕적인 수단에 의하여 이익을 취하려는 것에 반대하였다. 그는 도굴이나 도박 등의 이른바 '간부奸富'를 비판하였다.

사마천은 상인들을 부유하면서도 현명한 모범적 인물로 찬양하였다. 그들은 자기의 지혜와 노동으로 부를 쌓았으며 재부를 모으는 데 도道가 있었고 그것의 쓰임새에 있어서도 절도가 있었다. 또한 "정치에 해가 되지 아니하였고, 백성들을 방해하지 않았다."

그들은 사치스럽거나 욕심이 극에 달하지 않았고, 순박한 백성들을 괴롭히는 흉포한 토호가 아니었다. 그들은 오히려 인의를 널리 펼치고 이익을 중시하면서도 인의를 더욱 중시하였다. 예를 들어, 범여는 천금에 이르는 그의 전 재산을 세 번씩이나 주위 사람들에게 나누어 주었던 것이다.

부를 이룬 뒤 반드시 덕德과 의義를 행하라

그리하여 사마천은 부유해진 후에 마땅히 인의 도덕을 베풀어야 한다고 주장하고 있다.

이른바 "군자는 부유해지면 덕을 베풀기를 즐겨 한다"는 것이다. 그가

〈화식열전〉 중에서 기술한 첫 번째 거부巨富인 범여야말로 부유해진 뒤 인의를 실천한 대표자라고 할 수 있다. 그는 부유해진 후 자신의 재물을 두 번에 걸쳐 가난한 벗과 먼 친척들에게 나누어 주었다. 사마천은 이러한 행위에 대하여 대단히 열렬하게 칭송하였다.

한편 한 무제 때 복식卜式이라는 신하는 목축으로 부를 쌓은 뒤 조정에서 흉노를 공격할 때 "자기 재산의 반을 조정에 바쳐 전쟁 경비로 보조하겠다는 상소문을 황제에게 올렸고" 또 "20만 전을 하남군수에게 헌납하여 이주한 빈민들에게 사용하도록 하였다."

사마천은 국가의 위급한 상황을 도우려는 이러한 복식의 행위를 높이 평가한 반면에 오직 자신만을 위하는 거상대부들에 대해서는 "재물을 독점하고 빈민들을 부리면서 물자를 수송하는 수레는 수백 대에 달했다. 그들은 값이 쌀 때 물건을 사들여서 값이 등귀할 때 비싸게 팔았으며 진기한 물자를 비축하여 제후들조차 모두 머리를 숙이고 그들에게 도움을 청하였다. 그들은 야철과 화폐 주조, 제염업에 종사하면서 만금에 이르는 부자도 있었으나 국가를 도와 재정 위기를 해결하기를 원하지 않았으며 백성들의 생활은 더욱 곤궁해질 뿐이었다"라면서 신랄하게 비판하고 있다.

사마천은 생산과 경영의 과정에서 눈앞의 이익에만 급급하는 근시안적 행위에 대하여 반대하면서 덕과 의를 행함으로써 장구적으로 부유할 것을 주장하였다. 그는 "어떤 곳에서 1년을 살려면 곡물을 심어야 하고, 10년을 살려면 나무를 심어야 하며, 100년을 살려면 덕을 쌓고 선행을 베풀어 멀리 있는 사람을 불러 모아야 한다. 이른바 덕이란 바로 다른 곳에 있는 사람과 재물이 자신에게 올 수 있도록 끌어들일 수 있는 것이다"라고 기술하였다.

오랜 세월 동안 부유하려면 반드시 덕과 의를 행하라는 것이다. 그렇지 않고서는 결코 부를 이룰 수 없다고 말한다. 또 "청렴한 관리도 관직 생활을 오래 하면 할수록 부유해지고, 탐욕스럽지 않은 상인도 결국 부유해지는 법이다"라고 기술함으로써 청렴하고 공정한 관리와 상인도 결국 부유해질 수 있다고 말하고 있다.

공정한 장사를 해야 더 큰 부자가 된다

나아가 사마천은 "탐고삼지, 염고오지貪賈三之, 廉賈五之"라 하여 "탐욕스러운 상인은 당장 이자를 높게 받아 본전의 10분의 3을 벌고, 깨끗한 상인은 공정하게 장사를 하지만 결국은 신용을 얻어 10분의 5를 벌게 된다"라고 말한다.

깨끗한 상인은 소비자의 이익도 잘 고려하여 신용을 지키면서 성실하게 장사를 함으로써 결국 커다란 이익을 얻고 거부巨富가 될 수 있다고 말하였다.

사마천은 욕심만 사납고 잔꾀만 부리면서 장사를 하는 것보다 공정한 방법으로 성실하게 신뢰를 쌓아 가는 것이 훨씬 오랫동안 부유할 수 있는 방법임을 알려 준다.

결론적으로 사마천은 비단 리利를 중시했을 뿐만이 아니라 의義 역시 대단히 중시한 것이다. 사마천은 리利를 중시하는 것, 즉 중리重利의 측면에 있어 사람들에게 모든 것에 개의치 말고 부를 추구하라고 장려한다. 하지만 리와 동시에 그는 의를 중시하는 것, 즉 중의重義의 측면에서는 사람들이 염치에 개의치 않으면서 오로지 이익과 벼슬만을 추구하는 것에 반대한다.

이렇게 하여 의義와 리利를 동시에 중시하는 것(의리병중義利併重) 그리고 리利를 추구하는 과정에서나 부유해진 뒤에는 마땅히 인의와 도덕을 행해야 한다는 것이 곧 사마천이 주장한 바이다.

2.
│ 대은大隱은 시장에 숨는다

〈화식열전〉에 암혈거사巖穴居士라는 용어는 두 곳에 기술되어 있다.

"조정에서 모든 힘을 다하여 계책을 내어 입론立論하며 건의建議하는 현인들과 죽음으로써 신의를 지키고 청고淸高함을 자처하면서 동굴 속에 은거하는 선비들의 목적은 도대체 무엇인가? 모두 재부를 위한 것이다."

"만약 어떤 사람이 세상을 등지고 숨어 사는 선비의 청고한 품행도 없으면서 시종 가난하고 비천하며 그러면서도 고담준론을 논하기를 좋아하고 무슨 인의 도덕을 계속 운위하는 것은 역시 진실로 수치스럽고 부끄러운 일이다."

〈화식열전〉은 노자가 말한 "늙어 죽을 때까지 서로 왕래하지 않는" 상황이란 현실에서 존재할 수 없는 것이라고 일축하면서 "귀와 눈에 좋은 소리와 색깔을 모두 즐기려 하고, 입으로는 각종 맛있는 고기를 끝까지 맛보려 하는" 것이 인간의 자연적 본성이라고 파악한다. 즉 부를 추구하는 인간의 욕망을 인정해야 한다는 것이다. 그리하여 이에 대한 가장 좋은 대응

방법이란 자연에 맡겨 두는 것이며, 국가경제 정책에 있어서도 '인지因之'의 정책이 가장 좋다고 지적한다.

사마천은 부자의 등급을 상중하로 분류하여 "본부가 상이고, 말부가 그 다음이며, 간부가 가장 아래다"라고 천명한다.

본부本富란 목축업, 어업, 임업, 농업에 의해 부를 얻은 것을 지칭하며, 이러한 치부 방식은 "시정市井을 살피지 않고, 타향을 다니지 않으며, 앉아서 편안히 수확을 기다린다"라고 결론을 내린다. 즉 '본부'란 농림목어업에 종사하여 부를 얻은 사람이며, 그들이 종사하는 업종은 규모가 크고 전문성이 강하며 안정성이 상대적으로 크다는 특징을 지닌다. 바꿔 말하면 이는 생산의 확대로 이어지며, 지리적 우위에 의거하여 앉아서 편안하게 수확을 기다리는 것이다.

다음으로 말부末富에 대해서 사마천은 "가난한 자가 부를 얻으려면 농업은 공업만 못하고, 공업은 상업만 못하며 자수 문양을 하는 것이 시장을 지키고 있는 것만 못하다. 그러므로 말업(末業: 상업)은 가난한 사람의 자산이다"라고 기술하고 있다. 본부의 대규모 생산경영은 엄청난 물력과 재력이 필요하며, 그것은 단지 개인의 노동만으로 얻을 수 없다. 즉 말부는 상공업에 종사하여 부를 얻은 사람으로서 그들이 종사하는 업종은 규모가 작고 기술성이 강하며 유동성이 상대적으로 크다는 특징을 지닌다. 이러한 업종은 상대적으로 복잡하고 규모의 신축성이 강한 편이므로 크게 매매를 할 수도 있고 또 작은 규모로 경영할 수도 있다.

마지막으로 간부奸富에 대하여 〈화식열전〉은 임씨, 정정, 공씨 등등의 화식가를 언급하고 있다. 그들은 모두 봉읍과 봉록도 없이 법을 농단하고 간사한 방법으로 부를 얻었다. 사마천의 눈에 비친 간부는 출신 배경과 권세를 불법적으로 이용하여 사적인 방법에 의하여 부정하고 간사한 행위로 치부한 자들로서 탐관오리가 이에 속한다.

이러한 시각에서 볼 때, 벼락부자, 투기업자 및 도굴업자, 도박, 상인 등은 이른바 '간부'의 범주에 포함되지 않는다. 이러한 사마천의 분류 방식에 대하여 어떤 사람들은 이해할 수 없을 것이다.

그러나 바로 이 지점에서 사마천은 다른 사람과 분명히 차별화된다. 사마천의 기술에 의하면, 임씨의 선조는 사재기에 의하여 축재를 한 벼락부자이고 무염씨는 국가 동란 중 대부업으로 돈을 번 투기업자다. 도굴, 도박, 장사는 〈화식열전〉의 가장 뒷부분에서 출현하고 있는데, 그들 모두 비록 그다지 좋지 않은 업종이고 간사하고 비천한 행위에 속했다. 하지만 동시에 사마천의 표현에 의하면 자신이 지닌 한 가지 장점으로 부를 이룬 '전심으로 노력한' '성일誠壹'의 전형적인 모범이다.

처사處士의 명분을 가지고 풍요롭게 산다

기실 부자에 대한 사마천의 이러한 분류 방식은 충분한 이유를 가지고 있다. 그것은 곧 능력에 대한 그의 강조다. 이러한 강조는 〈화식열전〉 곳곳에서 찾아볼 수 있다.

"빈부의 법칙은 어느 누가 빼앗아 갈 수도 줄 수도 없으며, 지혜로운 자는 능히 부유해질 수 있고, 어리석은 자는 곧 빈곤해진다.

재물이 없는 빈민은 오로지 힘써 일할 수밖에 없고, 재물이 있기는 있지만 많지 않을 경우에는 곧 지략으로써 조그만 재산을 취하며, 부유한 사람은 기회가 도래했을 때 대규모 투자를 추진함으로써 큰 재산을 모으게 된다.

부를 모으는 것은 어느 고정된 한 업종에 종사해야만 비로소 실현할 수 있는 것이 아니며, 재부란 본래 고정불변의 주인이 있는 것도 아니다. 수완이 있는 자는 능히 재부를 자신의 것으로 만들 수 있는 반면, 무능한 자는 그나마 가지고 있던 재산도 와해된다."

이 대목에 이르러서는 실로 진화론과 적자생존론의 분위기까지 감지된다. 즉 인간은 능력에 따라 부를 모으고, 경쟁에서 생존을 추구한다는 것이다. 따라서 집안 배경을 이용하거나 오로지 지위와 권세에 기대어 경제 이익을 차지한 사람은 당연히 사마천이 혐오하는 부류였다.

또한 사마천은 세상에서 올바르지 못한 직업으로 정평이 난 도굴이나 도박이라는 '재주' 조차도 인정하였다. 이러한 좋지 못한 업종이나 간사한 일도 능력과 노동이 필요한 것이고, 이들은 벼슬아치가 되어서 자리만 차지하고 아무 일도 하지 않으면서 국록만 받아먹는 무리나 혹은 사적으로 부정부패만 일삼는 탐관오리에 비해서 훨씬 낫다는 것이다. 이는 실로 노동하지 않고 얻는 자들에 대한 신랄한 풍자가 아닐 수 없다.

사마천은 부富에 대한 인간의 욕망을 충분히 인정하였고, 인간의 경제적 재능을 강조하면서 자신의 능력에 의하여 물질적 이익을 추구함으로써 부를 이뤄낸 사람들을 높이 평가하였다. 이러한 논리하에서 사마천이 말한 암혈거사는 필연적으로 기존의 숨어 사는 선비, 즉 은사隱士와는 상이한 존재 이미지를 보여주고 있다.

사마천은 이러한 형태의 '처사處士'에 대하여 이렇게 말한다.

"비록 관작은 없지만 처사의 명분을 지니면서 오히려 풍요로운 향유를 누릴 수 있게 된다." 이들은 법을 농단하고 부패를 일삼는 관리가 아니라 관직 사회를 떠나 세상과 타협하지 않은 선비다. 또 이들은 현실을 도피하여 숨은 사람이 아니라 민간 속에 깊이 들어가 물러나서 자신의 일을 하는 사람이다. 즉 안빈낙도의 사람이 아니라 부를 추구하고 의義를 행하는 사람이다. 권력으로써 이익을 도모하는 자가 아니라 부로써 세를 얻은 자다. 결론적으로 사마천이 제기한 은사란 관직 사회 밖에 숨어 경제 분야를 운용하여 그 재능을 크게 떨친 사람을 지칭한다.

이러한 '암혈거사'라는 이미지 제기는 인생과 사회에 대한 사마천의 적극적이고 진취적인 정신과 높은 책임감을 반영한다. 사마천은 "군자는 의義에 즐거워하고, 소인은 리利에 즐거워한다"는 유교의 원칙에 반대하고 의와 리利가 동시에 중요하다고 파악했으며 의는 리利에서 생긴다고 강조하고 있다. 그는 "창고가 가득 차야 예의를 안다"고 굳게 확신한다. 그리고 "군자는 부유해지면 덕을 베풀고, 소인은 부유해지면 힘든 노동에서 벗어난다"는 관점을 제기하면서 경제와 도덕의 관계를 정리하고 있다.[35]

세상을 등진 은자란 무책임한 도피자일 뿐
"계차季次, 원헌原憲과 같은 인물은 경전을 익히고 고상한 도덕을 지니고 당시의 조류에 자신의 신념을 부합시키지 않았기 때문에 당시의 사람 역시 그들을 비웃었다. 그들은 단지 누추한 집에 살 수밖에 없고 다 헤진 옷을 입고 보잘것없는 반찬도 배불리 먹을 수 없었지만, 그들이 죽은 지 400년 뒤 그들을 따르는 사람들은 끊임없이 그들을 기념한다.

협객에 대하여 말하자면, 비록 그들의 행동이 이른바 정의 혹은 도덕 준칙과 일치하지는 않지만 그들은 말에 신의가 있고 행동에 성과가 있으며, 한 번 약속하면 반드시 지킨다. 또한 몸을 아끼지 않고 남을 위험으로부터 구하며, 목숨을 버리면서까지 남을 돕는다. 그렇지만 자신의 능력을 드러내지 않고 자신의 은덕을 과시하지 않는다. 이러한 점들은 마땅히 크게 찬양받아야 한다."

같은 〈유협열전〉의 서문에서 사마천은 다시 이렇게 강조한다.

"학문에 구속되거나 혹 하찮은 의리를 품은 채 오랫동안 세상과 고립되어 살아가는 것이 어찌 격을 낮추고 세속에 동조하여 시대의 조류를 따라 부침하여 명예를 얻는 것과 같겠는가!

그러나 평민들 가운데 무리로서 가령 사람에게 베풀고 구함에 있어 약속한 일은 이행하며 천 리 먼 곳에서도 의리를 위해서 죽음을 두려워하지 않고 세상의 비난을 마다하지 않는다면, 이는 그들의 장점이며 또 그것은 아무렇게나 해낼 수 있는 일이 아니다. 그래서 선비들은 곤궁한 조건에서 그들에게 생명을 의지하는데, 그들이야말로 사람들이 말하는 현인이나 호걸이 아니겠는가? 만일 민간의 유협들을 계차나 원헌과 같은 자들의 역량과 재능면에서 비교한다면, 당시의 공명功名의 측면에서는 이들을 같이 논할 수 없다. 그러나 신의의 차원에서 볼 때 그들의 의거를 어찌 무시할 수 있겠는가!"

사마천은 '죽음을 두려워하지 않고 세상의 비난을 마다하지 않는' 유협과 '의義를 지키면서 세상과 타협하지 않은' 계차나 원헌을 비교하면서, 산림에 숨은 은자에 대한 자신의 관점을 분명하게 밝힌다. 즉 숨은 것은 세상을 등진 것이 아니며, 관리들과 함께 더럽게 섞이지 않는 것까지는 괜찮지만, 자신의 재능을 발휘하여 물건으로 하여금 그 효능을 다하지 못하게 하고 사람으로 하여금 그 재능을 다하지 못하게 하여 아무 일도 하지 않은 채 그냥 무위도식하는 것에는 동의하지 않고 있다.

즉 사마천은 명예와 절조를 위하여 숨는 삶에 대하여 찬성하지 않았던 것이다. 그의 눈에는 그러한 사람 역시 그저 아무 일도 하지 않은 채 무위도식하는 사람에 불과하였다. 그는 그러한 사람은 비록 스스로 충분히 즐기면서 청고함을 자긍심으로 삼더라도 사회 구성원의 차원에서 본다면, 결국 국가에 아무런 보탬이 되지 못하고 백성들에게도 결코 이로움을 주지 못한다고 파악하였다. 한 사회에 이러한 사람이 많으면 많을수록 그 사회는 곧 퇴보할 수밖에 없다.

이러한 시각에서 순수한 은자란 무책임한 도피자이고 사회의 죄인이었다. 그들의 재능이 때를 만나지 못하여 불행하게 삶을 이어 가더라도 스스로에게 그 책임을 물어야 할 것이다. 사마천에 의하면, 그들은 어떻게 자신의 재능을 발휘할지 알지 못하기 때문에 결코 동정을 받을 수 없다.

다음으로 '관작이 없는 처사'라는 이미지는 사마천의 경제인에 대한 숭앙과 존중을 반영하고 있다. 진나라 상앙의 변법 이래 "농업을 섬기고 상업을 억압하는" 정책이 줄곧 시행되었다. 한나라 초기에 역시 중농억상 정책이 추진되어 상인들에게 중과세를 했을 뿐만 아니라 인격 모욕과 차별도 심해졌다. 그러나 상인은 여전히 대규모로 존재하고 있었다. 월나라가 오나라를 멸한 뒤 범여는 탄식하면서 말했다. "계연의 일곱 가지 계책 중 월나라는 단지 다섯 가지만을 활용하여 오나라를 멸망시키고 뜻을 이루었다. 나라에서 시행한 계책들은 이미 성공했으니, 나는 나의 가업을 경영하는 데 그것을 쓰리라."

그는 부국책으로써 사업을 일으켜 "19년 동안에 세 차례 천금의 재산을 모았다." 사람들에게 도주공이라는 명예로운 이름으로 불리던 그는 자신이 모은 재산을 "두 차례에 걸쳐 가난한 친구들과 멀리 사는 친척들에게 나누어 주었다." 실로 그는 경제 인재가 조정은 물론이고 재야에서도 존재하며, 아울러 국가를 다스리고 백성을 안돈시킬 수 있다는 사실을 보여주었다.

춘추시대 관중과 포숙은 함께 조그만 장사를 하면서 입에 풀칠을 하고 생활을 이어 나갔다. 그 과정에서 쌓은 상업 경험은 이후 환공이 천하의 패업을 이룬 중요한 자산으로 되었다. 제나라가 패업을 이룰 수 있었던 요인은 바로 제나라의 경제적 실력으로서 관중은 자신도 엄청난 물질적 이익과 정치적 지위를 얻었다. 비록 관중을 순수한 '처사處士'로 볼 수는 없지만 그의 사상 경향은 사마천이 찬동하는 바였다. 오지과는 목축으로 부를 쌓아 진시황의 칭찬을 받았고 제후로서 대우를 받았다.

사마천의 〈화식열전〉은 치생지도治生之道를 중시하고 있다. 치생지술治生之術은 치국지도治國之道의 근본으로서 '경제는 국가를 부유하게 만들고 나아가 국가를 강하게 한다'는 탁월한 관점을 제시하고 있다.

치신치국治身治國과 화식지도貨殖之道는 불가분의 관계다. 깊은 안목을 지닌 자는 화식을 보는 눈 역시 깊다.

보는 눈이 얕은 자는 치신治身과 치국治國을 보는 눈 역시 얕다.

상업은 평민들이 부자가 될 수 있는 유일한 길이다

4장 • 평민부자론─소봉론

1.
공자는 왜 부를 추구할 수 없다고 했는가?

고대의 사회적 부는 등급에 의하여 점유되었다. 고대 중국의 정전제井田制 아래에서 백성들이 소유할 수 있는 사유재산은 오로지 가축뿐이었다. 부귀는 출신과 혈통에 의하여 결정되었다. 그것은 태어나면서 곧 결정되는 것이었고, 결코 선택의 대상이 아니었다.

맹자는 정전제를 높이 평가하였다. 특히 주 문왕의 '노인을 잘 모시는' '인정仁政'을 찬양하였다. 주 문왕은 농부 한 가구 여덟 명이 다섯 마리의 닭과 두 마리의 돼지를 기르게 하여 노인이 고기를 먹지 못하는 상황을 피할 수 있게 했다는 것이다. 그나마 농부의 입장에서는 이 정도가 매우 좋은 상황이었기 때문에 '인정仁政'으로 평가하여 칭송하였던 것이다.

그렇다면 왜 더 이상의 가축은 키우지 못한 것인가? 왜냐하면 생산 수준의 한계로 인하여 더 이상 가축을 키우는 것은 농경과 방직 등에 해롭기 때문이었다. 그러나 이 정도의 가축을 보유했다고 해서 결코 부유하다고는 할 수 없다.

따라서 당시에 백성들이 부자가 될 가능성은 사실상 처음부터 존재할 수 없었다. 당시 일반적으로 백성이라는 등급은 농부 외에도 공인과 상인을 포함하고 있었다. 다만 그들의 지위는 농부보다 더욱 낮았다. 춘추시대까지 상공商工 계층은 관부官府에서 관리하였고, 직업 선택의 자유와 거주 이전의 자유가 없었다. 그들의 지위는 매우 낮았고, 거의 노비와 같은 부류에 속했다. 당연히 이러한 평민들은 부자가 될 수 없었다.

결국 〈화식열전〉이 기술되기 이전의 고대 시대에서 평민들이 부자가 될 방법은 근본적으로 존재하지 않았다.

일찍이 공자는 '부불가구富不可求'라고 하였다. "부는 내가 추구할 수 없다"는 뜻이다. 《논어》〈술이述而〉의 "부가 만약 추구할 만한 것이라면 나는 채찍을 든 마부가 된다고 해도 하겠다. 하지만 추구할 수 없는 것이라면 나는 내가 좋아하는 것을 하겠다"에서 비롯된 말이다.

지금까지 이 구절은 부에 눈을 돌리지 않고 오로지 의義와 인仁, 덕德의 길을 걸어간 대사상가인 공자의 훌륭한 품성이 그대로 담겨 있는 말로 이해되었다. 이를테면 주희를 비롯한 유학의 대가들은 공자의 이 말에 대하여 공자가 부를 추구하지 않는 것이 바로 공자의 운명이기 때문이라고 풀이해 왔다.

그렇다면 과연 이 '운명'이란 무슨 의미를 지니고 있을까?

사마천은 〈공자세가〉에서 "공자는 포의布衣의 몸으로"라고 기술하고 있다. 또《염철론鹽鐵論》(한나라 환관桓寬이 한나라 소제 시기에 염철 회의가 개최되었던 상황을 추정하여 정리한 책)〈극복刺復〉에는 "문학왈, 공자무작위, 이포의종재사칠십유여인文學曰, 孔子無爵位, 以布衣從才士七十有餘人"이라고 기술되어 있는데, 바로 이 지점에서 해답을 찾을 수 있다.36 공자는 '포의', 즉 평민의 등급이었던 것이다. 평민 출신이므로 근본적으로 거부巨富가 될 수 없었던 것이다.

상인의 출현

그런데 춘추시대에 들어서면서 급속한 사회 변화가 발생하였다.

왕법王法은 해이해지고 예법의 권위는 땅에 곤두박질쳤으며, 기존의 통치 질서는 크게 동요하여 바야흐로 붕괴 조짐마저 나타나게 되었다. 사회 질서의 한계 역시 여실히 드러나면서 수많은 틈이 생기게 되었다. 갈수록 많은 평민들이 그 틈 밖으로 튀어나와 적극적으로 자기가 종사하는 공업, 농업, 상업을 발전시켰다. 그러자 사회의 제2차, 제3차 대분업이 갈수록 진행되어 그에 따라 시장은 강대하게 성장하였다. 상인은 이미 많은 사회적 부를 차지하게 되었고, 점차 하나의 계급을 형성하였다. 그리하여 전국시대에 이르면 대상인 집단이 이미 출현하고 있었다.37

〈화식열전〉에 가장 먼저 소개되고 있는 범여는 전국시대 초기 인물로 그 뒤부터 거부巨富의 상공업자들은 갈수록 많아져 〈화식열전〉에 소개되는 인물 역시 갈수록 많아졌다. 이렇게 하여 전국시대의 250여 년 기간에 소개된 화식가가 다섯 명에 지나지 않았는데, 진나라 통일부터 《사기》가 완성된 130년 동안 소개된 인물은 무려 열여섯 명이나 되었다.

"그들은 모두 작읍이나 봉록이 없었던 사람들이며 또한 불법적 수단으로써 부를 모으지도 않았고 모두 물자 유통의 원리를 예측할 줄 알았으며 정확하게 형세를 판단하고 투자의 방향을 결정하여 시기의 수요에 맞춰 이익을 얻었다. 그들은 말업인 상공업을 경영함으로써 커다란 재산을 모았으며 동시에 토지에 투자함으로써 재산을 지켰다. 또 과감하고 강압적인 각종 수단을 활용하여 재물을 모으고 그런 연후에 왕후王侯와 교통하여 정령政令으로써 보호하면서 다양한 상황에 능히 대처할 수 있었으므로 기술할 가치가 있다."

'작읍과 봉록이 없는' 사람은 평범한 평민, 곧 '포의布衣 필부匹夫의 사람'이다. '법을 농단하거나 간악한 짓을 하지 않은 것'은 곧 '정치에 해가 되지 않고 백성을 방해하지 않는 것'이다. '물자 유통의 원리를 예측할 줄 알았으며 정확하게 형세를 판단하고 투자의 방향을 결정하여 시기의 수요에 맞춰 이익을 얻었다'는 것은 곧 '때에 맞춰 이익을 얻고 재산을 모았다'는 의미를 담고 있다.

이렇게 하여 〈화식열전〉은 〈태사공자서〉의 기준을 정확하게 반영하여 기술하고 있다. 사마천은 이러한 포의 필부 출신의 부자가 "충분히 기술할 가치가 있다"고 높이 평가했던 것이다.

스스로의 노력에 의하여 기회를 포착하고 능히 부를 쌓아 올린 평민들에 대하여 사마천은 '소봉素封'이라는 칭호를 붙여 주었다.
이와 관련하여 〈화식열전〉은 다음과 같이 구체적으로 묘사하고 있다.

"봉읍을 소유한 사람은 백성들이 납부하는 조세를 거두게 되어 매년 가구당 200전을 받는다. 1,000호의 영지를 가진 사람은 곧 매년 20만 전을 얻게 되고 조정에 들어가 천자를 알현하고 토산품을 헌상하거나 사자를 보내 제후들과 좋은 관계를 맺는 등 모든 비용이 그것으로부터 나온다. 평민으로서 농, 공, 상, 고를 경영할 때 매년 1만 전으로 2,000전의 이자를 받을 수 있고 100만 전의 재산을 가진 집은 매년 20만 전을 벌어들일 수 있으므로 조세 납부나 병역이나 요역을 대신해 줄 비용도 그것으로 충당할 수 있게 된다.

육지에서 말 50마리 또는 소 167마리나 양 250마리, 혹은 돼지 250마리를 키우거나, 물가에서 살면서 연간 1,000석의 고기를 양식할 수 있는 연못을 지니고 있거나, 산중에서 큰 나무 1,000그루를 벌채할 수 있거나, 안읍에서 대추나무 1,000그루를 가지고 있거나, 연, 진의 밤나무 1,000그루, 촉, 한, 강릉의 귤나무 1,000그루, 회북, 상산 이남 및 하수와 제수 사이의 가래나무 1,000그루, 진, 하의 옻나무 밭 1,000무, 제, 노의 뽕나무 혹은 삼밭 1,000무, 위천의 대나무숲 1,000무, 또는 각국의 만 호 이상 도시의 교외에서 1무에 1종의 수확이 있는 밭 1,000무, 혹은 잇꽃이나 꼭두서니 밭 1,000무, 생강과 부추 밭 1,000고랑 등, 이들 모두 그 수입은 1,000호의 영지를 가진 제후와 같다."

"교통이 발달한 대도시에서는 한 해에 술 1,000동이, 식초와 간장 1,000병, 음료 1,000병, 소와 양, 돼지가죽 1,000장, 쌀 1,000종, 1,000수레 혹은 1,000장이나 되는 배에 실은 땔감용 건초, 목재 1,000장, 대나무 간짓대 만 개, 말이 끄는 수레 100대, 소가 끄는 수레 1,000대, 칠기 1,000

개, 구리그릇 1,000균, 나무그릇이나 쇠그릇 혹은 잇꽃이나, 꼭두서니 각 1,000석, 말 200마리, 소 500마리, 양이나 돼지 각 2,000마리, 노비 100명, 짐승 힘줄, 뿔, 단사 1,000근, 비단, 솜, 모시 1,000균, 무늬 있는 비단 1,000필, 거친 삼베와 피혁 1,000석, 옻 1,000말, 누룩과 메주 각 1,000홉, 복어와 갈치 각 1,000근, 건어물 1,000섬, 자반 1,000균, 대추와 밤 각 3,000석, 여우와 담비의 갖옷 각 1,000장, 염소와 양의 갖옷 각 1,000석, 담요 1,000장, 과일과 야채 각 1,000종 등을 팔면 그 이자는 각 1,000관을 얻게 된다.

그런데 탐욕스러운 상인은 당장 이자를 높게 받아 본전의 10분의 3을 벌고, 깨끗한 상인은 공정하게 장사를 하지만 결국은 신용을 얻어 10분의 5를 벌게 된다. 이 또한 수레 천승의 재산을 가진 제후와 같게 된다."

그러나 한나라 경제와 무제 시기에 이르게 되면, 많은 대상인들은 "봉군封君과 더불어 즐거움을 누린다"의 정도를 넘어서 그 즐거움이 봉군보다 오히려 더욱 큰 수준에 이르렀다. 이러한 현실을 〈평준서〉는 한 무제 시기에 "부상富商이나 대상인들 중에는 이 틈에 재물을 독점하고 빈민들을 부리면서 물자를 수송하는 수레는 수백 대에 달했다. 그들은 싼 물건을 사들이고 비싸게 팔았으며 진기한 물자를 비축하여 제후들조차 모두 머리를 숙이고 그들에게 도움을 청하였다"라고 묘사하였다.

이러한 상황은 이미 부상富商이나 대상인들의 세력이 왕후들을 앞서고 있으며, 부富라는 가치가 사회적으로 더욱 크게 존중을 받게 되었다는 사실을 분명히 알려 준다.

2.
│ 평민이 부자에 이르는 길

사마천이 살던 시대 이전에 평민들이 부자가 될 수 있는 방법은 근본적으로 존재하지 않았다. 이러한 상황에서 이제 평민도 자신의 힘으로 능히 부자가 될 수 있게 되었다는 사실은 실로 역사 이래 나타난 일대 대사건이었다.

사마천이 스스로 분명히 밝힌 바처럼 《사기》를 저술했던 목적은 바로 "고금의 변화에 통하기 위하여"였다. 〈화식열전〉에서 그는 화식의 대가들만이 아니라 화식이나 재부 등의 문제도 함께 논술하였다.

〈화식열전〉은 이렇게 말하고 있다.

"사람은 모두 풍요로운 아름다운 생활을 욕망하며, 각지의 특산품들을 필요로 하고 또 좋아한다. 이는 곧 농공상우의 생산과 교환에 의하여 이뤄진다. 생산 발전과 교환의 확대는 화식을 융성하게 만든다. 화식 활동에 있어 경영이 뛰어난 사람은 이익을 얻어 부를 이룰 수 있으며, 이로부터 풍요롭고 아름다운 생활을 향유할 수 있게 되고, 그 즐거움이 봉군封君에 비견된다. 부란 풍요롭고 아름다운 생활을 향유할 수 있는 가장 중요한 조건이다. 풍요롭고 아름다운 생활을 향유하는 것은 인간의 본능적 요구이며, 따라서 부 역시 마찬가지로 인간의 본능적 요구다."

사마천은 "부란 인간의 성정性情이며, 배우지 않아도 모두 바라는 것이다"라고 단언한다. 여기에서 '인간'이란 네모진 발과 둥근 머리를 지닌 모든 사람을 가리키며, 신분이 다르다는 이유만으로 차별하지도 않는다. 평민 역시 인간으로서 그들이 풍요롭고 아름다운 생활을 바라는 바는 지극히 정상적인 일이며, 그러므로 이것은 결코 억압되어서는 안 된다고 주장한다.

그렇다면 평민이 부자가 되기 위해서는 도대체 어떠한 방법이 있다는 것일까?

〈화식열전〉은 여러 화식가들을 차례로 기술한 뒤 "그들은 모두 작읍이나 봉록이 없었던 사람들이며 또한 불법적 수단으로써 치부致富하지도 않았고 모두 물자 유통의 원리를 예측할 줄 알았으며 정확하게 형세를 판단하고 투자의 방향을 결정하여 시기의 수요에 맞춰 이익을 얻었다"라고 지적하였다.

당시 부를 쌓는 방법에는 대략 세 가지 방법이 존재하고 있었다.

첫째 작읍이나 봉록이 있는 경우, 둘째 불법적 수단에 의하여 부를 이루는 경우, 셋째 '물자 유통의 원리를 예측할 줄 알았으며 정확하게 형세를 판단하고 투자의 방향을 결정하여 시기의 수요에 맞춰 이익을 얻은 경우' 임을 알 수 있다.

그런데 이 중에서 현실적으로 평민들이 부를 쌓는 길은 오직 세 번째 방법 이외에는 길이 없었다.

〈화식열전〉은 당시 "가난한 상황에서 재부를 추구할 때, 농사가 공업보다 못하고, 공업은 상업에 미치지 못한다. 아낙네들이 방직물에 자수로 아름다운 문양을 만들어 얻는 수입은 시장에서 문에 기대어 장사를 하는 수입만 못하다"는 속담을 인용하였다.

"시장에서 문에 기대어 장사를 하는" 것은 시장에 조그맣게 자리를 잡고 소규모 영업을 하는 범주를 말한다. 그런데 이 방법은 고금을 막론하고 사도邪道가 아니라 정도正道다.

사마천은 바로 이 방법을 통하여 부를 쌓은 '불법을 저지르지 않은' 평민들을 위하여 〈화식열전〉을 저술한 것이었다. 그러면서 그들을 찬양하고 나아가 과감하게 그들에게 '현인賢人'이라는 실로 영예로운 호칭을 붙여 주었다. 그리고 그 목적은 어디까지나 '후세 사람들이 고찰하여 선택할 수 있고 총명한 사람들이 취할 바 있도록' 하는 데 있었다.

시장에 숨은
은자隱者
- 우리 시대의 화식가

사마천 경제학

사마천이 〈화식열전〉을 기술할 때 그 화식가의 기준이 있었다. 글을 마무리하면서 이 기준에 의하여, 우리 시대 지금 이 땅에 살고 있는 한 화식가를 소개하고자 한다.

소비와 분배 그리고 유통의 발견

80년대 초, 서울 압구정동 사거리 모퉁이에 풀무원이라는 조그만 사무실이 만들어졌다. 그 사무실에서 하는 사업이란 부천에서 원경선 목사가 경작하는 풀무원 농장을 기반으로 하고 그곳에서 생산되는 무공해 농산물을 소비자에게 판매하는 것이었다. 이에 대하여 풀무원의 깨끗한 이미지에 힘입어 국회의원에 당선되었던 원혜영은 "사실 나는 먹고살 것이 없어서 아버지가 하던 유기농 일을 하려고 했는데 형이 일찍이 그 가치와 비전을 일깨워 주었다"면서 "그와 사업을 같이하지 않았다면 오늘의 풀무원은 없었을 것"이라고 말했다.

처음에는 주로 압구정동 현대아파트와 한양아파트 등 부유층을 대상으로 사업을 시작하였다. 그곳 주민들이 당시 생활수준을 고려한다면 약간 비싼 물건들을 구매할 수 있는 대상이었기 때문이었다. 그는 특히 두부가 상하기 쉽고 포장이 어렵다는 점을 고심하다가 두부를 비닐봉지로 포장하고 봉지 안에 정화된 물을 넣는, 당시로서는 '획기적인' 방법을 고안해 냈다. 지금은 너무나 흔히 보아 아무런 의미도 없는 일처럼 되었지만, 콜럼버스의 달걀처럼 쉽지만 그것을 처음 생각해 낸다는 것은 너무도 어려운 일이었다. 압구정동 한구석에서 문을 연 풀무원이 백화점에 납품도 하고 이제 그 자체로 제법 규모를 가지고 돌아가면서 대자본이 필요하게 되었을 때, 그는 '대자본이 지배하는' 그러한 시스템에 부정적이었기 때문에 풀무원에서 손을 떼었다.

그는 70년대 말 민주화 운동과 관련하여 감옥에 살았다. 그곳 감옥에서 수형자들이 배식이나 어떤 차입품 혹은 기물 등에 대한 분배를 둘러싸고 감방 내 권력 지도가 형성되는 것을 목격하였다. 그러면서 인간의 삶에 있어 소비와 분배가 점하는 중요성에 대하여 분명한 인식을 가지게 되었다. 풀무원에서 손을 뗀 뒤, 그는 이제까지 생산의 측면만 중시해 온 경향을 지양하여 소비와 분배의 측면에서 일종의 소비자 운동을 만들어야 한다고 주장하였다. 하지만 당시 기존 이론과 완전 궤를 달리하는 이런 유의 '창조적인 이론'에 대하여 귀를 기울이는 사람은 없었다.

그 뒤 그는 가락시장에서 식자재 납품업을 하게 되었고, 몇 년 뒤에는 대학 학생식당 몇 곳을 맡아 운영하였다. 그 외에도 현재 한우를 비롯하여 돼지, 닭 등 축산물 가공공장을 운영하고 있다.

영웅적이지 않기 때문에 더욱 영웅적인

그와의 인터뷰를 어렵사리 '성공' 했던 《뉴스메이커》 신동호 기자는 "그는 '흔적을 남기지 않는 사람' 이다. 부정적인 면뿐 아니라 긍정적인 면조차 취하지 않는, 자신의 모든 것을 버릴 줄 아는 사람이라는 뜻이기도 하다. 그의 생각이 그렇고, 삶 자체가 그렇다. 그래서 그는 영웅적이지 않다. 그리고 결코 영웅적이지 않기 때문에 더욱 영웅적이다" 라고 평가한다.

학생운동을 하던 대부분의 사람들이 앞을 다투어 정계에 진입하였지만, 그는 그러한 '권력' 의 길에는 한 치의 염念도 없었다. 사실 그는 초등학교 때부터 흔하디흔한 그 '장' 자리 명함을 한 번도 달아본 적이 없었다. 그는 언제나 자연을 닮고자 하였고, 사실 그 자신이 그대로 자연을 닮았다. 거창한 '사회 정의' 니 '인권' 이니 '평화' 와 같은 말을 한 번도 입 밖에 낸 적조차 없지만, 그는 평생 그런 것들을 실현시키기 위하여 남의 눈에 띄지 않게 조금씩 실천하면서 살았다. 앞에 언급한 풀무원만이 아니라 유기농업과 직거래운동인 '한살림' 활동에도 많은 역할을 하였다.

그는 서울 근교 수도권 15평 아파트에 전세로 살면서도 "이렇게 넓은 곳에 나 혼자 사는 것이 미안하다" 고 말한다. 지금도 그가 사는 한 칸짜리 오래된 아파트는 세면대도 없이 쭈그리고 세수를 해야 할 정도다. 이제까지 책을 꽤나 써 온 필자에게 "책 한 권 나오려면 나무가 몇 그루나 없어지는데, 아주 좋은 책 아니면 쓰지 말지" 라면서 은근하게 권하였다. 세탁소 일이 좋아 보인다며, '은퇴' 하면 세탁 일을 하겠다는 '포부' 도 밝힌다.

언젠가는 전태일 기념회관을 건립하기 위한 모금 활동의 일환으로 서화관매전이 열렸는데, 한 남루한 사람이 들어와서 거액 500만 원을 주고 선뜻 그림 두 점을 사 갔다. 유명 정치인들도 체면치레로 100만 원짜리 그림을 사 갔는데, 남루한 옷차림을 한 사람이 이름도 밝히지 않은 채 거금을 쾌척하자 관계자들이 당연히 크게 놀랐다. 나중에 알고 보니 바로 그 사람이었다. 그러나 단지 처지가 곤란하다는 이유만으로 남을 돕지는 않았으며, 허투루 거금을 낭비하는 경우가 단 한 번도 없었다.

그는 그 흔한 신용카드조차 한 장도 가지고 있지 않아 항상 현금을 사용하고, 자동차 면허증도 없다. 타고난 자연주의자이기도 하지만, 동시에 일하는 사람을 위한 소박한 마음이기도 하다. 나 편하자고 괜히 카드 수수료를 낭비할 필요 없이 장사하는 사람에게 한 푼이라도 더 돌아가게 해야 한다는 것이다. 지방에서 발효보리 사업을 하시는 분이 자금이 부족하자 그곳을 자주 다니면서 그분 사업도 열심히 돕고 있다.

광산업자이면서도 큰 성공을 거두지 못했던 아버지를 따라 어린 시절 전국을 떠돌아 다녔던 그는 초등학교도 이곳저곳으로 전학해야 했다. 고등학생이던 때 부친께서 사업에 실패한 뒤 세상을 떠나신 바람에 홀어머니와 동생들을 부양해야 하는 소년 가장이었다. 이러한 상황에서도 원래 워낙 명석했던 그는 중학교부터 고등학교, 대학교까지 우리나라 최고 명문 학교에 합격하여 다녔다. 참으로 불가사의한 사실은 그토록 말수가 없는 그가 고등학교 다닐 적에 웅변반에서 활동했다는 점이다. 그런데 우리나라에서 대단히 유명한 정치가들이 그 웅변반 출신이었다.

그는 컴퓨터도 사용하지 않지만 주위 사람들은 기억력과 모든 셈법에 언제나 정확한 그를 '컴퓨터'라고 부른다.

잡히지도 않고 흔적도 남기지 않는다
말수가 극도로 적은 그는 말을 해도 어눌한 말투에 어수룩한 행색이었지만, 아주 가끔씩 그의 입에서 나오는 몇 마디 말은 논리정연하고 명징하였다. 그의 유일한 원칙이 있다면, 그것은 곧 '자연', '환경', '농민', '무공해', '소비자권리' 같은 것들이었다. 그는 그러한 원칙들을 실천하는 데 있어 아무리 어렵고 다른 사람이 보기에 너무나 답답하고 느리더라도 그것을 끝까지 지켜 나가고자 노력하였고 또 반드시 실천하였다.

학생 시절부터 그에게 영향을 많이 받았던 후배인 영화감독 장선우는 "그를 보면 호치민이 생각난다. 진정한 혁명가의 모습이 아닌가 싶다. 잡히지도 않았고 흔적을 남기지도 않았다. 홑점퍼 하나를 몇 년씩 입으며 프롤레타리아적 삶을 사는 사람이다. 지금도 결혼하지 않고 신부처럼 살고 있다. 그의 장점 중 하나가 공연이든 선언문이든 비평문이든 거기에 대한 미학적 조예가 깊다는 점이었다. 그의 말을 들으면 자극이 되고 혼란스러운 것이 잘 정리됐다"라고 말한다.

대학에 다니던 무렵 그는 학생운동에 주도적으로 관여했다. 그런데 그는 매우 독특한 사람이었다. 1년 내내 사람을 찾아다니고 안 나타나는 데가 없지만 어떤 자리에서도 결정적인 발언은 하지 않았다. 그렇지만 그가 어슬렁어슬렁 돌아다니면 꼭 어떤 사건이 터졌다. 그는 신화적 존재였다. 그래서 사람들은 그를 당수黨首라고 불렀다. 물론 그는 스스로 당수라고 전혀 생각하지도 않고, 그렇게 행세하지도 않았다. 좌중에 늘 그가 있었지만 특별히 말하는 것도 없었다. 그렇지만 결정적인 영향을 주었다.

당시 한 후배의 증언이다. "모든 학생운동에 관여해도 드러나지 않았다. 말을 요란하게 하는 건 아니지만 몇 마디만 해도 따르게 만드는 신비한 힘이 있었다. 나를 데모에 참여시킨 것도 그다. 그가 소주 한잔 사며 '해야 되는 거 아니냐'라고 말했다. 나는 '해야 된다'고 대답했다."

그러면서도 그는 모든 것을 결코 자기의 공으로 돌리지 않았다. 자기를 결코 드러내지 않고 자기를 주장하지 않으면서 늘 주위를 화합시킬 수 있는 사람이었으며, 온갖 궂은일 담당하고 생색은 전혀 안 내는 사람이었다. 주위에 조금만 인연이 있는 괜찮은 사람이 있으면 어떻게든 그 사람에게 좋은 일을 소개시키고 좋은 사람과 연결시키고자 노력하였다. 그 자신이 걸어온 길은 결코 쉽지 않은 역정으로 오히려 많은 시련을 겪어야 했지만, 세상 이치에 통달한 통찰력을 바탕으로 정확한 판단력과 깊은 신뢰에 뿌리를 둔 인간관계를 통하여 난관을 극복해 왔다. 가히 사마천이 '현인賢人'이라 지칭한 화식가의 반열에 충분히 들어갈 만하다.

그는 지금도 전혀 드러나지 않는 삶을 살고 있다. 신동호 기자의 글을 보면 그가 농업 분야에서 계속 일하는 이유를 좀 알 듯하다. "농업 쪽에 제대로 기여했으면 했는데, 장사가 워낙 힘드니까……."

그의 어눌한 말에서 농민들을 돕고자 하는 마음에서 지금의 일을 시작했고, 하지만 특히 대기업이 모든 것을 좌지우지하는 현실에서 보통 사람들이 사업을 하기란 쉽지 않아 결국 그런 목적을 이루지 못하고 있다는 미안함이 그대로 느껴진다.

〈화식열전〉 전문

가장 나쁜 정치란 백성과 다투는 것이다

《노자老子》는 "정치 시행의 최고 기준은 나라와 나라의 영토가 서로 이어져 피차간에 볼 수 있으며 닭과 개의 울음소리를 서로 알아들을 수 있고 백성들은 각기 그 먹는 것을 가장 맛있게 생각하며 입는 옷을 가장 아름답게 생각하고 또 자기가 사는 곳의 풍속이 자기가 살기에 가장 적합하다고 생각하며 자신의 일을 매우 즐거이 여기면서 늙어 죽을 때까지 서로 왕래하지 않는 것이다"고 하였다. 그러나 만약 노자의 말을 지금의 목표로 삼고자 한다면 먼저 사람들의 눈과 귀를 모두 막아 버리는 방법 이외에 다른 방법이 없을 것이다.

태사공은 말한다.

"신농神農씨 이전의 역사는 내가 알 수 없다.《시경》과《서경》에 쓰여진

순 임금의 우虞와 하夏 이후 통치자들은 귀와 눈에 좋은 소리와 색깔을 모두 즐기려 하고, 입으로는 각종 맛있는 고기를 끝까지 맛보려 하며 몸을 안락과 향락으로 즐기고 마음은 권세와 지위의 존귀함을 과시하는 데에만 두었다. 이러한 분위기가 백성들에게도 영향을 미쳐 이미 풍습이 된 지 오래되었으므로 비록 정교한 이론으로 집집마다 설득을 한다고 해도 끝내 이들을 교화할 수 없었다.

따라서 가장 좋은 방법은 자연적인 추세에 순응하는 것이고, 그다음은 이익으로써 인도하는 것이며 그다음은 그들을 교화하는 것이다. 그리고 그다음은 억압적 수단으로써 정돈하여 모든 것을 일치시키는 것이며, 가장 나쁜 방법은 백성과 다투는 것이다."

산서山西 지역은 목재, 대나무, 삼류, 소, 옥돌 등이 풍부하고, 산동山東 지역은 물고기, 소금, 옻, 누에고치 실, 악기, 안료 등이 많으며, 강남 지역은 녹나무, 가래나무, 생강, 목서, 금, 주석, 아연, 단사, 무소, 바다거북, 각종 진주 및 상아와 짐승가죽 등이 생산된다. 그리고 용문龍門과 갈석碣石 이북에는 말, 소, 양과 그것들의 털, 가죽, 힘줄, 뿔이 많으며, 천 리 안에 있는 구리와 철광산은 마치 산에서 생산되는 모양이 바둑판에 바둑돌을 늘어놓은 듯 곳곳에 늘어져 있다.

이상 말한 것은 산물의 대체적 사정이며, 이러한 물건은 중국 사람들이 좋아하는 것으로서 일상적으로 사용되는 의복, 음식, 양생, 장례품 들이다. 따라서 농부의 농사를 기다려 양식을 얻고 산택山澤을 관리하는 우인 虞人이 각종 재료를 개발해 내기를 기다리며 공인工人이 각종 재료를 완성품으로 만들어 내기를 기다리며, 상인商人이 각종 물건을 무역하고 유통하

기를 기다린다.

이러한 일들이 어찌 관청이 정령政令을 발표하고 백성을 징발하며 기한을 정하여 수집해서 이뤄지는 것이겠는가? 사람들은 단지 자기 재능에 따라 역량을 극대화하여 자기의 욕망을 만족시키는 것이다. 따라서 값이 저렴한 물건은 어떤 사람들이 나타나 값이 비싼 곳으로 그 물건을 가져가 팔려고 하고, 어느 한 곳에서 물건 값이 비싸게 되면 곧 어떤 사람들이 나타나 값이 저렴한 곳에서 물건을 들여오게 된다.

이렇게 모든 사람이 각자 자기의 생업에 힘쓰고 자기 일에 즐겁게 종사하여 마치 물이 아래로 흘러가듯이 밤낮으로 정지하지 않으며 물건은 부르지 않아도 스스로 오고 가서 찾지 않아도 백성들이 스스로 가지고 와서 무역을 한다. 이 어찌 '도道'와 자연의 효험이 아니라는 말인가?

천하 사람들이 어지럽게 오고 가는 것도 모두 이익 때문이다

《주서周書》는 "농부가 자기의 생산품을 내놓지 않으면 사람들은 곧 식량을 얻지 못하고, 공인工人이 자기의 생산품을 내놓지 않으면 사람들은 곧 도구를 얻을 수 없게 된다. 또 상인이 무역을 하지 않게 되면 가장 귀중한 삼보三寶의 왕래가 끊어지고, 우인虞人이 자기가 생산한 산품을 내놓지 않으면 사람들은 곧 재화 결핍에 직면하게 된다. 재화가 결핍되면 산림과 수택水澤은 더 이상 개발될 수 없다"고 하였다. 이 네 가지 측면은 사람들이 먹고 입는 것의 원천이다. 원천이 크면 곧 부유하고 풍족해지며, 원천이 작으면 곧 빈곤하고 결핍된다. 이러한 사실을 깨닫게 되면 위로는 나라가 부유해지고 아래로는 가정이 부유해진다. 빈부의 법칙은 어느 누가 빼앗아 갈 수도 줄 수도 없으며, 지혜로운 자는 능히 부유해질 수 있고, 어리석은 자는 곧 빈곤해진다.

강태공이 제나라에 봉해졌을 때 그곳은 소금기가 많은 개펄이었고 사람은 매우 적었다. 그리하여 강태공은 여자들에게 방직, 자수 등의 일을 권장하고 동시에 어업과 염업을 개발함으로써 사방의 사람들과 물자들이 모두 이곳으로 모이게 되어 마치 수레바퀴의 바퀴살이 차축에 모여들듯 왕래가 끊이지 않았다. 그 결과 천하의 모든 사람들이 제나라에서 생산된 의복과 신발과 모자를 사용하게 되었고, 동해에서 태산에 이르는 작은 나라 제후들이 모두 의관을 정제하고 공경한 태도로 제나라에 와서 알현하게 되었다.

그 뒤 제나라는 중간에 일시 쇠퇴하였으나 관중이 다시 강태공의 구업舊業을 정돈하여 재물과 화폐를 관장하는 9등급의 관원을 설치함으로써 환공을 천하의 패주霸主로 우뚝 서게 하였으며 제후를 아홉 차례 회맹會盟하게 만들어 천하를 바른 길에 들어서게 하였다. 관중 본인 역시 10분의 3의 시장세市場稅를 점유할 수 있게 되어 비록 신하의 지위에 있었지만 오히려 열국列國의 제후보다 더 부유하였다. 제나라의 부강은 위왕과 선왕의 시대까지 계속되었다.

그러므로 관중은 "곡식 창고가 충실해야 사람들은 비로소 예절을 알고, 의식이 족해야 사람들은 비로소 영욕榮辱을 안다"고 말하였다. 예절이란 재부가 풍요로울 때 생기는 것으로 일단 재부가 소실되면 예절 또한 없어지는 것이다. 따라서 군자가 부유하면 그 재산으로써 은덕을 널리 베푼다. 반면 소인이 부유하게 되면 편안하게 걱정 없이 살면서 두 번 다시 고

생스럽게 노동하지 않는다. 연못이 깊어야 물고기가 생기고 산이 깊어야 짐승들이 모이듯이, 사람도 부유할 때 비로소 인의가 생겨나는 것이다. 부자가 세력을 얻게 되면, 그 명성과 지위가 더욱 빛나게 되고, 권세를 잃으면 손님이 찾아오지 않게 된다. 속담에 "천금千金을 가진 부자의 아들은 법을 어기더라도 시장거리에서 처형되어 죽지 않는다"고 하였는데, 이것은 헛된 말이 아니다.

그러므로 "천하 사람들이 즐겁게 오고 가는 것은 모두 이익 때문이며, 천하 사람들이 어지럽게 오고 가는 것도 모두 이익 때문이다"라고 하는 것이다. 무릇 전차 천승千乘을 가진 왕과 봉호封戶 만 호의 제후 그리고 봉호 백실百室의 대부大夫도 오히려 가난함을 걱정하는데, 하물며 필부들과 같은 평범한 백성들이야 어떻겠는가!

이전에 월왕 구천은 부차에게 패하여 회계산 위에서 곤경에 처해 있었고, 그리하여 곧 범여와 계연을 임용하였다. 계연은 다음과 같이 말했다.

"전쟁을 이해하는 사람은 곧 평시에 군사 준비를 정비합니다. 물건을 세상 흐름에 맞추어 사람들이 찾게 하려고 하면, 즉 평시에 물건을 이해해야 합니다. 시세의 수요와 물건의 특징이 세상에 분명하게 알려진다면, 이 세상의 수많은 물건의 생산과 수요 공급 규율 역시 알 수 있게 됩니다. 세성이 금(金: 서쪽)의 위치에 있을 때에는 풍년이 들고, 수(水: 북쪽)의 위치에 있을 때에는 수해가 들고, 목(木: 동쪽)에 있을 때에는 기근이 들며, 화(火: 남쪽)에 있을 때에는 가뭄이 듭니다. 큰 가뭄이 있은 뒤에는 반드시 홍수가 있기 때문에 가뭄이 있는 해에는 곧 미리 배를 잘 준비해 두고, 큰 홍수 뒤에는 반드시 가뭄이 있으므로 홍수가 난 해에는 곧 미리 수레를 준비해야 합니다. 이것이 물자의 등락을 장악하는 도리입니다.

일반적으로 농업생산은 6년에 한 번 풍년이 들고 6년에 한 번 가뭄이 들며 12년에 한 번 큰 기근이 있습니다. 판매하는 곡식이 한 말에 20전이면 농민이 손해를 보며, 한 말에 90전이 되면 상인이 손해를 보게 됩니다.

　상인이 손해를 보게 되면 재화가 유통되지 않아 농민이 손해를 보고 전답이 황폐해집니다. 그러므로 곡식 가격이 최고 80전을 넘지 않고 최저 30전 이상이 되면, 상인과 농민 모두 유리해집니다. 곡식의 평균 가격은 물가의 탄력성에 따라 등락하고 관청의 세수와 시장의 공급 모두 결핍되지 않으니, 이것이 곧 나라를 다스리는 도리입니다. 물자 비축에 대해서는 쉽게 저장할 수 있는 물건을 건실하게 비축하고 아울러 지나치게 오래 보관하지 않음으로써 자금 회전을 쉼 없이 하게 합니다. 만약 물자의 무역을 진행할 때는 쉽게 부패하거나 부식되는 물자는 절대로 오래 비축하거나 희귀한 물건을 쌓아 두고 이익을 노려서는 안 됩니다.

　어떤 물건이 수요보다 공급이 많거나 아니면 공급보다 수요가 많은 것을 알아낼 수 있다면, 곧 가격이 오를 것인가 아니면 떨어질 것인가를 능히 알 수 있는 것입니다. 가격이 올라 일정한 수준을 넘어서게 되면 곧 떨어지게 되고, 가격이 떨어져 일정한 수준을 넘게 되면 곧 오르게 되는 법입니다. 따라서 가격이 올라 일정한 수준을 넘게 되면 물건을 마치 인분人糞 보듯이 하여 한 점 주저함 없이 내다 팔아야 하고, 가격이 떨어져 일정한 수준에 이르게 되면 물건을 마치 진주 보듯이 하여 아무런 주저함 없이 사들여야 합니다. 물건과 화폐는 마치 흐르는 물과 같이 끊임없이 유통하고 움직이는 것입니다."

　구천이 계연의 책략을 채택하여 시행한 지 10년 만에 월나라의 경제는 부유해져서 전사戰士들에게 후하게 상을 내릴 수 있었고, 병사들이 화살과

돌이 쏟아지는 전쟁터로 용맹하게 전진하는 모습이 마치 목마른 사람이 먹을 물을 얻은 듯하여, 마침내 복수를 하고 강대한 오나라를 멸망시켰다. 구천은 병사를 이끌고 북상하여 중원에서 군대를 사열하고 위세를 과시하여 '5패五霸'의 하나로 이름을 올렸다.

범여는 회계산에서의 굴욕을 갚은 뒤에 탄식하였다.

"계연의 일곱 가지 계책 중 월나라는 단지 다섯 가지만을 활용하여 오나라를 멸망시키고 뜻을 이루었다. 나라에서 시행한 계책들은 이미 성공했으니, 나는 나의 가업을 경영하는 데 그것을 쓰리라."

그러고는 곧바로 작은 배 한 척에 올라 강호를 표표히 떠돌면서 이름을 고치고 성을 바꾸었다. 그리하여 제나라에서는 치이자피鴟夷子皮라 하였고 도陶 지방에서는 주공朱公이라 하였다. 주공은 도 지방이 천하의 중심으로서 각국 제후들과 사통팔달하여 화물 교역의 요지라고 생각하였다. 그래서 그곳의 산업을 경영하여 물자를 비축하고, 적절한 때에 맞추어 변화를 도모하였다. 그는 천시天時에 맞춰 이익을 내는 데 뛰어났으며, 고용한 사람을 야박하게 대하지 않았다. 그러므로 경영에 뛰어난 자는 반드시 신뢰할 수 있는 사람을 잘 선택하고 좋은 시기를 파악할 줄 아는 법이다.

범여는 19년 동안에 세 차례 천금千金의 재산을 모았는데, 두 차례에 걸쳐 가난한 친구들과 멀리 사는 친척들에게 나누어 주었다. 이것이야말로 앞에서 말했던 이른바 '그 재산으로써 은덕을 널리 베푸는 군자'가 아니겠는가! 그가 나이가 들고 힘이 떨어지자 자손들에게 경영을 맡겼다. 자손들은 그의 사업을 계승하여 계속하여 재산을 늘렸고 그들의 가산은 무려 억 금도 넘게 되었다. 따라서 후세 사람들이 부자를 말할 때마다 모두 도주공陶朱公을 언급하게 되었다.

돈을 움켜쥘 시기가 오면 마치 맹수가 먹이에게 달려들듯이

자공子贛은 공자로부터 학문을 익힌 후 위나라에서 벼슬을 하였다. 그는 물건을 비축하여 조나라와 노나라 일대에서 비싼 물건을 팔고 싼 물건을 사들이는 방법으로 상업을 하여 공자의 우수한 70제자 중에서 그가 가장 부유하다고 할 수 있었다. 원헌原憲은 술지게미조차 배불리 먹지 못하고 궁벽한 동네에 숨어 살았다. 그러나 자공은 수레와 말이 무리를 이루었고 비단 예물을 가지고 각국을 방문하여 제후들의 연회를 받았다. 제후들은 그를 맞아 군신의 예가 아니라 평등한 예로써 대하였다. 공자의 이름이 능히 천하에 떨칠 수 있었던 데에는 자공의 도움이 결정적인 역할을 하였다. 이야말로 부자가 세력을 얻으면 명성과 지위가 더욱 빛난다는 것이 아니겠는가?

백규白圭는 주나라 사람이다. 위나라 문후 때에 이회李悝는 토지 자원의 개발에 힘을 쏟고 농업 장려 정책을 추진하였지만, 백규는 세상의 변화를 살피는 것을 즐겨 하였다. 그는 다른 사람이 저렴한 가격에 팔아 치운 물건은 곧 사들이고, 다른 사람이 높은 가격에 사들인 물건은 곧 팔아 치웠다. 곡물이 익어 가는 계절에 그는 양곡을 사들이고 비단과 칠漆을 팔았으며 누에고치가 생산될 때 비단과 솜을 사들이고 양곡을 내다 팔았다.

태수(太壽: 세성, 즉 목성이 열두 별자리의 운행 방향과 반대로 돌아 불편하기 때문에 열두 별자리와 같은 방향으로 도는 별을 가상으로 정하게 되었는데 이를 태수라 하였다)가 묘(卯: 동쪽)에 있는 해에는 풍년이 들고, 그 이듬해는 수확이 좋지 못하며, 오(午: 남쪽)에 있는 해에는 가뭄이 나고, 그 이듬해에는 수확이 많다. 또한 유(酉: 서쪽)로 올 때에는 풍년이 들고 이듬해에는 흉년이 들며, 자(子:

북쪽)에 올 때에는 큰 가뭄이, 다음해는 다시 수확이 좋아지는 법이다. 또한 홍수가 나는 해가 있으면 태음이 다시 묘卯 자리로 돌아오므로, 이때는 풍년이 들어 물건이 많아져 값이 떨어지므로 물건을 평소보다 두 배 정도 많이 사재기를 하였다.

그는 수입을 늘이고자 하면 곧 낮은 등급의 곡물을 사들였고, 곡물의 비축을 늘리고자 하면 곧 높은 등급의 종자種子를 사들였다. 그는 음식을 탐하지 않았고 욕망의 향수를 절제하며 기호嗜好를 억제하고 극히 소박한 옷만 입으면서 매년 그를 위해 일하는 노예들과 동고동락하였다. 하지만 재산을 움켜쥘 시기가 오면 마치 맹수와 맹금이 먹이에게 달려드는 것처럼 민첩하였다.

그래서 그는 언젠가 "나는 경영을 할 때는 이윤伊尹이나 강태공이 계책을 실행하는 것처럼 하고 손자와 오기가 작전하는 것처럼 하며 상앙商鞅이 법령을 집행하는 것처럼 한다. 그러므로 변화에 시의적절하게 대처하는 지혜가 없거나 과감한 결단을 내릴 용기가 없거나 구매를 포기하는 인덕이 없거나 비축을 견지할 강단이 없는 사람은 비록 나의 방법을 배우려 한다고 해도 나는 결코 알려주지 않겠다"고 말하였다.

돈을 벌고 재산을 늘리는 것을 말하는 천하 사람들은 모두 백규를 본받는다. 백규는 실제로 자기의 경영 방법을 실천하였고, 그 실천을 통하여 자신의 장점을 보여 주었다. 이는 그가 우연하게 성공한 것이 아님을 잘 설명해 주고 있다.

의돈猗頓은 제염업으로써 집안을 일으켰고, 한단의 곽종郭縱은 야철 광산에 의하여 치부하여 재부가 국왕과 어깨를 나란히 하였다.

오지과烏氏倮는 목축을 하였는데, 기르는 가축이 많이 번식하게 되면

모두 판 뒤 화려하고 진기한 방직품을 구매하여 몰래 국외의 융왕戎王에게 바쳤다. 그러면 융왕은 원가의 열 배에 해당하는 가축을 그에게 기증하여 보상하였다. 이렇게 하여 그의 가축은 일일이 셀 수가 없고 골짜기를 계산의 단위로 삼았다. 진시황은 명령을 내려 오지과에게 제후와 동등한 대우를 하도록 하여 봄가을 두 번 귀족들과 함께 궁궐에 들어와 황제를 알현할 수 있도록 하였다.

파巴 지방에 사는 청淸이라는 과부는 그 조상이 단사丹沙가 생산되는 광산을 발견하여 몇 대에 걸쳐 그 이익을 독점하여 재산이 너무 많아 계산할 수 없을 정도였다. 청은 일개 과부에 불과했지만 조상이 남긴 가업을 능히 지킬 수 있었고 재산으로써 자신을 보호하고 다른 사람의 모욕이나 침범을 받지 않았다. 진시황은 그를 절조가 있는 정부貞婦로 여겨 그를 존경하고 빈객賓客으로 대우하였으며, 그녀를 위하여 여회청대女懷淸臺를 짓도록 하였다.

오지과는 변방 시골사람으로서 목장 주인이었고, 청은 궁벽한 시골의 과부였지만 도리어 천자의 예우를 받아 이름을 천하에 떨쳤으니, 이는 실로 이들의 부유함에 기인한 것이 아니겠는가?

각 지역의 경제 형세를 논하며

한나라가 흥기하여 국내가 통일되자 성관城關과 교량의 봉쇄를 개방하고 산택山澤의 개발에 대한 금령도 해제하였다. 이 때문에 거부巨富와 대상大商들이 천하를 두루 다니게 되어 교역하여 유통되지 않는 물자가 없었고

공급과 수요 쌍방 모두 만족할 수 있었다. 조정은 지방의 호걸과 봉후, 명문 가문들을 경사京師 일대에 이주하도록 하였다.

관중關中 지역은 견현과 옹현 동쪽부터 황하와 화산에 이르기까지 비옥한 평야가 천 리이고 우虞와 하夏 이래 이곳은 가장 좋은 땅으로서 제1등급의 세금을 부과하였다. 당초 공류公劉는 주나라 사람들을 빈邠 지방에 인솔해 왔고, 대왕大王과 왕계王季는 또 기산岐山으로 이주하였으며 문왕이 풍豊을 경영하였고 무왕은 호鎬를 다스렸다. 그러므로 이곳 백성들은 아직 선왕이 남긴 유풍을 보존하여 농업과 오곡 재배를 즐겨하고 좋지 않은 일을 감히 하지 않는다.

진나라 문공과 목공 시대에 이르러 옹에 정도하였는데 이곳은 농隴과 촉의 화물이 반드시 지나가는 길로서 수많은 상인층이 형성되었다. 헌공 때 역읍櫟邑으로 도읍을 옮겼는데, 역읍의 북쪽에서 융戎, 적狄과 대치하였고 동쪽으로는 삼진三晉과 서로 통하여 역시 대상인들이 많았다. 효공과 소공은 함양咸陽을 도읍으로 하였는데 훗날 한나라 도읍 장안 능묘가 있는 곳으로 사방 사람들이 마치 수레바퀴의 축에 바퀴살이 모이는 것처럼 모여들어 매우 작은 곳에 인구는 많아 함양 백성들은 놀이와 기이한 일에 습관이 들었고 상공업에 종사하였다.

관중의 남쪽은 파촉 지역이다. 파촉 역시 비옥한 들판으로서 잇꽃, 생강, 주사朱砂와 돌, 구리, 철, 대나무, 목재로 만든 기구 들이 풍부하게 생산된다. 파촉 지역은 많은 산으로 사방이 막혔지만 다행히도 천리에 걸쳐 만들어진 잔도棧道가 있어 능히 사방으로 통할 수 있고, 한중의 포야褒斜에서 파촉으로부터 관중으로 가는 통로의 입구만 장악한다면, 충분히 현지의 남는 산품으로 부족한 물건을 바꿀 수가 있다. 천수天水, 농서隴西, 북지北

地, 상군上郡은 관중 지역과 유사한 풍속을 지니고 있는데, 서쪽에는 강족의 이익이 있었고, 북쪽에는 융적戎翟의 가축이 있었는데, 목축업은 이곳이 천하의 으뜸이라 할 만하다. 그러나 이곳이 멀고 험한 곳이어서 외부로 나가는 통로는 장안에 의해 통제되어 있다. 그러므로 관중 지역은 천하의 3분의 1을 점하고 인구는 10분의 3에 지나지 않았지만 그곳의 재부를 계산해 보면 무려 천하의 10분의 6을 점하고 있다.

옛날 요 임금은 하동河東에 도읍을 하고, 은나라는 하내河內에 그리고 주나라는 하남河南에 각각 도읍을 정하였다. 이 삼하三河 지역은 천하의 중앙에 위치하여 마치 솥의 세 발과 같기 때문에 역대 왕자王者가 여러 차례 이곳에 정도하였고, 건국한 나라는 각기 수백 년에서 천 년 넘게 유지되었다. 토지는 협소하고 인구는 많아서 각국 제후국의 도읍과 대도시가 집결해 있는 지방인 까닭에 민간의 풍속은 자질구레하고 검약 인색하며 다만 각종 세상사에 밝다.

양楊, 평양平陽은 서쪽으로 진秦, 적翟과 거래를 하였고, 북쪽으로는 종種, 대代와 교역을 하였다. 종과 대는 석石의 북쪽에 있어서 오랑캐와 인접하여 자주 침략을 당하였다. 그곳 사람들은 서로 강직함을 자랑하며 호기를 부리고 임협任俠이 되어 불법 행위를 일삼으며, 농사나 상업에는 종사하지 않았다. 그러나 북쪽 오랑캐와 인접해 있어 군대가 자주 출동하기 때문에, 중원中原에서 물자가 운송될 때 이익이 있었다. 그곳의 주민은 갈족이나 이족처럼 성질이 고르지 못하여, 진晉나라가 분열되기 전부터 그들의 포악함은 오랜 두통거리였다. 하지만 무령왕武靈王이 그들의 상무 정신을 더욱 북돋았기 때문에, 이곳의 풍속에는 조나라의 유풍이 남아 있다. 그래서 양楊과 평양平陽의 사람들은 그 사이를 오가면서 원하는 것을 얻었다.

온溫, 지軹 서쪽으로는 상당上黨과 거래하고 있고, 북쪽으로는 조趙, 중산中山과 교역을 하였다. 중산은 땅이 척박하고 인구가 많은데다가 사구沙丘 일대에서 음란함으로 행했던 지역의 후손들이 있는데, 이들의 풍속은 조급하고 투기에 능하며 이익을 보는 것으로 먹고 살았다. 사내들은 함께 모여 놀 때 슬피 노래 부르고 북받쳐 분개하고, 상황이 발생하면 떼를 지어 사람을 살해하고 물건을 약탈했으며, 안정되어 돌아오면 도굴을 하여 교묘한 위조품을 만들고 간악한 짓을 일삼으며, 잘생긴 남자들은 배우가 되는 경우가 많았다. 여자는 북을 치고 비파를 타며 신을 미처 신지도 못한 채 부귀한 사람에게 놀러 가 아첨을 떨어 후궁으로 들어가기도 하였는데, 이들은 각 제후국에 두루 퍼져 있었다.

조나라 도읍 한단은 장수漳水와 황하 사이에 있는 대도시다. 북쪽으로 연燕과 탁涿 지역에 통하고, 남쪽으로는 정鄭과 위衛가 있다. 정과 위의 풍속은 조趙와 비슷하지만 양梁과 노魯에 가깝기 때문에 약간 장중하고 기개를 숭상한다. 전국시대 말기에 위나라 도읍은 복양에서 야왕野王 지역으로 옮겼는데, 야왕 사람들이 기개를 좋아하고 임협을 행하는 것은 위나라의 유풍이다.

연나라의 오래된 도시 계薊는 바로 발해와 갈석산碣石山 사이에 위치한 대도시이다. 남쪽으로는 제齊나 조趙와 통하고 동북쪽으로 호인胡人의 지역과 인접하고 있다. 상곡上谷에서 요동에 이르기까지 땅은 요원하고 인구는 희박하며 늘 호인의 침략과 약탈을 당한다. 조와 대代 지역과 풍속은 매우 비슷하다. 그곳 사람들은 독수리처럼 민첩하고 사나우며 두뇌가 비교적 단순하여 사려하는 것에 능하지 못하다. 이곳에서는 대단히 많은 물고기와 소금, 대추, 밤이 생산된다. 북쪽으로는 오환烏丸과 부여夫餘와 인접하고 있고, 동쪽으로는 예맥穢貊, 조선朝鮮, 진번眞番의 지리적 이점을 지니고 있다.

낙양洛陽은 동쪽으로 제齊와 노魯와 통상하고, 남쪽으로는 양梁과 초楚와 통상한다. 태산의 남쪽은 노이고, 북쪽은 제이다.

제나라는 태산과 동해를 국경으로 하고 옥토가 천 리를 넘으며, 뽕나무와 마를 재배하기에 적합하고 사람들은 대부분 채색 비단과 베, 면, 물고기, 소금을 생산한다. 임치 역시 바로 동해와 태산 사이에 있는 대도시로서 그 풍속은 조용하고 활달하며 지식이 풍부하고 논의를 애호하며 천성이 온건하고 무게가 있으며 의지가 굳어 쉽게 마음을 바꾸지 않는다. 무리를 지어 대진할 때는 겁을 내지만 오히려 혼자서 무기를 들고 베고 찌르는 일에는 용맹스럽다. 그러므로 적지 않은 사람들이 강탈로써 삶을 도모하는 것 역시 대국의 기개라 할 수 있다. 임치 성중에는 오민(五民: 선비, 농민, 상인, 공인, 상인을 가리킨다.)이 모두 거주한다.

추鄒와 노魯는 수수洙水와 사수泗水를 끼고 있으며 아직도 주공의 유풍이 남아 있어 유학자를 좋아하고 예의제도가 완비되어 있으며 따라서 그곳 사람들은 조심스럽고 신중하다. 뽕과 마麻의 산업이 매우 발달하였고, 산림과 소택沼澤의 자원은 없다. 땅은 협소하고 사람은 많기 때문에 절검하고 인색하다. 또 범죄를 두려워하며 사악한 것을 피한다. 노나라가 쇠해지자 이곳 사람들은 장사를 좋아하고 이익을 추구하였는데 낙양의 주나라 사람들보다 더욱 적극적이다.

홍구鴻溝의 동쪽과 망산芒山과 탕산碭山 지역의 북쪽은 거야택巨野澤 수계水系의 범위에 속하는데 이곳은 원래 양梁과 송宋의 지역이었다. 요 임금은 성양成陽에서 흥기하였고 순 임금은 즉위하기 전 뇌택雷澤에서 고기를

잡았으며, 탕 임금은 박亳에 도읍하였다. 그곳의 풍속은 아직 선왕의 유풍을 유지하고 있어 중후하고 충실하며 군자들이 많다. 사람들은 농사를 좋아하고, 비록 산천이 제공하는 재부는 없을지라도 열악한 물질생활을 참고 견딜 줄 알기 때문에 먹고 입는 것을 아껴 축적을 이루게 되었다.

월越과 초楚의 세 지역은 세 가지 풍속이 있다. 회수淮水 이북의 패沛, 진陳, 여남汝南, 남군南郡은 서초西楚 지역이다. 그곳의 풍속은 용감하고 사나우며 경솔하다. 사람들은 쉽게 화를 내며 천성은 각박하여 재산을 모은 사람이 극히 적다. 강릉江陵은 본래 초나라 영도郢都로서 서남쪽으로는 무巫, 파巴와 통할 수 있고 동쪽으로는 부유한 운몽雲夢이 있다. 진陳은 초楚와 하夏가 만나는 곳에 위치하며 물고기와 소금을 유통하여 상업에 종사하는 사람이 많다. 서徐, 동僮, 취려取慮 지역의 사람들은 청렴하고 각박하지만 모두 자기가 한 말을 지키는 것을 영광으로 여긴다.

팽성 동쪽의 동해東海, 오, 광릉廣陵은 동초東楚 지역이다. 그곳의 풍속은 서徐, 동僮 지역과 비슷하다. 구胊와 회繪 두 곳의 북쪽은 풍속이 제나라와 같다. 절강 이남은 곧 월 지역이다. 오현吳縣은 합려, 춘신군, 오왕 비吳王濞 세 사람이 천하의 유세를 좋아하는 선비를 불러 모았던 때부터 동쪽으로는 해염海鹽이 제공하는 재부를 얻고 또 장산章山의 구리, 삼강三江과 오호五湖의 경제적 이로움이 있어 역시 강동의 대도시가 되었다.

형산, 구강九江, 강남江南, 예장豫章, 장사長沙는 남초南楚 지역이다. 그곳의 풍속은 서초西楚와 대단히 비슷하다.

초나라의 도읍 영郢은 후에 수춘壽春으로 옮겼는데 수춘 역시 큰 도시로 성장하였다. 합비合肥는 남북으로 강江과 회淮와 통할 수 있고 가죽, 건어물, 목재의 집결지다. 민중閩中과 오월吳越의 풍속이 섞여 있기 때문에 남초의 백성들은 언변이 좋아 교언영색巧言令色으로서 마음속의 말을 거의 하지 않는다. 강남은 지세가 낮고 습하여 남자들이 일찍 죽으며, 대나무가 많다.

예장에서는 황금이 나고 장사에서는 아연과 주석이 생산되지만, 매장량이 매우 적어 채굴해서 얻는 소득이 지출에 미치지 못한다. 구의산九疑山과 창오군蒼梧郡에서 남쪽으로 담이儋耳까지의 풍속은 강남과 대체로 비슷하며, 그 지역에는 양월楊越 사람이 많이 있다. 반우番禺 또한 큰 도시 중의 하나로 구슬 등의 보옥과 무소, 대모玳瑁, 과일, 삼베 등의 집산지다.

영천潁川과 남양南陽은 하나라 사람들의 집단 거주지다. 하나라의 정치는 충직과 박실을 숭상하였는데, 여전히 선왕이 남긴 유풍이 남아 있다. 영천 일대 사람들은 충후 순박하고 심지가 선량하다. 진나라 말기에 불궤지민(不軌之民: 법을 어기고 반란을 일으키는 백성)을 남양으로 강제 이주시켰다. 남양 서쪽은 무관, 운관과 서로 통하고 동남쪽으로는 한수漢水, 양자강, 회수淮水가 모인다. 완宛 역시 그곳의 대도시로서 사람들은 각종 잡사를 벌이기를 좋아하는데 상업을 경영하는 사람이 매우 많으며 임협을 행하기를 좋아하여 영천과 서로 통하여 지금까지도 그들을 '하인夏人'이라고 칭한다.

천하 각지의 화물은 부족한 곳도 있고 남는 곳도 있으며, 백성들의 풍속 역시 그에 따라 약간씩 상이하다. 산동에서는 해염海鹽을 먹고 산서山西에서는 지염池鹽을 먹으며 5령 이남과 사막 이북은 역시 많은 지방에서 소금이 생산되었다. 지역으로 인하여 달라진 대체적인 사정은 이와 같다.

결론적으로 초와 월 지역은 땅은 넓고 인구는 적으며 쌀밥과 어류를 식용으로 하며 화경수누(火耕水耨: 화경이란 일종의 원시 경작 방법으로서 잡초를 불

로 태워 없애는 방법을 가리키며, 수누란 물을 끌어대는 방법을 이용하여 잡초를 제거하는 것을 가리킨다.)하고 있다. 과실과 어패류는 외지에서 구입할 필요가 없이 능히 자급자족할 수 있다. 지리 조건이 풍부한 먹을거리가 있게 만들어 기근을 걱정할 필요도 없다. 바로 이러한 이유로 인하여 사람들은 그럭저럭 아무렇게나 게으른 태도로 살아가기 때문에 저축도 하지 않고 대부분 가난하다. 그러므로 양자강과 회수淮水 이남은 추위에 떨고 굶주리는 사람도 없지만 동시에 천금千金의 재산을 가진 부자도 없다.

기수沂水와 사수泗水 이북은 오곡과 뽕, 마의 재배와 가축 사육에 적합하지만 땅은 협소하고 인구는 많으며 자주 수해와 가뭄의 재해를 당하기 때문에 사람들은 물자를 비축해 놓는 일에 익숙하다. 그러므로 진, 하, 양, 노의 백성들은 농사짓기를 좋아하고 농민들을 존중한다. 삼하三河, 완宛, 진陳 지역 역시 그렇지만 동시에 상업에도 종사한다. 제와 조 사람들은 매우 총명하고 기묘한 계책을 잘 내어 총명한 기지로써 재리財利를 얻는다. 연燕과 대代의 백성들은 농사와 목축을 하면서 또 양잠에 종사한다.

빈천하면서도 오직 인의도덕을 운위한다면 부끄러운 일이다

조정에서 모든 힘을 다하여 계책을 내고 입론立論하며 건의建議하는 현인들과 죽음으로써 신의를 지키면서 동굴 속에 은거하는 선비들의 목적은 도대체 무엇인가? 모두 재부를 위한 것이다. 그러므로 청렴한 관리도 관직 생활을 오래하면 할수록 부유해지고, 탐욕스럽지 않은 상인도 결국 부유해지는 법이다.

부富라는 것은 사람의 본성이므로 배우지 않고도 모두 이루고자 하는 바이다. 그러므로 장사壯士가 군영에 있으면서 공성攻城 시 먼저 성벽에 올라가고 야전 시 적진에 뛰어들어 적군을 퇴각시키고 적장을 참살하며 적의 군기를 탈취하면서 날아오는 화살과 돌을 무릅쓰고 끓는 물과 불의 위험도 마다하지 않는 것은 후한 상을 받기 위함이다. 시정의 소년들이 사람들을 협박하여 물건을 약탈하고 사람을 죽이며, 간악한 짓을 하며 무덤을 파헤치고 화폐를 위조하며 남의 토지를 겸병하고 무리를 지어 강도짓을 하고 친분을 내세워 보복하고 몰래 남의 재산을 강탈하며 법을 어기는 것을 마다하지 않으면서 마치 준마가 날뛰듯 민첩하게 죽음의 심연으로 달려가는 이 모든 행동들은 재화와 이익을 위한 것이다.

　　조나라와 정나라의 여자들이 정성스럽게 화장하고 거문고를 연주하며 긴 소매를 휘날리고 눈짓을 보내 유혹하면서 천 리도 멀다않고 수고를 아끼지 않으면서 손님을 맞이함에 노소老少도 가리지 않는 것은 모두 부를 추구하는 데에서 비롯된다. 풍류공자가 모자와 칼로 장식하고 수레와 말로 무리를 이루어 과시하는 것 또한 자신의 부귀한 용모를 꾸미기 위해서이다. 새를 사냥하고 물고기를 잡으며 새벽이든 컴컴한 밤이든 서리와 눈을 피하지 않고 깊은 산골짜기로 말을 달려 맹수의 위험도 개의치 않으니, 이는 맛있는 사냥감을 얻기 위함에서이다.

　　또 도박장에서 다투어 즐거워하고 닭싸움과 개 경주를 하면서 얼굴색을 바꾸고 싸우며 재주를 뽐내고 반드시 승리를 쟁취하려는 것은 돈을 잃는 것을 두려워하기 때문이다. 의술, 방술로써 먹고 사는 사람이 모든 힘을 다하여 자기 재능을 발휘하는 것은 많은 보수를 얻고자 하기 때문이다. 관청의 이사吏士가 법률 조문을 농락하여 마음대로 도장을 깎고 문서를 위

조하면서 극형마저 감수하는 것은 뇌물을 받기 위해서이다. 농업, 공업, 상업, 목축에 종사하는 사람은 원래부터 재부를 추구하여 재화를 증가시키는 것이 목적이다. 이렇게 자신의 모든 지략을 짜내어 최대한 재물을 쟁탈하는 것이다.

속담에 "백 리 밖에서는 땔나무를 팔지 않으며, 천 리 밖에서는 양식을 팔지 않는다"고 하였다. 어떤 곳에서 1년을 살려면 곡물을 심어야 하고, 10년을 살려면 나무를 심어야 하며, 100년을 살려면 덕을 쌓고 선행을 베풀어 멀리 있는 사람을 불러 모아야 한다. 이른바 덕이란 바로 다른 곳에 있는 사람과 재물이 자신에게 올 수 있도록 끌어들일 수 있는 것이다. 지금 어떤 사람들은 관직과 봉록 혹은 작위와 봉지封地 수입이 없으면서도 그것을 지닌 사람들과 더불어 비견될 만한 즐거움을 누리는 경우를 이름하여 '소봉素封'이라고 부른다.

봉읍을 소유한 사람은 백성들이 납부하는 조세를 거두게 되어 매년 가구당 200전을 받는다. 천 호의 영지를 가진 사람은 곧 매년 20만 전을 얻게 되고 조정에 들어가 천자를 알현하고 토산품을 헌상하거나 사자를 보내 제후들과 좋은 관계를 맺는 등 모든 비용이 그것으로부터 나온다. 평민으로서 농, 공, 상, 고賈를 경영할 때 매년 1만 전으로 2천 전의 이자를 받을 수 있고 100만 전의 재산을 가진 집은 매년 20만 전을 벌어들일 수 있으므로 조세 납부나 병역이나 요역을 대신해 줄 비용도 그것으로 충당할 수 있게 된다.

육지에서 말 50마리 또는 소 167마리나 양 250마리, 혹은 돼지 250마리를 키우거나, 물가에서 살면서 연간 1,000석의 고기를 양식할 수 있는 연못을 지니고 있거나, 산중에서 큰 나무 1,000그루를 벌채할 수 있거나,

안읍安邑에서 대추나무 1,000그루를 가지고 있거나, 연燕, 진秦의 밤나무 1,000그루, 촉蜀, 한漢, 강릉江陵의 귤나무 1,000그루, 회북淮北, 상산常山 이남 및 하수와 제수濟水 사이의 가래나무 1,000그루, 진陳, 하夏의 옻나무 밭 1,000무, 제齊, 노魯의 뽕나무 혹은 삼밭 1,000무, 위천渭川의 대나무숲 1,000무, 또는 각국의 만 호 이상 도시의 교외에서 1무에 1종鍾의 수확이 있는 밭 1,000무, 혹은 잇꽃이나 꼭두서니 밭 1,000무, 생강과 부추 밭 1,000고랑 등, 이들 모두 그 수입은 1,000호의 영지를 가진 제후와 같다.

이렇게 재산을 소유한 자는 시장을 기웃거릴 필요가 없고 타향으로 바쁘게 뛰어다닐 필요 없이 가만히 앉아서 수입을 기다리기만 하면 된다. 비록 관작은 없지만 처사의 명분을 지니면서 오히려 풍부한 향유를 누릴 수 있게 된다.

집안이 빈곤하고 부모가 늙었으며 처자가 약하고 어리며 매년 제사를 지내면서 제사 음식도 장만하지 못하고, 음식과 의복도 자급하지 못하면서도 아직 부끄러운 줄 모른다면 그것은 진실로 비유조차 할 수 없다. 이러한 까닭으로 재물이 없는 빈민은 오로지 힘써서 일할 수밖에 없고, 재물이 있으나 많지 않을 경우에는 곧 지략으로써 조그만 재산을 취하며, 부유한 사람은 기회를 노려 투기를 함으로써 큰 재산을 모으게 된다. 이것이 재산을 얻는 통상적인 방법이다! 자신의 안전을 해치지 않고도 능히 향유할 수 있는 재부를 얻을 수 있다면 현인들도 노력하여 구하게 될 것이다.

이러한 이유로 농업으로 부를 이룬 것을 최상급이라 하고, 상공업으로 부를 이룬 것을 그다음 등급이라 하며, 강탈이나 사기로 치부한 것을 최하 등으로 삼는다. 만약 어떤 사람이 세상을 등지고 숨어사는 선비의 청고淸高한 품행도 없으면서 시종 가난하고 비천하며 그러면서도 고담준론을 논

하기를 좋아하고 무슨 인의도덕을 계속 운위하는 것은 역시 진실로 수치스럽고 부끄러운 일이다.

무릇 호적으로 편제된 백성들은 부의 차이가 자기보다 열 배가 많으면 굴복하게 되며 백 배가 많으면 반드시 그를 두려워하고 천 배가 많게 되면 그의 부림을 당하게 되며, 만 배가 되면 그의 노복奴僕이 된다. 이것이 사물의 필연적 이치이다. 가난한 상황에서 재부를 추구할 때, 농사가 공업보다 못하고, 공업은 상업에 미치지 못한다. 아낙네들이 방직물에 자수로 아름다운 문양을 만들어 얻는 수입은 시장에서 문에 기대어 장사를 하는 수입만 못하다. 이는 말업末業인 상공업에 종사하는 것이 가난한 자가 부유해지는 주요한 수단이라는 사실을 말해 준다.

교통이 발달한 대도시에서는 한 해에 술 1,000동이, 식초와 간장 1,000병, 음료 1,000병, 소와 양, 돼지가죽 1,000장, 쌀 1,000종, 1,000수레 혹은 1,000장이나 되는 배에 실은 땔감용 건초, 목재 1,000장, 대나무 간짓대 만 개, 말이 끄는 수레 100대, 소가 끄는 수레 1,000대, 칠기 1,000개, 구리그릇 1,000균, 나무그릇이나 쇠그릇 혹은 잇꽃이나, 꼭두서니 각 1,000석, 말 200마리, 소 500마리, 양이나 돼지 각 2,000마리, 노비 100명, 짐승 힘줄, 뿔, 단사 1,000근, 비단, 솜, 모시 1,000균, 무늬 있는 비단 1,000필, 거친 삼베와 피혁 1,000석, 옻 1,000말, 누룩과 메주 각 1,000홉, 복어와 갈치 각 1,000근, 건어물 1,000섬, 자반 1,000균, 대추와 밤 각 3,000석, 여우와 담비의 갖옷 각 1,000장, 염소와 양의 갖옷 각 1,000석, 담요 1,000장, 과일과 야채 각 1,000종 등을 팔면 그 이자는 각 1,000관을 얻게 된다.

그런데 탐욕스러운 상인은 당장 이자를 높게 받아 본전의 10분의 3을 벌고, 깨끗한 상인은 공정하게 장사를 하지만 결국은 신용을 얻어 10분의 5를 벌게 된다. 어찌 되었든 이 또한 수레 천승千乘의 재산을 가진 제후와 같게 된다. 이것이 대강의 상황이다. 기타 각종 잡일에 종사하면서 만약 2할의 이익을 올리지 못한다면, 그것은 무엇을 경영하여 재부를 추구한다고 말할 수조차 없다.

엎드리면 줍고 하늘을 쳐다보면 받아라

당세의 현인賢人들이 부귀하게 된 내력을 간략하게 기술하는 것은 후세의 사람들이 고찰하여 선택할 수 있게 하기 위함이다.

촉군 탁씨의 선조는 본래 조나라 사람으로 야금업을 통하여 부호가 되었다. 진나라 군대가 조나라를 멸망시키고 탁씨를 강제로 이주시켰다. 탁씨는 포로로 잡히고 약탈을 당하여 오직 부부 두 사람이 손수 수레를 끌며 새 이주지로 옮겨갔다. 이주한 사람들은 조금이라도 재물의 여유가 있으면 다투어 인솔하는 진나라 관리에게 뇌물을 바치고 최대한 가까운 곳에 살고자 간청하면서 가맹현에 거처하였다. 그러나 탁씨는 "이곳 토지는 협소하고 척박하다. 문산汶山 아래에는 드넓고 비옥한 전야가 있고 땅속에는 토란이 자라나 능히 양식으로 할 수 있어서 무슨 일이 일어난다고 해도 죽을 때까지 전혀 굶지 않는다고 들었다. 그곳의 주민들은 많은 사람들이 거리에서 일을 하고 있어 상업을 하기에 유리하다"고 말하면서 일부러 먼 곳으로 이주할 것을 요청하였다. 결국 탁씨는 임공臨邛 지역에 배치되었는데, 마음속으로 크게 기뻐하였다.

그는 곧바로 철이 생산되는 산에 가서 광물을 채굴하여 풀무질하고 주조하였으며, 인력과 재력을 기묘하게 운용하고 심혈을 기울여 경영하였다. 결국 전滇과 촉 지역의 사람들이 모두 그에게 고용되었다. 그리하여 집의 노복이 천 명에 이르렀고, 자신의 집안 전원에서 사냥을 즐겨 이러한 향락이 능히 한 국가의 군주에 비견되었다.

정정程鄭은 본래 산동에서 이주당한 포로로서 야금업을 하였고 멀리 서남이와 남월 지역의 이민족異民族과 무역을 하였다. 그의 재산은 탁씨에 견줄 만하였는데, 탁씨와 정정은 모두 임공에 살았다.

완宛 지역의 공씨 선조는 양梁 사람으로 야금을 생업으로 삼았다. 진나라가 위나라를 정벌했을 때 공씨를 남양南陽으로 이주하도록 하였다. 그는 대규모로 금속을 주조하였고 커다란 연못을 건설하였으며, 거마車馬가 서로 이어지고 대규모의 대열을 이뤄 제후들과 교류함으로써 통상무역을 통하여 커다란 이익을 얻었다. 그는 유한공자遊閑公子로서 사람들에게 아낌없이 나누어 주어 큰 명성을 얻었다. 집안의 재산은 수만 금에 이르렀다. 그는 남에게 준 것이 많았으나 벌어들인 재산은 더욱 많았고, 인색하고 속 좁은 상인들보다 더 많은 재산을 지니게 되었다. 그러므로 남양 사람들이 장사를 하게 되면 모두 공씨의 온화하고도 우아한 태도와 대범한 풍모를 본받고자 하였다.

노나라의 풍속은 검소하고 순박하며 인색하였는데, 조의 병邴씨가 그 대표적인 경우다. 그는 야금업으로 흥기하여 수만 금의 부호가 되었다. 그러나 그의 집은 부자형제가 규약을 제정하여 엎드리면 줍고 하늘을 쳐다보면 받아서 천하의 모든 곳에 고리대금업과 무역을 하지 않은 곳이 없었다. 따라서 추鄒 지방과 노 지방에서 학문을 버리고 재물의 이익을 추구하는 자들이 많았는데 이 모든 것이 병씨 때문이었다.

재부란 본래 고정불변의 주인이 있는 것이 아니다

제나라의 풍속은 노예를 낮고 비천하게 여겼지만, 오직 도간刀間은 그들을 아끼고 중시하였다. 교활하고 총명한 노예는 주인들이 골치 아프게 생각하였지만 오직 도간만이 그들을 받아들이고 또 이용하여 그들을 파견하여 자기를 위하여 고기잡이나 제염을 하도록 하였고 혹은 상업에 종사하게 하여 이익을 얻도록 하였다. 그러면서 노예들을 관리들과 교류하게 하였고, 점차 그들에게 커다란 권한을 맡겼다. 마침내 그가 이러한 노예들의 힘에 의하여 집을 일으키고 치부하여 재산이 수십만 금에 이르렀다. 그러므로 "차라리 관직을 받느니 도간의 노복이 되겠다"라는 속담은 도간이 노복 스스로의 부를 쌓게 하면서 동시에 자신을 위하여 모든 힘을 다하도록 만들었다는 뜻을 가지고 있다.

주나라 사람들은 원래 자질구레하고 인색한데 사사師史의 경우는 더욱 심하였다. 그는 100대의 수송용 수레를 가지고 있었고 천하의 각 군국 무역에 있어 그가 일찍이 가 보지 않은 곳이 없었다. 낙양은 제, 진, 초, 조로 통하여 정확히 천하의 중앙에 위치해 있고, 그곳의 가난한 사람들은 부자들을 본떠서 항상 자기가 외지에서 장사를 더 오래 했다고 자랑하면서 많은 사람들이 고향 마을을 여러 차례나 지나쳤지만 집에 가지 않았다. 사사는 이러한 사람들을 고용하여 각자 일을 맡겨 재산이 7천만 금에 이를 수 있었다.

선곡宣曲 임任씨의 선조는 독도督道 지방에서 양식 창고를 관리하는 관리였다. 진나라가 멸망할 때 진나라에 반기를 들고 일어선 호걸들이 모두 금, 옥, 보물을 탈취하였으나 임씨만은 땅굴을 이용하여 곡식을 저장하였다. 그 뒤 항우와 유방이 형양에서 오랫동안 대치하고 있었을 때 부근 백성들이 농사를 지을 수 없었기 때문에 쌀 1석 가격이 1만 전으로 뛰자 호걸들의 금, 옥, 보물이 모두 임씨에게로 넘어왔다. 임씨는 이때 커다란 재산을 모았다. 다른 부자들은 모두 앞을 다투어 사치했으나 임씨는 오히려 자신의 신분을 낮추고 겸손했으며 절약을 숭상하면서 스스로 힘써 농사와 목축일을 하였다. 논밭과 가축도 다른 사람들은 앞을 다투어 모두 싼 값으로 매입하였지만 오직 임씨만은 비싸고 우량한 것을 매입하였다.

그들 가문은 몇 대에 걸쳐 모두 커다란 부호로 살았다. 그런데 임씨 가문은 가훈을 정하여 자신의 밭농사와 목축에서 생산된 것이 아니면 입지도 먹지도 아니하고 공적인 일이 완결되지 않으면 절대로 술을 마시거나 고기를 먹지 않도록 하였다. 그는 이것을 마을의 본보기로 삼았고, 그는 부유해져 황제로부터도 존중받았다.

국가에서 변경 지역을 개척할 때, 교요橋姚라는 사람은 말 1,000마리, 소 2,000두, 양 만 마리, 곡식 수만 종의 재물을 얻었다. 오초칠국吳楚七國의 난이 일어났을 때, 장안에 있는 제후들은 토벌군에 가담하기 위해서 이 잣돈을 얻으려고 하였다. 그런데 돈놀이를 하는 사람들은 제후들의 봉읍이 관동關東에 있었고, 관동의 일이 성공할지 실패할지 예측할 수 없었으므로 원금을 돌려받지 못할까 봐 아무도 빌려 주려고 하지 않았다. 그러나 오로지 무염無鹽씨만은 천금을 풀어 이자를 원금의 열 배로 하여 빌려 주었다. 석 달이 지나자 오나라와 초나라가 평정되었으므로, 1년 안에 무염씨는 원금의 열 배로 받게 되었고, 그 때문에 그의 재산은 관중 전체의 부와 맞먹게 되었다.

관중 지방의 부유한 대상인은 대부분 전씨田氏 집안들로서 예를 들면 전색과 전란이 그들이다. 위가 지방의 율씨栗氏, 안릉과 두 지방의 두씨杜氏 또한 수만 금의 거부였다.

위에서 소개한 사례들은 가장 특출하고 분명하게 알려진 일들이다. 그들은 모두 작읍爵邑이나 봉록이 없었던 사람들이며 또한 불법적 수단으로써 치부하지도 않았고 모두 물자 유통의 원리를 예측할 줄 알았으며 정확하게 형세를 판단하고 투자의 방향을 결정하여 시기의 수요에 맞춰 이익을 얻었다. 그들은 말업인 상공업 경영을 통하여 재산을 모았으며, 그 뒤에 토지에 투자함으로써 재산을 지켰다. 또 과감하고 강압적인 각종 수단을 활용하여 재물을 모으고 그런 연후에 왕후王侯와 교통하여 정령政令으로써 보호하면서 다양한 상황에 능히 대처할 수 있었으므로 기술할 가치가 있다.

농업과 목축에 종사하거나 산림 개발 혹은 상공업 경영에 힘쓰고 재부와 권력을 활용하여 부자가 된 사람들 중에 크게 성공한 경우 하나의 군郡에서 위세를 떨쳤고 중간 정도는 하나의 현縣에서 위세를 떨쳤으며, 작게는 한 마을에서 위세를 떨치게 되었는데, 그 사례는 너무 많아 거론할 수 없을 정도이다.

절약과 검소 그리고 노동은 재산을 늘리는 정확한 길로서 부자들은 기묘한 책략으로써 승리를 거두었다.

원래 농사는 가장 우둔한 업종이나 진양秦楊은 농사로써 그 지역에서

가장 큰 부를 모았다. 도굴盜掘은 본래 법을 어기는 일이지만 전숙田叔은 그것으로써 부를 일으켰다. 도박은 비열한 업종이지만 환발桓發은 도리어 이를 통하여 부를 이루었다. 행상을 하며 물건을 파는 것은 대장부가 하기에는 천직이지만 옹雍의 악성樂成은 오히려 그것에 의지하여 부유해졌다. 동물의 유지를 판매하는 것은 치욕을 느끼게 하는 일이지만 옹백雍伯은 이 일로써 천금의 이익을 얻었다. 장漿을 파는 일은 아주 작은 장사에 지나지 않지만 장씨張氏는 이로 인하여 재산이 천만 금이 되었다. 칼을 가는 일은 보잘것없는 평범한 기술이지만 질씨郅氏는 대귀족처럼 진수성찬을 먹을 정도의 생활을 누렸다. 이들은 모두 하나의 일에 전심전력하여 비로소 부를 모을 수 있었던 것이다.

따라서 부를 모으는 것은 어느 고정된 한 업종에 종사해야만 비로소 실현할 수 있는 것이 아니며, 재부란 본래 고정불변의 주인이 있는 것도 아니다. 수완이 있는 자는 능히 재부를 자신의 것으로 만들 수 있는 반면, 무능한 자는 가지고 있던 재산도 와해된다. 천금을 지닌 집안은 곧 그 도시의 봉군封君과 견줄 수 있으며, 만금萬金을 지닌 부자는 곧 그 왕과 같은 정도로 향유할 수 있다.

이들이 곧 이른바 소봉素封이 아닌가? 사정이 정확히 그렇지 아니한가?

주

1 加曉昕·, "從'平準書'和'貨殖列傳'看司馬遷的自由經濟思想", 《達縣師範高等專科學校學報》, 2001년 9월, 31쪽.
2 趙南楠, 《史記 貨殖列傳》中的人物形象", 《陽師範高等專科學校學報》, 2006년 4월, 41쪽.
3 黃偉, 《史記·貨殖列傳》中體現的經濟思想探析", 《現代商貿工業》, 2010년 제1기, 220쪽.
4 肖建樂, "從〈貨殖列傳〉看司馬遷的現代經濟思想", 《合作經濟與科技》, 2007년 7월, 45쪽.
5 張文明, "從〈貨殖列傳〉看司馬遷的生産經營思想", 《貴州文史叢刊》, 2003년 제1기, 54쪽.
6 王兆祥, "〈貨殖列傳〉的市場理論與理財觀念", 《商場現代化》, 2007년 5월, 99쪽.
7 付志宇·繆德剛, "從'貨殖列傳'看司馬遷的理財思想", 《貴州社會科學》, 2009년 제12기, 123쪽.
8 黃偉, 《史記·貨殖列傳》中體現的經濟思想探析", 《現代商貿工業》, 2010년 제1기, 221쪽.
9 劉社建, 李振明, "司馬遷的消費思想及其啓示", 《蘭州交通大學學報》, 2004년 10월, 3쪽.
10 付志宇·繆德剛, "從'貨殖列傳'看司馬遷的理財思想", 《貴州社會科學》, 2009년 제12기, 124쪽.
11 馮曉琴, 楊世民, "由《史記》看司馬遷的經濟思想", 《延安敎育學院報》, 2004년 12월, 25쪽.
12 朱宗宙, "商道中'勢'的認知, '述'的運用和'實'的歸宿", 《揚州大學學報》, 2008년 11월, 30쪽.
13 兪樟華, "論後代傳記文學無法超越〈史記〉的原因", 《荊門職業技術學院報》, 2003년 1월, 44쪽.
14 이와 관련해서는 필자의 《중국을 말한다 - 새로운 중국의 출현》(논형, 2011)을 참조할 것.
15 雷震, "司馬遷〈史記〉著述宗旨述論", 《陝西理工學院學報》, 2008년 5월, 65쪽.
16 위의 책, 89쪽.
17 張國強, "從《史記 貨殖列傳》看司馬遷進步的經濟思想", 《職大學報》, 2001년 제3기, 74쪽.
18 張文華, "《史記 貨殖列傳》與風俗史", 《理論學刊》, 2006년 5월, 92쪽.
19 王兆祥, "〈貨殖列傳〉的市場理論與理財觀念", 《商場現代化》, 2007년 5월, 99쪽.
20 呂慶華, "論貨殖家商爭思想的孫子兵法淵源", 《生産力硏究》, 2001년 7월, 54~55쪽.
21 기화奇貨란 진귀한 상품, 즉 뜻하지 않게 찾아낸 물건을 의미한다. 그리하여 기화가거奇貨可居란 보존하였다가 비싸지기를 기다려 팔 수 있는 진귀한 물건이라는 뜻이다. 보통 사람은 그다지 중시하지 않지만 전문가의 눈에는 매우 가치 있는 것이 있다. 그것은 비록 지금은 값어치가 없어 보이지만 시간이 지나면 높은 가치를 지니게 된다. 실로 여불위는 자초를 점찍고 키워냄으로써 권력을 장악할 수 있었으며, 천하통일을 이룬 진시황도 여불위가 없었다면 역사상의 인물로 기록되지 못했을 것이다.
22 여불위가 처음에 자초를 기화로 판단한 것도 이러한 인맥 관계를 잘 활용하면 승산이 있다고 여겼기 때문이다.
23 張大可, 《司馬遷評傳》, 南京大學出版社, 1994. 참조.
24 위의 책.
25 위의 책.

26 程美秀,《孫子兵法中的企業領導藝術和方法》참조.

27 위의 책.

28 위의 책.

29 위의 책.

30 王任之, '搞好管理須知人善任',《信息導刊》, 2005.

31 위의 책.

32 王婧, 李雁蓉, "從'貨殖列傳'中的商人形象看司馬遷的經濟思想",《安徽文學》, 2009년 제9기, 27쪽.

33 王兆祥, "〈貨殖列傳〉的市場理論與理財觀念",《商場現代化》, 2007년 5월, 99쪽.

34 치이자피란 소가죽으로 만든 술자루로서 겉보기에는 촌스럽지만 실제로는 신축자재하여 사용하기도 편리하고 그 안으로 많은 양이 들어갈 수도 있다. 범여는 자신의 이름 대신 치이자피라는 별칭을 사용함으로써 타지에서 사업을 개척하면서 다른 사람들과 쉽게 교류하고 접근할 수 있도록 고려하였던 것이다. 아울러 치이자피는 그 자체로서 상표의 의미도 지니고 있었다.

35 王爾春, "小議《史記 貨殖列傳》中的巖穴奇士",《長春師範學院學報》, 2004년 11월, 41쪽.

36 李埏, "孔子'富不可求'語解",《思想戰線》, 2002년 제1기, 69쪽.

37 李埏, "太史公論庶人之富",《思想戰線》, 2002년 제1기, 67쪽.